Paul Tillich
Dynamik des Glaubens (Dynamics of Faith)

Paul Tillich

Dynamik des Glaubens (Dynamics of Faith)

―

Neu übersetzt, eingeleitet und mit einem Kommentar versehen von Werner Schüßler

DE GRUYTER

Übersetzt aus dem Amerikanischen von Werner Schüßler.
Originally published under the title:
Paul Tillich: Dynamics of Faith
Copyright © 1957 by Paul Tillich
Published by arrangement with HarperOne, an imprint of HarperCollins Publishers, LLC.

ISBN 978-3-11-060993-6
e-ISBN (PDF) 978-3-11-061133-5
e-ISBN (EPUB) 978-3-11-061163-2

Library of Congress Control Number: 2019956124

Bibliografische Information der Deutschen Nationalbibliothek
Die Deutsche Nationalbibliothek verzeichnet diese Publikation in der Deutschen Nationalbibliografie; detaillierte bibliografische Daten sind im Internet über http://dnb.dnb.de abrufbar.

© 2020 Walter de Gruyter GmbH, Berlin/Boston
Einbandabbildung: Archiv des Evangelischen Verlagswerks
Druck und Bindung: CPI books GmbH, Leck

www.degruyter.com

Vorwort des Übersetzers

Hiermit lege ich Paul Tillichs bekannte Schrift „Dynamics of Faith" von 1957, die eine sehr gute Einführung in sein religionsphilosophisches Denken der amerikanischen Zeit bietet, in einer neuen Übersetzung und mit einem Kommentar vor. Eine Neuübersetzung war längst überfällig, da die beiden bestehenden deutschen Übersetzungen ausgesprochen defizient sind. Dadurch, dass ich nicht nur auf den englischen Erstdruck zurückgegriffen habe, sondern auch Tillichs handschriftliches Manuskript und das für den Druck erstellte Typoskript zu Rate gezogen habe, konnte ich eine ganze Reihe von zum Teil sehr groben Fehlern des Erstdrucks korrigieren, und so ist diese deutsche Neuübersetzung authentischer als der englische Erstdruck.

Ich habe Freunden und Kollegen zu danken, die mir während des Übersetzungsprozesses mit Rat und Tat zur Seite gestanden haben. Hier sind besonders zu nennen: Uta Glück, Dr. Wolfgang Meiers sowie Pfr.i.R. Klaus Niewerth. Für wertvolle Hinweise und besonders für das Korrekturlesen bin ich meiner wissenschaftlichen Mitarbeiterin Dipl.-Theol. Christina Saal und meiner studentischen Hilfskraft stud. theol. Katharina Wilwers zu Dank verpflichtet.

Dem Verlag Harper, New York, habe ich für die Übertragung der Rechte für diese deutsche Neuübersetzung zu danken, dem Verlag Walter de Gruyter für die Aufnahme dieser Neuübersetzung in sein Programm im Rahmen seiner Reihe „Texte". An dieser Stelle möchte ich ganz besonders Dr. Albrecht Döhnert, dem Lektor des Verlags Walter de Gruyter, für die fruchtbare und unkomplizierte Zusammenarbeit in den vergangenen Jahren danken.

Möge diese Neuübersetzung von Tillichs Schrift „Dynamics of Faith" eine weite Verbreitung finden und im positiven Sinne „Unruhe" stiften nicht nur bei jenen, die sich selbst noch für gläubig halten.

Trier, im September 2019   Werner Schüßler

Inhalt

Abkürzungen —— XI

Einführung —— 1
    1 Zu Titel, Intention und Adressatenkreis von „Dynamics of Faith" —— 1
    2 Zur Neuübersetzung und zum Kommentar —— 4

Paul Tillich: Dynamik des Glaubens

Einleitende Bemerkungen —— 13

I Was Glaube ist —— 14
    1 Glaube als „ultimate concern" —— 14
    2 Glaube als ein zentrierter Akt —— 16
    3 Die Quelle des Glaubens —— 19
    4 Glaube und die Dynamik des Heiligen —— 21
    5 Glaube, Mut und Zweifel —— 23
    6 Glaube und Gemeinschaft —— 28

II Was Glaube nicht ist —— 33
    1 Die intellektualistische Verzerrung der Bedeutung des Glaubens —— 33
    2 Die voluntaristische Verzerrung der Bedeutung des Glaubens —— 36
    3 Die emotionale Verzerrung der Bedeutung des Glaubens —— 38

III Symbole des Glaubens —— 40
    1 Die Bedeutung des Symbols —— 40
    2 Religiöse Symbole —— 42
    3 Symbole und Mythen —— 44

IV Typen des Glaubens —— 49
    1 Elemente des Glaubens und ihre Dynamik —— 49
    2 Ontologische Glaubenstypen —— 51
    3 Moralische Glaubenstypen —— 55
    4 Die Einheit der Glaubenstypen —— 59

V   **Die Wahrheit des Glaubens —— 62**
    1   Glaube und Vernunft —— 62
    2   Die Wahrheit des Glaubens und die naturwissenschaftliche Wahrheit —— 66
    3   Die Wahrheit des Glaubens und die historische Wahrheit —— 69
    4   Die Wahrheit des Glaubens und die philosophische Wahrheit —— 72
    5   Die Wahrheit des Glaubens und ihre Kriterien —— 76

VI **Das Leben des Glaubens —— 79**
    1   Glaube und Mut —— 79
    2   Glaube und die Integration der Personalität —— 83
    3   Glaube, Liebe und Tun —— 87
    4   Die Gemeinschaft des Glaubens und ihre Ausdrucksformen —— 90
    5   Die Begegnung von Glaube mit Glaube —— 94

Schlussbemerkung: Die Möglichkeit und Notwendigkeit des Glaubens heute —— 97

Textkritischer Apparat —— 98

Kommentar

Einleitende Bemerkungen —— 107

I   **Was Glaube ist —— 109**
    1   Glaube als „ultimate concern" —— 109
    2   Glaube als ein zentrierter Akt —— 116
    3   Die Quelle des Glaubens —— 121
    4   Glaube und die Dynamik des Heiligen —— 125
    5   Glaube, Mut und Zweifel —— 128
    6   Glaube und Gemeinschaft —— 133

II **Was Glaube nicht ist —— 136**
    1   Die intellektualistische Verzerrung der Bedeutung des Glaubens —— 136
    2   Die voluntaristische Verzerrung der Bedeutung des Glaubens —— 138
    3   Die emotionale Verzerrung der Bedeutung des Glaubens —— 139

III Symbole des Glaubens —— 141
1 Die Bedeutung des Symbols —— 141
2 Religiöse Symbole —— 142
3 Symbole und Mythen —— 146

IV Typen des Glaubens —— 149
1 Elemente des Glaubens und ihre Dynamik —— 149
2 Ontologische Glaubenstypen —— 150
3 Moralische Glaubenstypen —— 154
4 Die Einheit der Glaubenstypen —— 156

V Die Wahrheit des Glaubens —— 159
1 Glaube und Vernunft —— 159
2 Die Wahrheit des Glaubens und die naturwissenschaftliche Wahrheit —— 163
3 Die Wahrheit des Glaubens und die historische Wahrheit —— 166
4 Die Wahrheit des Glaubens und die philosophische Wahrheit —— 166
5 Die Wahrheit des Glaubens und ihre Kriterien —— 172

VI Das Leben des Glaubens —— 175
1 Glaube und Mut —— 175
2 Glaube und die Integration der Personalität —— 178
3 Glaube, Liebe und Tun —— 181
4 Die Gemeinschaft des Glaubens und ihre Ausdrucksformen —— 184
5 Die Begegnung von Glaube mit Glaube —— 186

Schlussbemerkung: Die Möglichkeit und Notwendigkeit des Glaubens heute —— 190

Zeittafel —— 191

Literaturhinweise —— 193
1 Primärliteratur —— 193
2 Bibliographien —— 193
3 Einführungen in Leben und Werk Paul Tillichs —— 194

Personenregister —— 195

Sachregister —— 196

Abkürzungen

EW Ergänzungs- und Nachlassbände zu den Gesammelten Werken von Paul Tillich, bisher 20 Bde., Stuttgart, dann Berlin/New York/Boston 1971 ff.
GW Paul Tillich, Gesammelte Werke, hrsg. von Renate Albrecht, 14 Bde., Stuttgart 1959 ff.
MW Main Works/Hauptwerke, hrsg. von Carl Heinz Ratschow, 6 Bde., Berlin/New York 1987 ff.
RR Paul Tillich, Religiöse Reden, 3 Bde., Stuttgart 1952 ff.
ST Paul Tillich, Systematische Theologie, 3 Bde., Stuttgart 1955 ff.
ST^e Paul Tillich, Systematic Theology, 3 Vols., Chicago 1951 ff.

Einführung

Im Jahr 1957 erschien in der Reihe „World Perspectives" im Verlag „Harper & Brothers" in New York Paul Tillichs Schrift „Dynamics of Faith", in der er sein religionsphilosophisches Denken in aller Breite darlegt. Zum „Board of Editors" dieser Reihe, in der u. a. Schriften von Walter Gropius, Konrad Adenauer, Erich Fromm und Daisetz Teitaro Suzuki erschienen sind, zählten seinerzeit Persönlichkeiten wie Niels Bohr, Jacques Maritain, J. Robert Oppenheimer und Sarvepalli Radhakrishnan. Tillichs Schrift „Dynamics of Faith" erschien als zehnter Band dieser „World Perspectives" und geht auf eine Initiative der US-amerikanischen Philosophin Ruth Nanda Anshen zurück, die diesen Band auch herausgegeben und mit einem Vorwort versehen hat.[1] In diesem Vorwort geht sie aber weder auf Tillichs Denken noch auf diese Schrift ein, sondern es geht ihr hier darum, das Ziel der Reihe „World Perspectives" deutlich zu machen, wenn es heißt: „Ihr Ziel ist es, kleinere Schriften vorzulegen, die von den hellsten und kompetentesten Köpfen der Gegenwart geschrieben wurden. Jeder Band verkörpert das Denken und die Überzeugung des jeweiligen Autors und legt die Verflechtung der sich verändernden religiösen, wissenschaftlichen, künstlerischen, politischen, wirtschaftlichen und sozialen Einflüsse hinsichtlich der Gesamterfahrung der Menschheit dar. [...] Es geht ihr darum, neue Perspektiven in Bezug auf die Welt und die menschliche Entwicklung zu eröffnen, ohne dabei den engen Zusammenhang zwischen Universalität und Individualität, Dynamik und Form, Freiheit und Schicksal aufzugeben. Jeder Autor behandelt sein Thema aus dem Weitblick der Weltgemeinschaft und nicht allein aus der jüdisch-christlichen, westlichen oder östlichen Perspektive."[2]

1 Zu Titel, Intention und Adressatenkreis von „Dynamics of Faith"

Aufgrund dieser Zielbestimmung der Reihe „World Perspectives", wie sie in dem Vorwort von Anshen zum Ausdruck kommt, wird verständlich, warum Tillich den Glaubensbegriff in „Dynamics of Faith" aus religionsphilosophischer und nicht primär (protestantisch-)theologischer Sicht beleuchtet, was auch den ganz besonderen Reiz dieser Schrift ausmacht. Ohne Zweifel ist „The Courage to Be"[3] von

---

[1] Paul Tillich, Dynamics of Faith, ed. by Ruth Nanda Anshen (= World Perspectives, Vol. 10), New York: Harper & Brothers Publishers 1957, xix u. 127 S.
[2] Ebd., ix-xix, ix. – Übers. von mir!
[3] Vgl. GW XI, 13–139.

1952 Tillichs bekannteste Schrift. Mit diesem Werk, das ihn in den USA schlagartig bekannt machte, traf er den Nerv der Zeit, leiden doch in unseren westlichen Gesellschaften nicht wenige Menschen an Leere und Sinnlosigkeit. Nicht zuletzt war es wohl auch der reißerische Titel dieser Schrift, der die Leser anzog. Doch sind die in dem entscheidenden sechsten und letzten Teil dieser Schrift zu findenden Begriffe „Theismus", „absoluter Glaube" und „Gott über Gott" alles andere als leicht verständlich und von Tillich auch bewusst recht einseitig dargestellt.[4] Demgegenüber ist „Dynamics of Faith" wesentlich verständlicher und ausgewogener, und so bietet diese Schrift eine ausgezeichnete Einführung in das religionsphilosophische Denken des späten Tillich.

Einer der zentralen Grundgedanken Tillichs ist neben seiner Theologie bzw. Religionsphilosophie der Kultur ohne Zweifel seine Bestimmung des Glaubens als „Zustand letztgültigen Ergriffenseins"; in seiner bekannten Kurzformel heißt dies dann: Glaube ist „ultimate concern". Diese Bestimmung des Glaubens hängt ganz eng mit weiteren wichtigen Aspekten seines Denkens zusammen, wie dem Symbolbegriff, dem Verhältnis von Wissen und Glauben oder seiner Religionstypologie, was auch alles in der Schrift „Dynamics of Faith" thematisiert wird.

Die beiden deutschen Übersetzungen, die Ullstein-Übersetzung[5] und die Übersetzung aus den „Gesammelten Werken"[6], auf die ich später noch näher zu sprechen kommen werde, haben der Schrift „Dynamics of Faith" den deutschen Titel „Wesen und Wandel des Glaubens" gegeben. Ich habe in den Jahren von 1982 bis 1992 eng mit Renate Albrecht (1909 – 1992), der Herausgeberin der „Gesammelten Werke" Paul Tillichs, zusammengearbeitet und weiß aus einer mündlichen Mitteilung von ihr, dass dieser Titel letztlich auf sie selbst zurückgeht – und Tillich wird dem dann wohl einfach zugestimmt haben. Renate Albrecht fand den deutschen Titel „Dynamik des Glaubens" „unschön", und so hat sie versucht, den Begriff „Dynamik" mit den Begriffen „Wesen und Wandel" zu umschreiben. Der Titel „Wesen und Wandel des Glaubens" bringt aber das eigentliche Anliegen Tillichs nicht angemessen zum Ausdruck. Zwar geht es in dieser Schrift ohne Zweifel auch um das „Wesen" des Glaubens, allerdings geht es nicht um dessen

---

[4] Vgl. dazu Werner Schüßler, Paul Tillichs Schrift „The Courage to Be" – ein missverstandener Bestseller. Eine kritische Analyse der Begriffe „Theismus", „absoluter Glaube" und „Gott über Gott", in: Christian Danz / Marc Dumas / Werner Schüßler / Bryan Wagoner (Hrsg.), The Courage to Be (= International Yearbook for Tillich Research, Vol. 13/2018), Berlin/Boston 2018, 109 – 131.
[5] Vgl. Paul Tillich, Wesen und Wandel des Glaubens (= Ullstein Buch Nr. 318), Frankfurt a.M./Berlin 1961, 150 S.
[6] Vgl. Paul Tillich, Wesen und Wandel des Glaubens, in: Ders., Gesammelte Werke, hrsg. von Renate Albrecht, Bd. VIII: Offenbarung und Glaube. Schriften zur Theologie II, Stuttgart: Evangelisches Verlagswerk 1970, 111 – 196.

1 Zu Titel, Intention und Adressatenkreis von „Dynamics of Faith"

(historischen) „Wandel", sondern um die „Dynamiken", denen der Glaube unterliegt – und das ist etwas ganz Anderes.

Unterstrichen wird diese Sicht auch durch eine erste handschriftliche Version der „Einleitenden Bemerkungen" zu dieser Schrift, die Tillich aber wieder verworfen hat, wenn es hier heißt:

> „Dynamiken sind bewegende Kräfte, und eine Theorie der Dynamiken ist eine Beschreibung der Gesetze, die diese Bewegung steuern. Wenn wir den Begriff ‚Glaube' mit dem Begriff ‚Dynamik' verbinden, dann drücken wir damit unsere Absicht aus, die bewegenden Kräfte des Glaubens zu beschreiben und die Gesetze, durch die sie bestimmt werden. Solch ein Programm klingt in dem Sinne subjektiv, als es den Anschein hat, ausschließlich auf die psychologischen Kräfte hinzuweisen, die den Glauben hervorrufen oder zerstören. Aber das ist weder beabsichtigt, noch wird das als eine Möglichkeit gelten gelassen. Man kann über den Glauben nicht sinnvoll sprechen, ohne die subjektive und die objektive Seite zu betrachten; das, was sich im Menschen, der Glauben hat, ereignet, und das, was im Akt des Glaubens gemeint ist. Die beiden Seiten sind unabhängig, und ihre Unabhängigkeit ist eine der Quellen der Dynamiken des Glaubens."[7]

Es geht also in dieser Schrift nicht darum, zu zeigen, in welcher Weise sich das Wesen des Glaubens (historisch) gewandelt hat, sondern es geht darum, die Dynamiken zu beschreiben, die jedem Glauben als solchem, d. h. strukturell, immer schon innewohnen. Und die Beschreibung dieser verschiedenen Dynamiken, das ist das Entscheidende, hat ein sehr großes Erklärungspotential, werden doch erst so viele Aspekte hinsichtlich der Religion als solcher, aber auch mit Blick auf die verschiedenen Religionen bzw. Konfessionen und die Religionsgeschichte sowie das Glaubensleben des Einzelnen wie der Gemeinschaft verständlich, die sich einem sonst kaum in dieser Tiefe erschließen würden. Von daher habe ich den Titel buchstäblich mit „Dynamik des Glaubens" übersetzt.

Das englische Pluraletantum „dynamics" kann natürlich im Deutschen auch mit „Dynamiken" wiedergegeben werden. Tillich beschreibt ja auch in seiner Schrift verschiedene solcher „Dynamiken" des Glaubens. Und doch scheint es mir gerechtfertigt, den Titel der Schrift mit „Dynamik des Glaubens" wiederzugeben, was ja besagen will, dass dem Glauben eine große Dynamik zukommt und er eben nichts „Statisches" ist.

Über die Intention des Buches und den Adressatenkreis heißt es in einem handschriftlichen Entwurf Tillichs:

> „Die Schrift ‚Dynamik des Glaubens' stellt den Versuch dar, den verzerrtesten aller christlichen Begriffe von einigen dieser Verzerrungen zu befreien und so zu ermöglichen, wieder

---

[7] Amerikanisches Paul-Tillich-Archiv, Andover-Harvard Theological Library, Cambridge (Mass.): Papers, 1894–1974 / Series IV. Lecture notes etc., Box 72. – Übers. von mir!

vom Glauben sprechen zu können, ohne ihn jedes Mal in einer speziellen Vorlesung oder Predigt erklären zu müssen. Zu diesem Zweck hebt diese Schrift das, was der Glaube nicht ist, in gleicher Weise hervor wie das, was der Glaube ist – nämlich der Zustand des Ergriffenseins durch einen ‚ultimate concern'. Die Weite dieser Definition schließt jeden christlichen Provinzialismus aus und kann selbst jenen Zuversicht geben, die weit davon entfernt sind, die christliche Botschaft anzunehmen, die aber oft sehr tief ergriffen sind von einem ‚ultimate concern'. Auf diese Weise hilft die Schrift dem Seelsorger, auch zu jenen zu sprechen, die normalerweise nicht in seine Gottesdienste gehen. In Bezug auf die aktiven Mitglieder der Kirche untergräbt die Analyse des Glaubens, wie sie in dieser Schrift vorliegt, die falsche Meinung, dass Glaube (*faith*) das Für-wahr-Halten (*belief*) von Dingen ohne Evidenz ist. Sie versucht, sie für die breite Vielfalt der Glaubenssymbole zu öffnen und ihnen die Tatsache bewusst zu machen, dass die Sprache der Religion das Symbol und der Mythos ist. Insbesondere wird das Verhältnis von Glaube und Zweifel betont. Der Zweifel wird nicht verworfen, wenn er dem Glauben widerspricht, sondern er wird in den Mut des Glaubens hineingenommen, der sich selbst und den Zweifel an sich selbst umgreift. Dieser letzte Punkt ist besonders wichtig für den Seelsorger, der, wenn er ehrlich ist, als Mensch und Theologe nie ohne Zweifel ist und sich deshalb immer fragen wird, ob er überhaupt würdig ist, ein Seelsorger zu sein."[8]

Und in einem handschriftlichen Vorwort von 1961 zur japanischen Übersetzung dieser Schrift heißt es u. a.: „Der Begriff ‚Glaube' […] muss fortwährend geschützt werden gegenüber Kirchen, die ihn einzuschließen suchen, gegenüber dem Missbrauch des Aberglaubens und gegenüber Angriffen aufgrund von Missverständnissen. Aus diesem Grund ist das Kapitel: ‚Was Glaube *nicht* ist' vielleicht das wichtigste der Schrift."[9]

2 Zur Neuübersetzung und zum Kommentar

Warum überhaupt eine Neuübersetzung, da doch schon zwei deutsche Übersetzungen dieser Schrift vorliegen? Die erste deutsche Übersetzung, die 1961 im Ullstein Verlag herauskam, wurde, wie hier in der „Vorbemerkung" Paul Tillichs zu lesen ist, „von Frau Dr. Nina Baring und Frau Renate Albrecht" besorgt und „ist mit Hilfe von Herrn Dr. Eberhard Amelung von dem Verfasser selbst durchgesehen und stark verändert worden." Und weiter heißt es dann: „Dabei ist das Original nicht immer maßgebend gewesen. Maßgebend waren die Klarheit des Sinnes und der Rhythmus der deutschen Sprache. Auf diese Weise wurde die deutsche Aus-

---

8 Ebd. – Übers. von mir!
9 Ebd. – Übers. von mir!

gabe eine Art Neuausgabe der englischen und – wie ich hoffe – eine verbesserte."[10]

Ich kann zwar dem ersten Teil des letzten Satzes zustimmen (dass die deutsche Ausgabe eine Art „Neuausgabe" der englischen wurde), aber nicht der letzten Bemerkung (dass es sich dabei um eine „verbesserte" Ausgabe handelt), trifft doch hier das glatte Gegenteil zu, das heißt, es handelt sich im negativen Sinne um eine „Neuausgabe", mit der allein man gar nicht vernünftig arbeiten kann. Ich frage mich, ob diese „Vorbemerkung" nicht vielleicht von Renate Albrecht verfasst und Tillich nur vorgelegt wurde, die dieser dann einfach „abgesegnet" hat.

Bei der Übersetzung von „Dynamics of Faith" in Band VIII der „Gesammelten Werke" handelt es sich um eine Überarbeitung dieser Ullstein-Ausgabe durch Herbert Drube mit Korrekturen durch Renate Albrecht.[11] Wie auch Renate Albrecht in ihrer „Vorbemerkung des Herausgebers" zu Band VIII der „Gesammelten Werke" vermerkt, ist dieser ganze Band ohne Einflussnahme von Tillich entstanden; Carl Heinz Ratschow hat die Übersetzung von „Dynamics of Faith" – im Gegensatz zu den anderen Texten dieses Bandes – auch nicht durchgesehen und verbessert, da von dieser Schrift bereits eine autorisierte Übersetzung vorlag – nämlich die Ullstein-Ausgabe.[12]

Die Übersetzung in den „Gesammelten Werken" hat zwar einige Missverständnisse und Fehler der Ullstein-Übersetzung korrigiert, es sind aber eine ganze Reihe neuer Fehler und Missverständnisse hier hineingekommen. Auf einige grobe Fehler dieser beiden Übersetzungen möchte ich an dieser Stelle beispielhaft aufmerksam machen:

In Abschnitt [138] bezieht sich Tillich auf den Begriff des „animal faith", ohne aber George Santayana, auf den dieser Begriff zurückgeht, zu nennen.[13] Da die Übersetzer aber mit diesem Begriff anscheinend nichts anfangen konnten, so haben sie diesen einfach gestrichen. Auch wurde der entsprechende Satz recht frei übersetzt, und es wurden einige Satzteile sogar ganz fallen gelassen. Meine Neuübersetzung lautet hier: „Glaube ist daher auch keine Sache des Geistes allein, oder der Seele allein, im Gegensatz zum Geist und zum Körper, oder des Körpers allein (im Sinne eines ‚animal faith'), sondern er ist die zentrierte Bewegung der ganzen Personalität in Richtung auf etwas hin, dem letztgültige Bedeutung und Tragweite zukommt." Die Ullstein-Übersetzung (S. 122f.) und die Übersetzung aus den „Gesammelten Werken" (S. 182)

---

10 Paul Tillich, Wesen und Wandel des Glaubens (= Ullstein Buch Nr. 318), Frankfurt a.M./Berlin 1961, 7–8, hier 8.
11 Vgl. Renate Albrecht/Werner Schüßler (Hrsg.), Schlüssel zum Werk von Paul Tillich. Textgeschichte und Bibliographie sowie Register zu den Gesammelten Werken (= Gesammelte Werke, Bd. XIV), 2. neubearb. und erw. Aufl., Berlin/New York 1990, 61.
12 Vgl. GW VIII, 11f.
13 Siehe dazu unten meinen Kommentar zu Abschnitt [138].

bringen hier: „Glaube ist deshalb keine Sache des Geistes allein oder der Seele allein oder der Vitalität allein, sondern er ist die zentrierte Gerichtetheit der ganzen Person auf das Unbedingte." – Ein weiteres Beispiel aus Abschnitt [139]: Meine Neuübersetzung lautet hier: „Der Glaube lenkt auch das bewusste Leben des Menschen, indem er ihm ein Zentralobjekt der ‚Kon-zentration' gibt." Die Ullstein-Übersetzung (S. 123) bringt hier noch recht wörtlich: „Der Glaube lenkt auch das bewußte Leben des Menschen, insofern er ihm das zentrale Objekt der ‚Kon-zentration' gibt." Die Übersetzung aus den „Gesammelten Werken" (S. 183) verfremdet den Text aber völlig, wenn es hier heißt: „Der Glaube lenkt auch das bewußte Leben des Menschen, insofern er ihm das innerste Anliegen seines innersten Wesenskerns gibt." – Ein Beispiel, wo ein ganzer Satz unter den Tisch fällt, findet sich in Abschnitt [142]: Meine Neuübersetzung lautet hier: „Solche Offenheit meint das, was die Religion als ‚Gnade' bezeichnet. Sie wird geschenkt und kann nicht absichtlich erzeugt werden." Die Ullstein-Übersetzung (S. 125) bringt hier: „Diese Offenheit wird geschenkt und kann nicht absichtlich hervorgerufen werden." Die Übersetzung in den „Gesammelten Werken" (S. 184) orientiert sich an der Ullstein-Übersetzung, schiebt den übergangenen Satz aber nach: „Diese Offenheit wird geschenkt und kann nicht absichtlich hervorgerufen werden, sie ist das, was die Religion als Gnade bezeichnet." – Aber es kann auch das Umgekehrte vorkommen, dass also die Ullstein-Übersetzung korrekt ist, die Übersetzung in den „Gesammelten Werken" die ursprünglich korrekte Übersetzung aber verfälscht; so in Abschnitt [28]: Meine Neuübersetzung lautet hier: „Dies ist die Dynamik des skeptischen Zweifels." Die Ullstein-Übersetzung (S. 29) bringt hier korrekt: „Das ist die Dynamik des skeptischen Zweifels." Die Übersetzung in den „Gesammelten Werken" (S. 125) verfälscht diesen Satz wie folgt: „Das ist die Macht des skeptischen Zweifels." – Ein letztes extremes Beispiel sei noch angeführt in Bezug auf Abschnitt [44]: Meine Neuübersetzung lautet hier: „Wenn nun die Vorstellung, dass die Gnade durch die Kirche vermittelt wird und den Willen in Bewegung setzt, abgelehnt wird, wie das im Protestantismus der Fall ist, dann wird der Wille zu glauben zur Willkür." Die Ullstein-Übersetzung (S. 48) bringt hier: „Wird nun der Gedanke ausgeschaltet, so bleibt, wie im Pragmatismus, ein Willensakt, der Willkür ist." Die Übersetzung in den „Gesammelten Werken" (S. 136) korrigiert dies leicht: „Wird nun der Gedanke, daß Gott den Willen bewegt, ausgeschaltet, so wird – wie im Pragmatismus – der Willensakt zu einem Akt der Willkür." Der Satz der Ullstein-Übersetzung ist so überhaupt nicht verständlich; derjenige der „Gesammelten Werke" scheint nicht auf den englischen Erstdruck zurückgegriffen zu haben, da hier auch ein Satzteil ganz ausfällt. Hinzu kommt, dass den Übersetzern nicht aufgefallen ist, dass es sich bei dem Wort „Pragmatismus" ganz offensichtlich um einen Versehensfehler Tillichs handelt; es muss hier natürlich „Protestantismus" heißen, was auch ganz klar aus dem Kontext hervorgeht.[14]

Diese Beispiele könnten beliebig vermehrt werden. Sie machen deutlich, dass beide Übersetzungen so defizient sind, dass ein wissenschaftliches Arbeiten ohne Rückgriff auf den englischen Erstdruck kaum möglich ist. In der Regel ist dieser englische Erstdruck klar – ich betone hier aber ausdrücklich „in der Regel", da doch auch hier einige problematische Stellen sogleich ins Auge fallen. Aus diesem Grund habe ich für die vorliegende Neuübersetzung den englischen Erstdruck

---

14 Siehe dazu unten meine textkritische Bemerkung zu Abschnitt [44].

sowohl mit Tillichs handschriftlichem Manuskript[15] als auch mit dem entsprechenden Typoskript[16], das auf Tillichs Sekretärin Grace Cali-Feldstein zurückgeht, verglichen.

Aufgrund dieses Vergleichs habe ich meine Neuübersetzung, die ich ursprünglich anhand des englischen Erstdrucks erstellt hatte, an 140 Stellen (!) korrigiert und die Abweichungen im textkritischen Apparat dokumentiert. Dabei geht es nicht um die Korrektur von orthographischen Fehlern oder um stilistische Änderungen von dritter Hand. In Bezug auf manche Änderung, die ich vorgenommen habe, mag es sich auch zweifellos um eine Ermessensfrage handeln. Aber in der Regel handelt es sich um zum Teil recht grobe Fehler, Auslassungen, Missverständnisse usw., die sich entweder durch die Entzifferung von Tillichs Handschrift, durch die maschinenschriftliche Abschrift, das „Englischen" durch die Sekretärin und/oder den Assistenten sowie den Verlagslektor oder auch durch den Druck ergeben haben. Auf einige recht drastische Fehler bzw. Missverständnisse möchte ich an dieser Stelle zur Verdeutlichung eigens aufmerksam machen. Diese und alle weiteren Fehler, Missverständnisse, fälschliche Korrekturen und Auslassungen usw. habe ich unten im textkritischen Apparat dokumentiert:[17]

So heißt es im Erstdruck (New York: Harper 1957, S. 105f.): „The ultimate is one object beside others, and the ground of all others." Dass das Letztgültige (oder das Unbedingte) ein Objekt/Gegenstand neben anderen ist, widerspricht völlig der Intention Tillichs, wonach dieser bekanntlich immer wieder darauf aufmerksam macht, dass dieses gerade *kein Seiendes neben Seiendem* ist. In der Handschrift (S. 223) heißt es: „That which is ultimate is one object beside others, but it is the ground of all others." Nun konnte aber der Korrektor wohl nichts mit dem „but" anfangen, und so hat er aus dem „but" ein „and" gemacht. Dabei weist das „but" eindeutig darauf hin, dass in der Handschrift Tillichs das „not" versehentlich ausgefallen ist. Der Text muss natürlich lauten: „The ultimate is *not* one object beside others, but the ground of all others." Hier haben wir einen der ganz wenigen Fälle, wo die beiden deutschen Übersetzungen hilfreich sind, da hier dieser Fehler ausgemerzt wurde (vgl. Ullstein-Übersetzung, S. 122; Übersetzung aus den „Gesammelten Werken", S. 182). – Ein anderes Beispiel: Im englischen Erstdruck (S. 2) heißt es: „Everything is centered in the only god, the nation [...]." Das ergibt zwar auch Sinn, aber in der Handschrift (S. 5) steht eindeutig: „Everything was drawn into the control of the only god, the nation [...]", was aber einen ganz anderen Sinn ergibt. Das Typoskript (S. 2) macht deutlich, dass „control" fälschlich als „contact" entziffert wurde, was keinen Sinn ergab, und so wurde der Satz abgeändert in: „Everything is centered in the only god, the nation [...]". – Oder: Im Erstdruck (S. 17)

---

15 Vgl. Paul Tillich, Dynamics of Faith, handschriftliches Manuskript, 271 S. Andover-Harvard Theological Library, Cambridge (Mass.): Papers, 1894–1974 / Series IV. Lecture notes etc., Box 72.
16 Vgl. Paul Tillich, Dynamics of Faith, Typoskript, 113 S. Andover-Harvard Theological Library, Cambridge (Mass.): Papers, 1894–1974 / Series IV. Lecture notes etc., Box 72.
17 „Dynamics of Faith" wurde im Jahr 2001 in der Reihe „Perennial Classics" bei Harper neu aufgelegt mit einer Einführung (zu Leben und Werk Paul Tillichs) von Marion Pauck. Auch diese Ausgabe enthält dieselben Fehler wie der Erstdruck von 1957.

steht: „The risk to faith [...]." In der Handschrift (S. 41) steht aber eindeutig: „The risk to fail [...]", was auch viel mehr Sinn ergibt. Auch hier wurde wieder falsch entziffert und „fail" als „faith" gelesen. – Oder: Im Erstdruck (S. 28) heißt es: „[...] the human interpretation of the content of faith from the Biblical writers to the present [...]." In diesem Fall wurde in der Handschrift (S. 64) versehentlich das Wort „pope" übersehen. Es muss also heißen: „[...] the human interpretation of the content of faith from the Biblical writers to the present pope [...]." – Weiter: Im Erstdruck (S. 119) heißt es: „Neither the cultural nor the mythological expressions of faith [...]." In der Handschrift (S. 252) heißt es aber: „Neither the cultic nor the mythological expressions of faith [...]", was auch dem Duktus des Zusammenhangs entspricht. – Dass diejenigen, die im Typoskript Korrekturen vorgenommen haben, wohl auch nicht allzu viel von Theologie verstanden haben können, machen die Beispiele der folgenden Fehler deutlich: Im Erstdruck fehlt auf S. 98 ein Zusatz, der sich auf die Stelle bezieht, wo von „idolatry" die Rede ist. Dieser Zusatz lautet in der Handschrift (S. 208): „namely Jesulatry". Da man wohl mit diesem Begriff nichts anfangen konnte, obwohl dieser theologisch – wenn auch recht selten – sowohl im Deutschen (= Jesulatrie) als auch im Englischen verwendet wird, hat man daraus bei der Korrektur „Jesuitry" (= Jesuitism; dt.: Jesuitismus) gemacht, womit der Lektor (?) wohl wiederum nichts anfangen konnte, und so wurde dieser Ausdruck für den Erstdruck dann einfach ganz gestrichen. – Ein ähnliches Beispiel findet sich auch auf S. 100 des Erstdrucks, wenn es heißt: „[...] the promise of faith [...]." In der Handschrift (S. 212) steht aber – sinnvoller Weise – „the paradox of faith", was fälschlich als „the paradise of faith" entziffert und dann, da dies in diesem Zusammenhang überhaupt keinen Sinn ergab, in „the promise of faith" abgewandelt wurde. In der Ullstein-Übersetzung (S. 116) und auch in der Übersetzung in den „Gesammelten Werken" (S. 178) wurde dieser Ausdruck dann einfach weggelassen, weil man wohl gemerkt hat, dass das („die Verheißung/die Zusage des Glaubens") in diesem Zusammenhang keinen rechten Sinn ergibt.

Diese Beispiele mögen hier exemplarisch genügen. An „Dynamics of Faith" wird deutlich, wie leichtfertig Tillich mit der Publikation seiner Werke umgegangen ist. Er scheint die Druckfahnen selbst nicht intensiv durchgearbeitet und diese Arbeit wohl eher der Sekretärin und/oder dem Assistenten überlassen zu haben. Ähnliches trifft aber auch auf die deutsche Übersetzung seiner Werke zu, was die beiden Übersetzungen von „Dynamics of Faith" deutlichen machen. Solche Fehler wären kaum möglich gewesen, wenn Tillich die Korrekturfahnen des englischen Erstdrucks selbst mit seinem handschriftlichen Manuskript und dann später die deutschen Übersetzungen mit dem englischen Erstdruck verglichen oder auch nur intensiv gelesen hätte. Es ist zu vermuten, dass man Tillich – sowohl was die Publikation seiner englischen Texte als auch was deren deutsche Übersetzung angeht – wohl nur schwierige Textpassagen zur Entscheidung vorgelegt hat, sind doch diese groben Fehler und Missverständnisse anders nicht zu erklären.[18]

---

18 In meiner Neuübersetzung von „Dynamics of Faith" habe ich weder die Ullstein-Übersetzung noch diejenige aus den „Gesammelten Werken" kollationiert, da sie zur Verdeutlichung nichts beitragen.

Bekanntlich wollte Carl Heinz Ratschow bestimmte Probleme der „Gesammelten Werke" dadurch lösen, dass er in Bezug auf die von ihm hauptverantwortlich herausgegebenen „Main Works/Hauptwerke" auf den Erstdruck zurückgriff. „Dynamics of Faith" ist hier nach der Version des englischen Erstdrucks in Band V abgedruckt, der von Robert P. Scharlemann ediert wurde.[19] Scharlemann macht hier nur auf zwei Textänderungen mit Blick auf das handschriftliche Manuskript Tillichs aufmerksam,[20] was deutlich macht, dass er den Erstdruck nicht systematisch mit der Handschrift und dem Typoskript verglichen haben kann.

Meine Darlegungen in Bezug auf „Dynamics of Faith" machen aber überdeutlich, dass Ratschows Ansatz eine Fehlannahme zugrunde liegt. Das war auch Erdmann Sturm bewusst, als er den dritten und letzten Band der „Main Works/ Hauptwerke" edierte und von Ratschows Editionsprinzip abwich, indem er auch handschriftliche Entwürfe und Typoskripte, zum Teil sogar Tonbandaufzeichnungen sowohl in Bezug auf die deutschen als auch in Bezug auf die englischen Texte kollationierte. Es ist zu vermuten, dass die hier anhand von „Dynamics of Faith" aufgezeigten Probleme alle englischen Erstdrucke betreffen.[21]

In meiner Neuübersetzung habe ich die einzelnen Abschnitte von „Dynamics of Faith" durchnummeriert; die entsprechenden Nummern stehen in eckigen Klammern. Mein durchgehender Kommentar zum Text und auch der textkritische Apparat orientieren sich an dieser Nummerierung.

Bei der vorliegenden Neuübersetzung habe ich versucht, so nah wie möglich am Original zu bleiben, gleichzeitig aber auch, den Lesefluss dadurch nicht zu stören, was mir hoffentlich gelungen ist. Den Begriff „ultimate concern", der bei Tillich eine Kurzformel darstellt für seine Glaubensdefinition: „Faith is the state of being ultimately concerned"[22], habe ich unübersetzt gelassen und in Anführungszeichen gesetzt. In der Regel habe ich „belief" mit „Für-wahr-Halten" wiedergegeben; zuweilen musste ich es aber auch mit „Glaube" übersetzen. Um Missverständnisse aufgrund dieser Äquivokation im Deutschen zu vermeiden, habe ich in diesen Fällen das englische Wort „belief" in Klammern hinzugefügt,

---

19 Vgl. MW V, 231–290.
20 Vgl. MW IV, 290.
21 Vgl. dazu Werner Schüßler, Ist das Letztgültige wirklich „ein Gegenstand neben anderen"? Zum Problem der Authentizität von Tillich-Texten, in: Christian Danz / Marc Dumas / Werner Schüßler / Bryan Wagoner (Hrsg.), The Courage to Be (s. Anm. 4), 245–257; ders., „The Risk to Faith": How Authentic Are Tillich's First English Prints?, in: Bulletin of the North American Paul Tillich Society, Vol. XLV, No. 2 (2019) 6–8.
22 Siehe dazu meinen Kommentar zu Abschnitt [2].

was ich zur Verdeutlichung auch bei einigen wenigen anderen englischen Begriffen getan habe.

Bei der Kommentierung ging es mir vornehmlich darum, Tillichs Text interpretierend zu erhellen. Dies habe ich zum Teil mit Hilfe von Zitaten aus anderen Schriften Tillichs sowie durch Verweise auf Parallelstellen untermauert.[23] Darüber hinaus habe ich von Tillich verwendete Quellen nachgewiesen sowie zu verschiedenen Themen ausgewählte Sekundärtitel angeführt.

Mit dieser Neuübersetzung verbindet mich die von Tillich in seinen „Einleitenden Bemerkungen" zum Ausdruck gebrachte Hoffnung, „einige Leser von der verborgenen Macht des Glaubens in ihnen selbst und von der unendlichen Bedeutung dessen, worauf sich der Glaube bezieht, zu überzeugen".

Werner Schüßler

---

[23] Diese Vorgehensweise hat zur Voraussetzung, dass in Tillichs Denken zwar Entwicklungen und Akzentverschiebungen, aber keine grundsätzlichen Brüche zu finden sind.

**Paul Tillich:
Dynamik des Glaubens**

Einleitende Bemerkungen

Es findet sich kaum ein Wort in der religiösen Sprache – und das gilt sowohl für [1]
den theologischen als auch für den umgangssprachlichen Bereich –, das mehr
Missverständnissen, Verzerrungen und fragwürdigen Definitionen ausgesetzt ist
als das Wort „Glaube" (*faith*). Es gehört zu jenen Begriffen, die der Heilung bedürfen, bevor sie zur Heilung des Menschen verwendet werden können. Heute
führt der Begriff „Glaube" eher zu Krankheit als zu Gesundheit. Er verwirrt, führt
in die Irre, bewirkt alternativ Skeptizismus oder Fanatismus, intellektuellen Widerstand oder emotionale Hingabe, Ablehnung echter Religion oder Unterwerfung unter Ersatzmittel. Ja, die Versuchung liegt nahe, das Wort „Glaube" gänzlich
fallen zu lassen; so wünschenswert dies auch sein mag, so ist das doch nur
schwerlich möglich, da dieses Wort durch eine mächtige Tradition geschützt wird.
Und bis heute gibt es keinen Ersatzbegriff, der die Wirklichkeit zum Ausdruck
bringen könnte, auf die der Begriff „Glaube" verweist. So kann man einstweilen
hinsichtlich des Problems nur versuchen, dieses Wort neu zu interpretieren und
die verwirrenden und verzerrenden Konnotationen, von denen einige das Erbe
von Jahrhunderten darstellen, zu beseitigen. Es ist die Hoffnung des Verfassers,
zumindest mit dieser Absicht erfolgreich zu sein, selbst wenn er sein höher gestecktes Ziel nicht erreichen sollte, nämlich einige Leser von der verborgenen
Macht des Glaubens in ihnen selbst und von der unendlichen Bedeutung dessen,
worauf sich der Glaube bezieht, zu überzeugen.

Cambridge, im September 1956.

I Was Glaube ist

1 Glaube als „ultimate concern"

[2] Glaube ist der Zustand letztgültigen Ergriffenseins (*Faith is the state of being ultimately concerned.*). Die Dynamik des Glaubens ist die Dynamik des „ultimate concern", den der Mensch hat. Der Mensch ist, wie jedes andere Lebewesen auch, um viele Dinge besorgt, vor allem um jene, die seine nackte Existenz bedingen, wie Nahrung und Obdach. Aber im Unterschied zu anderen Lebewesen hat der Mensch auch geistige Anliegen (*concerns*) – kognitive, ästhetische, soziale und politische. Manche davon sind dringlich, häufig sogar äußerst dringlich, und jedes dieser Anliegen kann, wie die vitalen Anliegen auch, für das Leben eines einzelnen Menschen oder einer sozialen Gruppe Letztgültigkeit (*ultimacy*) beanspruchen. Wenn ein solches Anliegen Letztgültigkeit beansprucht, dann fordert es von dem, der diesen Anspruch anerkennt, vollkommene Hingabe, und es verheißt vollkommene Erfüllung, selbst wenn ihm alle anderen Ansprüche unterworfen oder in seinem Namen zurückgewiesen werden. Wenn eine nationale Gruppe das Leben und die Größe der Nation zu ihrem „ultimate concern" macht, dann fordert sie, dass alle anderen Anliegen hierfür aufgeopfert werden – wirtschaftlicher Wohlstand, Gesundheit und Leben, Familie, ästhetische und kognitive Wahrheit, Gerechtigkeit und Humanität. Die extremen Formen des Nationalismus in unserem Jahrhundert sind wie Laboratorien für das Studium dessen, was ein „ultimate concern" in jeder [a]Hinsicht[a] der menschlichen Existenz bedeutet, [b]die unbedeutendsten Anliegen[b] des alltäglichen Lebens mit eingeschlossen. Alles [c]wurde der Kontrolle des einzigen Gottes unterstellt[c], der Nation – ein Gott, der sich zweifellos als ein Dämon [d]erwies[d], der aber auch deutlich den unbedingten Charakter eines „ultimate concern" [e]aufwies[e].

[3] Aber es ist nicht nur die unbedingte Forderung, die durch den „ultimate concern" an den Menschen ergeht, es ist auch die Verheißung letztgültiger Erfüllung, die im Akt des Glaubens anerkannt wird. Der Inhalt dieser Verheißung muss dabei nicht notwendigerweise genau bezeichnet sein. Er kann in unbestimmten oder in konkreten Symbolen ausgedrückt werden, die aber nicht literalistisch verstanden werden dürfen, wie die „Größe" einer Nation, an der man sogar dann noch partizipiert, wenn man für sie gestorben ist, oder die Unterwerfung der Menschheit durch eine „heilbringende Rasse" usw. In jedem dieser Fälle wird „letztgültige Erfüllung" verheißen, und es wird der Ausschluss von dieser Erfüllung angedroht, wenn die unbedingte Forderung nicht befolgt wird.

[4] Ein Beispiel hierfür – und es ist mehr als nur ein Beispiel – ist der Glaube, der in der Religion des Alten Testaments offenbar wird. Auch er hat den Charakter des

„ultimate concern" hinsichtlich der Forderung, Drohung und Verheißung. Der Inhalt dieses Anliegens ist nicht die Nation – obwohl der jüdische Nationalismus zuweilen versucht hat, ihn in dieser Weise zu verfälschen –, sondern der Inhalt ist der Gott der Gerechtigkeit, der, weil er Gerechtigkeit für jeden Menschen und jede Nation repräsentiert, der universale Gott, der Gott des Universums genannt wird. Er ist der „ultimate concern" jedes frommen Juden, und deshalb wird in seinem Namen das große Gebot verkündet: „Du sollst den Herrn, deinen Gott, lieben mit ganzem Herzen, mit ganzer Seele und mit ganzer Kraft." (Dtn 6,5) Genau dies ist mit „ultimate concern" gemeint, und von diesen Worten ist der Begriff „ultimate concern" abgeleitet. Sie bekunden unzweideutig den Charakter echten Glaubens, die Forderung vollkommener Hingabe an den Gegenstand des „ultimate concern". Das Alte Testament ist voll von Anweisungen, die den Charakter dieser Hingabe deutlich machen, und es ist voll von Verheißungen und Drohungen, die sich darauf beziehen. Auch hier kommt den Verheißungen eine symbolische Unbestimmtheit zu, obwohl sie sich auf die Erfüllung nationalen und individuellen Lebens konzentrieren, und die Drohung bedeutet den Ausschluss von einer solchen Erfüllung aufgrund nationaler fZerstörungf und individueller Katastrophe. Für die Menschen des Alten Testaments ist Glaube der Zustand letztgültigen und unbedingten (*unconditionally*) Ergriffenseins von Jahwe und von dem, was er in Forderung, Drohung und Verheißung verkörpert.

Ein anderes Beispiel – geradezu ein Gegenbeispiel, jedoch ebenso aufschlussreich – ist der „ultimate concern", gder „Erfolg" genannt wird und der soziales Ansehen und wirtschaftliche Macht mit einschließtg. Es ist der Gott vieler Menschen in der in hohem Maße vom Konkurrenzkampf geprägten westlichen Kultur, und er tut das, was jeder „ultimate concern" tun muss: Er fordert unbedingte Hingabe an seine Gesetze, selbst wenn der Preis dafür den Verlust echter menschlicher Beziehungen, der persönlichen Überzeugung und des schöpferischen *Eros* bedeutet. Seine Drohung besteht in sozialer und wirtschaftlicher Vernichtung, und seine Verheißung – unbestimmt wie alle solche Verheißungen – bedeutet die Erfüllung des eigenen Seins. Es ist der Zusammenbruch dieser Art von Glauben, der einen Großteil der zeitgenössischen Literatur kennzeichnet und sie deshalb religiös bedeutsam macht. In Romanen wie *Point of No Return* geht es nicht um die Aufdeckung einer falschen Kalkulation, sondern eines hfalschenh Glaubens. Wenn die Erfüllung eintritt, erweist sich die Verheißung dieses Glaubens als leer.

Glaube ist der Zustand letztgültigen Ergriffenseins, iganz gleich durch wasi. Dem Inhalt kommt für das Leben des Gläubigen zwar eine unendliche Bedeutung zu, aber er hat keine Bedeutung für die formale Definition des Glaubens. Und das ist der erste Schritt, den wir beachten müssen, um die Dynamik des Glaubens zu verstehen.

2 Glaube als ein zentrierter Akt

[7] Glaube als „ultimate concern" ist ein Akt der ganzen Personalität. Er vollzieht sich in der Mitte des personalen Lebens und umfasst alle seine Elemente. Glaube ist der zentrierteste Akt des menschlichen Geistes. Er ist keine Bewegung eines besonderen Bereichs oder einer besonderen Funktion innerhalb des menschlichen Gesamtseins. Im Akt des Glaubens sind diese Funktionen alle vereint. Der Glaube ist aber auch nicht die Gesamtsumme ihrer Wirkungen. Er transzendiert sowohl jede besondere Wirkung als auch deren Totalität, und er selbst hat doch eine entscheidende Wirkung auf jede dieser Funktionen.

[8] Da Glaube ein Akt der Personalität als Ganzer ist, partizipiert er an der Dynamik des personalen Lebens. Diese Dynamik ist auf vielerlei Weise beschrieben worden, ganz besonders innerhalb der jüngsten Entwicklungen der Analytischen Psychologie. Das Denken in Polaritäten, deren Spannungen und möglichen Konflikten, ist ein gemeinsames Merkmal der meisten von ihnen. Das macht die Persönlichkeitspsychologie höchst dynamisch und erfordert eine dynamische Theorie des Glaubens als des personalsten aller personalen Akte. Die erste und entscheidendste Polarität der Analytischen Psychologie ist die zwischen dem sogenannten Unbewussten und dem Bewussten. Glaube als ein Akt der ganzen Personalität ist nicht denkbar ohne die Partizipation unbewusster Elemente an der Persönlichkeitsstruktur. Sie sind immer gegenwärtig und bestimmen in hohem Maße über den Inhalt des Glaubens. Andererseits ist der Glaube aber ein bewusster Akt, und die unbewussten Elemente partizipieren an der Gestaltung des Glaubens nur dann, wenn sie in das personale Zentrum hineingenommen werden, das jedes von ihnen transzendiert. Wenn das nicht geschieht, wenn somit unbewusste Kräfte über den geistigen Zustand entscheiden, ohne dass ein zentrierter Akt daran beteiligt wäre, dann entsteht kein Glaube, und Zwänge treten an seine Stelle, ist doch Glaube eine Sache der Freiheit. Freiheit ist aber nichts anderes als die Möglichkeit zu zentrierten personalen Akten. Für die häufig geführte Debatte, in der Glaube und Freiheit gegenübergestellt werden, könnte die Einsicht hilfreich sein, dass Glaube ein freier, d. h. ein zentrierter Akt der Personalität ist. In dieser Hinsicht sind Freiheit und Glaube identisch.

[9] Für das Verständnis des Glaubens ist die Polarität zwischen Ich und Über-Ich, wie sie bei Freud und seiner Schule begegnet, genauso wichtig. Das Konzept des Über-Ich ist sehr zweideutig. Einerseits ist es die Grundlage allen kulturellen Lebens, da es die ungehemmte Aktualisierung der stets treibenden Libido einschränkt, andererseits schaltet es die vitalen Kräfte des Menschen aus und erzeugt Abscheu gegenüber dem gesamten System kultureller Restriktionen und ruft einen neurotischen Zustand des Geistes hervor. Von diesem Gesichtspunkt aus werden die Symbole des Glaubens als Ausdruck des Über-Ich betrachtet, kon-

kreter gesagt als Ausdruck des Vater-Bildes, das dem Über-Ich Inhalt verleiht. Verantwortlich für diese unangemessene Theorie des Über-Ich ist Freuds naturalistische Verneinung von Normen und Prinzipien. Gründet sich das Über-Ich nicht auf gültige Prinzipien, wird es zu einem unterdrückenden Tyrannen. Selbst wenn er das Vater-Bild als seinen Ausdruck gebraucht, verwandelt echter Glaube dieses Bild in ein Prinzip der Wahrheit und Gerechtigkeit, das selbst gegen den „Vater" verteidigt werden muss. Glaube und Kultur können nur dann bejaht werden, wenn das Über-Ich die Normen und Prinzipien der Wirklichkeit verkörpert.

Das führt weiter zu der Frage, wie der Glaube als personaler, zentrierter Akt zu [10] der rationalen Struktur der menschlichen Personalität in Beziehung steht, wie sie sich in der sinnvollen Sprache des Menschen, in seiner Fähigkeit, das Wahre zu erkennen und das Gute zu tun, in seinem Sinn für Schönheit und Gerechtigkeit manifestiert. All das, und nicht nur seine Fähigkeit zu analysieren, zu berechnen und zu argumentieren, macht ihn zu einem rationalen Wesen. Aber trotz dieses umfassenderen Konzepts von Vernunft (*reason*) müssen wir verneinen, dass die essentielle Natur des Menschen identisch ist mit dem rationalen Charakter seines Geistes. Der Mensch ist in der Lage, sich für oder gegen die Vernunft zu entscheiden, er ist in der Lage, schöpferisch über die Vernunft hinauszugehen oder zerstörerisch unter das Niveau der Vernunft zu fallen. Die Macht, die das ermöglicht, ist die Macht seines Selbst, das Zentrum der Selbst-Bezüglichkeit, in dem alle Elemente seines Seins vereint sind. Glaube ist kein Akt irgendeiner rationalen Funktion, ebenso wenig wie er ein Akt des Unbewussten ist, sondern er ist ein Akt, in dem sowohl die rationalen als auch die nichtrationalen Elemente des menschlichen Seins transzendiert werden.

Glaube als umfassender und zentrierter Akt der Personalität hat „ekstati- [11] schen" Charakter. Er transzendiert sowohl die Triebkräfte des nichtrationalen Unbewussten als auch die Strukturen des rationalen Bewussten. Er transzendiert sie, zerstört sie aber nicht. ʲEr erhebt sich auf deren Grundlage und geht über diese Grundlage hinaus.ʲ Der ekstatische Charakter des Glaubens schließt seinen rationalen Charakter nicht aus, obwohl er nicht identisch mit ihm ist, und er schließt auch nichtrationale Strebungen ein, ohne mit ihnen identisch zu sein. In der Ekstase des Glaubens findet sich ein Bewusstsein von Wahrheit und sittlichen Werten. ᵏUnd hier findet sich auch viel von früheren Gefühlen der Liebe und des Hassesᵏ, von früheren Auseinandersetzungen und Versöhnungen, individuellen und kollektiven Einflüssen. „Ekstase" bedeutet „Außer-sich-Sein" – ohne aufzuhören, man selbst zu sein – mit all den Elementen, die im personalen Zentrum vereint sind.

Eine weitere Polarität hinsichtlich dieser Elemente, die für das Verständnis [12] des Glaubens von Bedeutung ist, ist die Spannung zwischen der kognitiven

Funktion des menschlichen personalen Lebens einerseits und der Emotion und dem Willen andererseits. In einer späteren Erörterung werde ich zu zeigen versuchen, dass viele Verzerrungen der Bedeutung des Glaubens darin ihren Grund haben, dass er der einen oder anderen dieser Funktionen zugeordnet wird. An dieser Stelle kann nur so deutlich und nachdrücklich wie möglich festgestellt werden, dass jeder Akt des Glaubens eine kognitive Zustimmung mit einschließt, aber nicht als Ergebnis eines unabhängigen Prozesses der Prüfung, sondern als untrennbares Element innerhalb eines ganzheitlichen Aktes der Annahme und Hingabe. Das schließt auch die Vorstellung aus, dass der Glaube das Ergebnis eines unabhängigen Aktes im Sinne eines „Willens zu glauben" sei. Zweifellos stimmt der Wille auch dem zu, was einen letztgültig angeht, aber Glaube ist kein Werk des Willens. In der Ekstase des Glaubens ist der Wille zuzustimmen und sich hinzugeben ein Element, aber nicht die Ursache des Glaubens. Und das gilt auch hinsichtlich des Gefühls. Glaube ist kein Gefühlsausbruch; das ist nicht die Bedeutung von Ekstase. Zweifellos gehört Gefühl zum Glauben dazu, wie es auch jeden anderen Akt des menschlichen geistigen Lebens begleitet. Aber Gefühl erzeugt keinen Glauben. Glaube hat einen kognitiven Inhalt ¦und bestimmt den Willen¦. Er ist die Einheit all dieser Elemente innerhalb des zentrierten Selbst. Die Einheit all dieser Elemente im Akt des Glaubens verhindert natürlich nicht, dass das eine oder andere Element in einer bestimmten Form des Glaubens dominiert. Es dominiert dann zwar den Charakter des Glaubens, aber es erzeugt nicht den Akt des Glaubens.

[13] Dies beantwortet auch die Frage nach der Möglichkeit einer Psychologie des Glaubens. Alles, was sich im personalen Sein des Menschen ereignet, kann zum Gegenstand der Psychologie werden. Es ist sowohl für den Religionsphilosophen als auch für den Seelsorger wichtig zu wissen, wie der Akt des Glaubens in die Totalität psychologischer Prozesse eingebettet ist. Aber im Gegensatz zu dieser berechtigten und wünschenswerten Form einer Psychologie des Glaubens findet sich noch eine weitere, die versucht, den Glauben von etwas anderem abzuleiten, und hier wird zumeist auf die Furcht verwiesen. Dabei wird methodisch vorausgesetzt, dass Furcht – oder etwas anderes, von dem der Glaube abgeleitet wird – ursprünglicher und grundlegender ist als der Glaube. Aber diese Voraussetzung kann nicht bewiesen werden. Man kann sogar im Gegenteil nachweisen, dass in einer wissenschaftlichen Methode, die zu solchen Schlussfolgerungen führt, immer schon selbst Glaube am Werk ist. Glaube geht allen Versuchen, ihn von etwas anderem abzuleiten, voraus, da diese Versuche selbst auf Glauben beruhen.

3 Die Quelle des Glaubens

Wir haben den Akt des Glaubens sowie seine Beziehung zur Dynamik der Personalität beschrieben. Glaube ist ein ganzheitlicher und zentrierter Akt des personalen Selbst, der Akt eines unbedingten, unendlichen und letztgültigen Anliegens (*unconditional, infinite, and ultimate concern*). Nun erhebt sich die Frage: Was ist die Quelle dieses allumfassenden und alles transzendierenden Anliegens? Das Wort „Anliegen (*concern*)" weist auf zwei Seiten einer Beziehung hin, nämlich die Beziehung zwischen dem, der ergriffen ist, und seinem Anliegen. In beiderlei Hinsicht müssen wir uns die Stellung des Menschen als solche und in seiner Welt vergegenwärtigen. Die Tatsache, dass der Mensch einen „ultimate concern" hat, offenbart etwas über sein Sein, nämlich dass er in der Lage ist, den ständigen Wandel relativer und vergänglicher Erfahrungen seines alltäglichen Lebens zu transzendieren. Die Erfahrungen, Gefühle, ᵐSehnsüchteᵐ und Gedanken des Menschen sind bedingt und endlich. Sie kommen und gehen nicht nur, sondern auch ihr Inhalt ist nur von endlichem und bedingtem Interesse – es sei denn, dass sie zu unbedingter Gültigkeit erhoben werden. Aber dies setzt die allgemeine Möglichkeit voraus, das tun zu können; es setzt das Element des Unendlichen im Menschen voraus. Der Mensch ist in der Lage, in einem unmittelbaren personalen und zentralen Akt die Bedeutung des Letztgültigen, des Unbedingten, des Absoluten, des Unendlichen zu verstehen. Das allein macht den Glauben zu einer menschlichen Möglichkeit. [14]

Menschliche Möglichkeiten sind Kräfte, die nach Verwirklichung drängen. Der Mensch wird zum Glauben getrieben durch sein Gewahrwerden des Unendlichen, zu dem er gehört, das er aber nicht besitzt wie eine Habe. Damit haben wir in abstrakten Begriffen das zum Ausdruck gebracht, was im ständigen Wandel des Lebens konkret als „Unruhe des Herzens" in Erscheinung tritt. [15]

Das unbedingte Anliegen (*unconditional concern*), das den Glauben ausmacht, ist das Anliegen hinsichtlich des Unbedingten. Die „unendliche Leidenschaft", wie der Glaube auch bezeichnet wurde, ist die Leidenschaft für das Unendliche. Oder, um unseren ersten Ausdruck zu verwenden, der „ultimate concern" ist das Anliegen hinsichtlich dessen, was als letztgültig erfahren wird. Auf diese Weise haben wir uns von der subjektiven Bedeutung des Glaubens als eines zentrierten Aktes der Personalität der objektiven Bedeutung zugewandt, zu dem, was im Akt des Glaubens gemeint ist. An dieser Stelle unserer Analyse würde es nicht weiterhelfen, das, was im Akt des Glaubens gemeint ist, „Gott" oder „einen Gott" zu nennen. Denn dann wäre zu fragen: Was konstituiert in der Idee Gottes die Göttlichkeit? Worauf die Antwort lauten würde: ⁿIhr Charakter, unendlich, unbedingt und letztgültig zu sein. Es ist die Letztgültigkeit des Letztgültigen, die der Träger göttlicher Qualität ist.ⁿ Wenn das gesehen wird, kann man verstehen, warum in der Religionsgeschichte fast alles „im Himmel und auf Er- [16]

den" Letztgültigkeit erlangt hat. Aber wir können dann auch verstehen, dass ein kritisches Prinzip im menschlichen religiösen Bewusstsein am Werk war und ist, das dasjenige, was wirklich letztgültig ist, von demjenigen unterscheidet, was nur beansprucht, letztgültig zu sein, aber nur vorläufig, vergänglich, endlich ist.

[17] Der Ausdruck „ultimate concern" vereint die subjektive und objektive Seite des Glaubensaktes – die *fides qua creditur* (der Glaube, durch den man glaubt) und die *fides quae creditur* (der Glaube, der geglaubt wird). Das Erste ist der klassische Ausdruck für den zentrierten Akt der Personalität, den „ultimate concern". Das Zweite ist der klassische Ausdruck für das, worauf sich dieser Akt richtet, das Letztgültige selbst, ausgedrückt in Symbolen des Göttlichen. Diese Unterscheidung ist zwar sehr wichtig, aber auch nicht grundlegend, da die eine Seite nicht ohne die andere auskommt. Es gibt keinen Glauben ohne Inhalt, auf den dieser gerichtet ist. Im Akt des Glaubens wird immer etwas gemeint. Und es ist nicht möglich, abgesehen vom Akt des Glaubens über den Inhalt des Glaubens zu verfügen. Alles Reden über göttliche Dinge, das nicht im Zustand des „ultimate concern" geschieht, ist bedeutungslos. Denn dem, was im Akt des Glaubens gemeint ist, kann man sich auf keine andere Weise annähern als durch einen Akt des Glaubens.

[18] In Begriffen wie letztgültig, unbedingt, unendlich und absolut ist der Unterschied zwischen Subjektivität und Objektivität überwunden. °Es gibt keinen Unterschied zwischen endlichen Wirklichkeiten hinsichtlich dessen, was als unendlich erfahren und als unendlich gemeint wird.° Das Letztgültige des Glaubensaktes und das Letztgültige, das im Akt des Glaubens gemeint ist, sind ein und dasselbe. Die Mystiker drücken dies symbolisch aus, wenn sie sagen, dass ihr Wissen von Gott das Wissen ist, das Gott von sich selbst hat; und Paulus drückt dies aus, wenn er sagt, dass er erkennen wird, wie er erkannt worden ist, nämlich von Gott (1 Kor 13,12). Gott kann niemals Objekt sein, ohne zugleich Subjekt zu sein. Selbst ein erfolgreiches Gebet ist nach Paulus nicht möglich, wenn nicht Gottes Geist in uns betet (Röm 8). In einer abstrakten Sprache ausgedrückt, bedeutet dies den Wegfall des gewohnten Subjekt-Objekt-Schemas in der Erfahrung des Letztgültigen, des Unbedingten. Im Akt des Glaubens ist das, was die Quelle dieses Aktes ausmacht, jenseits der Spaltung in Subjekt und Objekt gegenwärtig. Es ist gegenwärtig als beide und jenseits von beiden.

[19] Dieser Charakter des Glaubens gibt uns ein zusätzliches Kriterium für die Unterscheidung von wahrer und falscher Letztgültigkeit an die Hand. Das Endliche, das Unendlichkeit beansprucht, ohne sie zu besitzen (wie beispielsweise eine Nation oder Erfolg), ist nicht in der Lage, das Subjekt-Objekt-Schema zu transzendieren. Es bleibt ein Objekt, auf das der Glaubende als ein Subjekt schaut. Er kann ihm mit normalem Wissen näher kommen und es normaler Handhabung unterwerfen. Es finden sich natürlich viele Gradunterschiede in dem unendlichen Bereich falscher

Letztgültigkeiten. Die Nation kommt der wahren Letztgültigkeit näher als der Erfolg. Nationalistische Ekstase kann einen Zustand hervorrufen, in dem das Subjekt vom Objekt fast verschlungen wird. Aber nach einer gewissen Zeit taucht es ganz und gar enttäuscht wieder auf und wird nun, da es jetzt auf skeptische und berechnende Weise auf die Nation schaut, selbst deren berechtigte Forderungen ablehnen. Je götzendienerischer ein Glaube ist, desto weniger ist er in der Lage, die Spaltung in Subjekt und Objekt zu überwinden. Hierin zeigt sich der Unterschied zwischen wahrem und götzendienerischem Glauben. Im wahren Glauben ist der „ultimate concern" ein Anliegen hinsichtlich des wahrhaft Letztgültigen, während im götzendienerischen Glauben vorläufige, endliche Wirklichkeiten zum Rang der Letztgültigkeit erhoben werden. Die unausweichliche Folge götzendienerischen Glaubens ist „existentielle Enttäuschung", eine Enttäuschung, die ganz tief in die menschliche Existenz eindringt! Die Dynamik des götzendienerischen Glaubens besteht darin, dass auch er Glaube ist und als solcher der zentrierte Akt einer Personalität, dass aber der zentrierende Punkt mehr oder weniger an der Peripherie liegt und dass darum ᵖder zentrierte Akt des Glaubens zu einer Zerrissenheit der Personalität führtᵖ. Der ekstatische Charakter selbst eines götzendienerischen Glaubens kann diese Folge nur für eine gewisse Zeit verbergen. Aber sie wird schließlich ans Licht kommen.

4 Glaube und die Dynamik des Heiligen

Wer in die Sphäre des Glaubens eintritt, tritt in das Allerheiligste des Lebens ein. [20] Wo Glaube ist, da gibt es auch ein Bewusstsein der Heiligkeit. Dies scheint dem zu widersprechen, was soeben über den götzendienerischen Glauben gesagt wurde. Aber es widerspricht nicht unserer Analyse des Götzendienstes. Es widerspricht nur der umgangssprachlichen Weise, in der das Wort „heilig" gebraucht wird. Was einen letztgültig angeht, wird heilig. Das Gewahrwerden des Heiligen ist Gewahrwerden der Gegenwart des Göttlichen, nämlich des Inhalts unseres „ultimate concern". Dieses Gewahrwerden wird im Alten Testament auf großartige Weise zum Ausdruck gebracht, angefangen bei den Visionen der Patriarchen und des Mose bis hin zu den erschütternden Erfahrungen der großen Propheten und Psalmisten. Es handelt sich dabei um eine Gegenwart, die trotz ihres In-Erscheinung-Tretens geheimnisvoll bleibt, und sie übt sowohl eine anziehende als auch eine abstoßende Wirkung aus gegenüber jenen, die ihr begegnen. In seinem klassischen Buch „Das Heilige" hat Rudolf Otto diese beiden Funktionen als den faszinierenden und erschütternden Charakter des Heiligen beschrieben. (In Ottos Terminologie: *mysterium* ᑫ*fascinosum*ᑫ *et tremendum*.) Sie können in allen Religionen gefunden werden, da sie der Weg sind, auf dem der Mensch den Vertretungen seines „ultimate concern" immer begegnet. Der Grund für diese zweifache Wirkung des Heiligen wird offensichtlich, wenn wir uns die Beziehung zwischen der Erfahrung des Heiligen und der Erfahrung des „ultimate concern" anschauen. Das menschliche Herz sucht das Unendliche, weil das Endliche in diesem ruhen möchte. Im Unendlichen sieht es seine eigene Erfüllung. Dies ist der Grund für die ekstatische Anziehungskraft und Faszination von allem, in dem Letztgültigkeit manifest wird. Wenn Letztgültigkeit manifest wird und ihre faszinierende Anziehungskraft ausübt, erkennt man andererseits zugleich den unendlichen Abstand zwischen dem Endlichen und dem Unendlichen und somit das negative Urteil über alle endlichen Versuche, das Unendliche zu erreichen. Das Gefühl, in der Gegenwart des Göttlichen verzehrt zu werden, ist ein tiefer Ausdruck der Beziehung des Menschen zum Heiligen. Es ist in jedem authentischen Akt des Glaubens, in jedem Zustand eines „ultimate concern" inbegriffen.

[21]   Diese ursprüngliche und allein gerechtfertigte Bedeutung von Heiligkeit muss den gegenwärtig verzerrten Gebrauch des Wortes ersetzen. „Heilig" ʳwirdʳ besonders bei einigen protestantischen Gruppen mit moralischer Vollkommenheit gleichgesetzt. Die geschichtlichen Ursachen dieser Verzerrung bieten neue Einsichten in das Wesen der Heiligkeit und des Glaubens. Ursprünglich hat man unter heilig das verstanden, was vom gewöhnlichen Bereich der Dinge und Erfahrungen abgesondert ist. Es ist getrennt von der Welt endlicher Beziehungen. Das ist der Grund dafür, warum alle religiösen Kulte heilige Orte und Handlungen von allen anderen Orten und Handlungen abgetrennt haben. In das Heiligtum einzutreten bedeutet, dem Heiligen zu begegnen. Hier macht sich das unendlich Entfernte selbst nah und gegenwärtig, ohne seine Ferne zu verlieren. Aus diesem Grund hat man das Heilige auch das „ganz Andere" genannt, nämlich anders als der gewöhnliche Lauf der Dinge oder – um auf eine frühere Aussage zu verweisen – anders als die Welt, die durch die Spaltung in Subjekt und Objekt bestimmt ist. Das Heilige transzendiert diesen Bereich; dies ist sein Geheimnis und sein unzugänglicher Charakter. Es gibt keinen bedingten Weg, um das Unbedingte zu erreichen; es gibt keinen endlichen Weg, um das Unendliche zu erreichen.

[22]   Der geheimnisvolle Charakter des Heiligen erzeugt eine Zweideutigkeit hinsichtlich der Art und Weise, wie es der Mensch erfährt. Das Heilige kann als schöpferisch und als zerstörerisch erscheinen. Sein faszinierendes Element kann sowohl schöpferisch als auch zerstörerisch sein (es sei wieder auf den faszinierenden Charakter des nationalistischen Götzendienstes verwiesen), und das erschreckende und verzehrende Element kann zerstörerisch und schöpferisch sein (wie in der Doppelnatur von Kali und Shiva im indischen Denken). Diese Zweideutigkeit, von der wir noch Spuren im Alten Testament finden, spiegelt sich wider in den rituellen oder quasi-rituellen Handlungen ˢder Religionen und Quasi-Religionen (z. B. Opferungen von anderen oder von sich selbst, sei es körperlich oder geistig, die sehr

zweideutig sind)ˢ. Man kann diese Zweideutigkeit göttlich-dämonisch nennen, wobei das Göttliche durch den Sieg der schöpferischen über die zerstörerische Möglichkeit des Heiligen gekennzeichnet ist und das Dämonische durch den Sieg der zerstörerischen über die schöpferische Möglichkeit des Heiligen. In dieser Situation, die am tiefsten in der prophetischen Religion des Alten Testaments verstanden wurde, wurde ein Kampf gegen das dämonisch-zerstörerische Element im Heiligen geführt. Und dieser Kampf war so erfolgreich, dass sich die Auffassung des Heiligen veränderte. Heiligkeit wird nun zu Gerechtigkeit und Wahrheit. Sie ist schöpferisch und nicht zerstörerisch. Das wahre Opfer ist der Gehorsam gegenüber dem Gesetz. Dies ist die Denkrichtung, die schließlich zur Gleichsetzung von Heiligkeit mit moralischer Vollkommenheit führte. Aber wenn dieser Punkt erreicht ist, verliert Heiligkeit die Bedeutung des „Abgetrennten", „Transzendierenden", „Faszinierenden und Erschreckenden" sowie des „ganz Anderen". All das ist verschwunden, und das Heilige ist zum sittlich Guten und zum logisch Wahren geworden. Es hat aufgehört, das Heilige im genuinen Sinne des Wortes zu sein. Wenn man diese Entwicklung zusammenfasst, kann man sagen, dass das Heilige ursprünglich unterhalb der Alternative von Gut und Böse liegt, dass es sowohl göttlich als auch dämonisch ist, dass durch die Einschränkung der dämonischen Möglichkeit das Heilige selbst in seiner Bedeutung verändert wird, dass es rational und mit dem Wahren und Guten gleichgesetzt wird und dass seine genuine Bedeutung wiederentdeckt werden muss.

Diese Dynamik des Heiligen bestätigt das, was über die Dynamik des Glaubens gesagt wurde. Wir haben zwischen wahrem und götzendienerischem Glauben unterschieden. Das Heilige, das dämonisch oder letztlich zerstörerisch ist, ist mit dem Inhalt des götzendienerischen Glaubens identisch. Götzendienerischer Glaube ist aber immer noch Glaube. Das Heilige, das dämonisch ist, ist immer noch heilig. An dieser Stelle wird der zweideutige Charakter der Religion am sichtbarsten und die Gefahren des Glaubens am offensichtlichsten: Die Gefahr des Glaubens ist der Götzendienst, und die Zweideutigkeit des Heiligen ist seine dämonische Möglichkeit. Unser „ultimate concern" kann uns zerstören, wie er uns heilen kann. Aber wir können niemals ohne ihn sein. [23]

5 ᵗGlaube, Mut und Zweifelᵗ

Wir kehren nun zu einer genaueren Beschreibung des Glaubens als eines zentrierten und ganzheitlichen Aktes menschlicher Personalität zurück. Ein Glaubensakt ist ein Akt eines endlichen Wesens, das vom Unendlichen ergriffen und zu diesem hingelenkt wird. Er ist ein endlicher Akt mit all den Grenzen eines solchen, und er ist ein Akt, in dem das Unendliche jenseits der Grenzen eines endlichen Aktes ᵘwirktᵘ. ᵛGlaube ist gewiss, insofern das Letztgültige, das im Akt [24] des Glaubens gemeint ist, in ihm gegenwärtig ist.[v] Glaube ist gewiss, insofern er eine Erfahrung des Heiligen darstellt. Aber Glaube ist ungewiss, insofern das Unendliche, auf das er bezogen ist, von einem endlichen Wesen aufgenommen wird. Dieses Element der Ungewissheit im Glauben kann nicht beseitigt werden, es muss angenommen werden. Und das Element des Glaubens, das dies annimmt, ist der Mut. Glaube enthält ein Element unmittelbaren Gewahrwerdens, das Gewissheit schenkt, und ein Element der Ungewissheit. Dies anzunehmen, bedeutet Mut. Im mutigen Aushalten der Ungewissheit zeigt der Glaube am sichtbarsten seinen dynamischen Charakter.

[25]   Wenn wir versuchen, das Verhältnis von Glaube und Mut zu beschreiben, dann müssen wir ein umfassenderes Konzept des Mutes verwenden als jenes, das gewöhnlich verwendet wird [w](vgl. mein Buch „Der Mut zum Sein")[w]. Mut als ein Element des Glaubens ist das Wagen der Selbst-Bejahung des eigenen Seins trotz der Mächte des „Nichtseins", die die Erbschaft alles Endlichen sind. Wo Wagen und Mut sind, dort besteht auch die Möglichkeit des Scheiterns. Und in jedem Akt des Glaubens ist diese Möglichkeit gegenwärtig. Das Wagnis muss auf sich genommen werden. Wer auch immer seine Nation zu seinem „ultimate concern" macht, bedarf des Mutes, um dieses Anliegen beizubehalten. Gewiss ist nur die Letztgültigkeit als Letztgültigkeit, die unendliche Leidenschaft als unendliche Leidenschaft. Dies ist eine Wirklichkeit, die dem Selbst mit seiner eigenen Natur gegeben ist. Sie ist ebenso unmittelbar und jenseits des Zweifels wie es das Selbst dem Selbst ist. Sie *ist* das Selbst in seiner selbst-transzendierenden Qualität. Aber es gibt keine Gewissheit dieser Art hinsichtlich des Inhalts unseres „ultimate concern", sei es die Nation, der Erfolg, ein Gott oder der Gott der Bibel: Bei diesen Inhalten geht es nicht um ein unmittelbares Gewahrwerden. Sie als Sache eines „ultimate concern" anzunehmen, ist ein Wagnis und darum ein Akt des Mutes. Das Wagnis besteht darin, dass das, was als eine Sache des „ultimate concern" angesehen wurde, sich als ein vorläufiges und vergängliches Anliegen herausstellen kann – wie beispielsweise die Nation. Das Wagnis, hinsichtlich des eigenen „ultimate concern" [x]zu scheitern[x], ist in der Tat das größte Wagnis, das der Mensch eingehen kann. Denn wenn er sich als Fehlschlag erweist, bricht der Sinn des eigenen Lebens zusammen; man gibt sich, Wahrheit und Gerechtigkeit mit eingeschlossen, an etwas hin, das es nicht wert ist. Man hat sein personales Zentrum weggegeben, ohne die Chance zu haben, es wiederzuerlangen. Die Reaktion der Verzweiflung bei Menschen, die den Zusammenbruch ihrer nationalen Ansprüche erfahren haben, ist ein unwiderlegbarer Beweis für den götzendienerischen Charakter ihres nationalen Anliegens. Langfristig ist dies die unausweichliche Folge eines „ultimate concern", dessen Inhalt nicht letztgültig ist. Und dies ist das Wagnis, das der Glaube auf sich nehmen muss; dies ist das Wagnis, das unvermeidlich ist, wenn ein endliches Wesen sich selbst bejaht. „Ultimate

concern" bedeutet letztgültiges Wagnis und letztgültiger Mut. Er ist kein Wagnis und bedarf keines Mutes in Bezug auf die Letztgültigkeit selbst. Aber er ist Wagnis und erfordert Mut, wenn er ein konkretes Anliegen bejaht. Und jeder Glaube enthält ein konkretes Element. Es geht ihn etwas oder jemand an. Aber dieses Etwas oder dieser Jemand mag sich als überhaupt nicht letztgültig erweisen. Glaube ist dann hinsichtlich seines konkreten Ausdrucks ein Fehlschlag, obwohl er kein Fehlschlag hinsichtlich der Erfahrung des Unbedingten selbst ist. Ein Gott verschwindet, die Gottheit bleibt. Glaube wagt das Verschwinden des konkreten Gottes, an den er glaubt. Es kann gut sein, dass mit dem Verschwinden des Gottes der Gläubige zusammenbricht, ohne in der Lage zu sein, sein zentriertes Selbst durch einen neuen Inhalt seines „ultimate concern" wiederherzustellen. Diesem Wagnis kann sich kein Glaubensakt entziehen. Es gibt nur einen einzigen Punkt, der keine Sache des Wagnisses, sondern unmittelbarer Gewissheit ist, und hierin liegt die Größe und der Schmerz des menschlichen Seins, nämlich sein Stehen zwischen der eigenen Endlichkeit und der eigenen potentiellen Unendlichkeit.

All dies kommt im Verhältnis von Glaube und Zweifel deutlich zum Ausdruck. [26] Wenn Glaube als Für-wahr-Halten (*belief*) verstanden wird, dann ist der Zweifel mit dem Akt des Glaubens unvereinbar. Wenn Glaube verstanden wird als letztgültiges Ergriffensein (*being ultimately concerned*), ist Zweifel ein notwendiges Element in ihm. Er ist eine Folge des Glaubenswagnisses.

Der Zweifel, der im Glauben inbegriffen ist, ist kein Zweifel in Bezug auf [27] Tatsachen oder Schlussfolgerungen. Es ist nicht der gleiche Zweifel, der das Lebenselixier der wissenschaftlichen Forschung ist. Selbst der strenggläubigste Theologe verneint nicht das Recht des methodologischen Zweifels hinsichtlich empirischer Untersuchung oder logischer Deduktion. Ein Wissenschaftler, der behaupten würde, dass eine wissenschaftliche Theorie jenseits des Zweifels angesiedelt ist, würde in dem Moment aufhören, wissenschaftlich zu sein. Er mag glauben (*believe*), dass der Theorie in Bezug auf alle praktischen Zwecke vertraut werden kann. Ohne einen solchen Glauben (*belief*) wäre keine technische Anwendung einer Theorie möglich. Man könnte dieser Art von Glauben (*belief*) pragmatische Gewissheit zuschreiben, die für das Handeln ausreicht. Der Zweifel richtet sich in diesem Fall auf den vorläufigen Charakter der zugrunde liegenden Theorie.

Es gibt noch eine andere Art des Zweifels, den wir den skeptischen nennen [28] könnten, im Gegensatz zum wissenschaftlichen Zweifel, den wir den methodologischen nennen könnten. Der skeptische Zweifel ist eine Haltung gegenüber allen Überzeugungen des Menschen, angefangen bei den Sinneswahrnehmungen bis hin zu religiösen Glaubensbekenntnissen. Er ist mehr eine Haltung als eine Behauptung. Als eine Behauptung würde er sich nämlich selbst widersprechen. Selbst die Behauptung, dass es für den Menschen keine mögliche Wahrheit gibt, wäre dem skeptischen Prinzip unterworfen und könnte nicht als eine Behauptung bestehen bleiben. Echter skeptischer Zweifel verwendet nicht die Form einer Behauptung. Er ist eine Haltung, die in der Tat jede Gewissheit verwirft. Aus diesem Grund kann er logisch nicht widerlegt werden. ʸEr setzt sich einer solchen Widerlegung nicht aus, weilʸ er seine Haltung nicht in eine Aussage umformt. Eine solche Haltung führt notwendigerweise entweder zur Verzweiflung oder zum Zynismus, oder abwechselnd zu beiden. Und wenn diese Alternative unerträglich wird, führt das häufig zu Gleichgültigkeit sowie dem Versuch, eine Haltung völliger Sorglosigkeit zu entwickeln. Aber da der Mensch dasjenige Seiende ist, dem es wesentlich um sein Sein geht, scheitert schließlich eine solche Flucht. Dies ist die Dynamik des skeptischen Zweifels. Er hat eine aufrüttelnde und befreiende Funktion, aber er kann auch die Entwicklung einer zentrierten Personalität verhindern. Denn Personalität ist nicht möglich ohne Glauben. Die Verzweiflung des Skeptikers an der Wahrheit zeigt, dass die Wahrheit noch immer seine unendliche Leidenschaft ist. Die zynische Überlegenheit über jede konkrete Wahrheit zeigt, dass Wahrheit immer noch ernst genommen wird und dass die Relevanz der Frage nach einem „ultimate concern" stark spürbar ist. Der Skeptiker ist solange, wie er ein ernsthafter Skeptiker ist, nicht ohne Glauben, selbst wenn dieser Glaube keinen konkreten Inhalt hat.

[29] Der Zweifel, der in jedem Akt des Glaubens inbegriffen ist, ist weder der methodologische noch der skeptische Zweifel. Es ist der Zweifel, der jedes Wagnis begleitet. Es ist nicht der permanente Zweifel des Wissenschaftlers, und es ist nicht der unbeständige Zweifel des Skeptikers, sondern es ist der Zweifel desjenigen, der von einem konkreten Anliegen letztgültig ergriffen ist. Im Gegensatz zum methodologischen und zum skeptischen Zweifel könnte man ihn den existentiellen Zweifel nennen. Er fragt nicht danach, ob eine bestimmte Aussage wahr oder falsch ist. Er weist nicht jede konkrete Wahrheit zurück, sondern er ist sich des Elements der Ungesichertheit in jeder existentiellen Wahrheit bewusst. Zugleich nimmt der Zweifel, der im Glauben inbegriffen ist, diese Ungesichertheit an und nimmt sie in einem Akt des Mutes auf sich. Glaube schließt Mut ein. Darum kann er den Zweifel an sich selbst mit einschließen. Zweifellos sind Glaube und Mut nicht identisch. Glaube umfasst neben dem Zweifel noch andere Elemente, und Mut hat außer der Bekräftigung des Glaubens noch andere Funktionen. Dennoch gehört zur Dynamik des Glaubens ein Akt, in dem der Mut ein Wagnis auf sich nimmt.

[30] Dieses dynamische Konzept des Glaubens scheint jenem positiv-ruhigen Vertrauen keinen Raum zu geben, das wir in den Dokumenten aller großen Religionen finden, das Christentum mit eingeschlossen. Aber das ist nicht der Fall. Das dynamische Konzept des Glaubens ist das Ergebnis einer begrifflichen Analyse sowohl der subjektiven als auch der objektiven Seite des Glaubens. Es ist

keinesfalls die Beschreibung eines stets verwirklichten Gemütszustands. Eine Strukturanalyse ist keine Zustandsbeschreibung. Die Verwechslung von beiden ist eine Quelle vieler Missverständnisse und Irrtümer in allen Bereichen des Lebens. Das folgende Beispiel aus der gegenwärtigen Diskussion zum Thema Angst ist für diese Verwechslung typisch. Die Beschreibung der Angst als Gewahrwerden der eigenen Endlichkeit wird zuweilen vom Standpunkt des gewöhnlichen Gemütszustands aus als falsch kritisiert. Angst, so sagt man, tritt nur unter bestimmten Bedingungen auf, ist aber keine allgegenwärtige Folge der menschlichen Endlichkeit. Zweifellos tritt Angst als eine heftige Erfahrung unter bestimmten Bedingungen auf. Aber die zugrunde liegende Struktur endlichen Lebens ist die universale Bedingung, die das Auftreten der Angst unter bestimmten Bedingungen erst möglich macht. In ähnlicher Weise ist Zweifel keine permanente Erfahrung innerhalb des Glaubensaktes. Aber als ein Element innerhalb der Struktur des Glaubens ist er stets gegenwärtig. Dies ist der Unterschied zwischen Glaube und unmittelbarer Evidenz, sei diese sinnlicher oder logischer Natur. Es gibt keinen Glauben ohne ein zugehöriges „Dennoch" und die mutige Selbst-Annahme im Zustand des „ultimate concern". Dieses intrinsische Element des Zweifels bricht sich unter bestimmten individuellen und sozialen Bedingungen Bahn. Wenn Zweifel auftritt, sollte er nicht als Verneinung des Glaubens angesehen werden, sondern als ein Element, das stets im Akt des Glaubens gegenwärtig war und dort auch stets gegenwärtig sein wird. Existentieller Zweifel und Glaube sind die Pole derselben Realität, des Zustands des „ultimate concern".

Die Einsicht in diese Struktur von Glaube und Zweifel ist von enormer praktischer Bedeutung. Viele Christen und auch viele Angehörige anderer religiöser Gruppen empfinden Angst, Schuld und Verzweiflung in Bezug auf das, was sie „Verlust des Glaubens" nennen. Aber ernsthafter Zweifel ist eine Bestätigung des Glaubens. Er deutet auf die Ernsthaftigkeit des Anliegens hin, auf dessen unbedingten Charakter. Das betrifft auch jene, die als zukünftige oder derzeitige Seelsorger einer Kirche nicht nur den wissenschaftlichen Zweifel in Bezug auf Lehrmeinungen erfahren – dieser ist so notwendig und unaufgebbar wie Theologie ein unaufgebbares Erfordernis ist –, sondern es betrifft auch den existentiellen Zweifel in Bezug auf die Botschaft ihrer Kirche, dass beispielsweise Jesus der Christus genannt werden kann. Das Kriterium, nach dem sie sich selbst beurteilen sollten, ist die Ernsthaftigkeit und Letztgültigkeit ihres Anliegens hinsichtlich des Inhalts, sowohl was ihren Glauben als auch was ihren Zweifel angeht. [31]

6 Glaube und Gemeinschaft

[32] Die vorigen Bemerkungen über Glaube und Zweifel in Bezug auf religiöse Glaubensbekenntnisse haben uns zu jenen Problemen geführt, die gewöhnlich in der öffentlichen Diskussion des Glaubens vorherrschen. Glaube wird hier verstanden als Inbegriff von Lehraussagen oder dogmatischen Äußerungen mit rechtsgültigem Charakter. Er wird hier mehr von seinem soziologischen Kontext her verstanden und weniger von seinem Charakter als einem personalen Akt. Die historischen Gründe dieser Einstellung sind offensichtlich. Die Zeiten der kulturellen und religiösen Unterdrückung des autonomen Geistes im Namen von Lehraussagen eines bestimmten Glaubens haben sich nachfolgenden Generationen eingeprägt. Der Kampf auf Leben und Tod, den eine rebellische Autonomie gegen die Kräfte der religiösen Unterdrückung führen musste, hat eine tiefe Narbe im „kollektiven Unbewussten" zurückgelassen. Das gilt sogar noch für das gegenwärtige Zeitalter, wo die Form der Unterdrückung, die gegen Ende des Mittelalters und in der Zeit der Religionskriege herrschte, eine Sache der Vergangenheit ist. Aus diesem Grund ist es nicht sinnlos, das dynamische Konzept des Glaubens gegen den Vorwurf zu verteidigen, es würde zu neuen Formen der Orthodoxie und der religiösen Unterdrückung führen. Wenn der Zweifel als ein intrinsisches Element des Glaubens angesehen wird, dann wird die autonome Schöpferkraft des menschlichen Geistes bestimmt nicht eingeschränkt. Man wird jedoch fragen, ob dieses Konzept des Glaubens nicht unvereinbar ist mit der „Gemeinschaft des Glaubens", die eine entscheidende Rolle in allen Religionen spielt. Ist nicht der dynamische Begriff des Glaubens ein Ausdruck protestantischen Individualismus und humanistischer Autonomie? Kann eine Gemeinschaft des Glaubens – beispielsweise eine Kirche – einen Glauben bejahen, der den Zweifel als ein intrinsisches Element mit einschließt und die Ernsthaftigkeit des Zweifels als einen Ausdruck des Glaubens betrachtet? Und selbst wenn sie eine solche Haltung den einfachen Mitgliedern zugestehen könnte, wie könnte sie Entsprechendes bei ihren Leitungspersonen zulassen?

[33] Die Antworten auf diese häufig sehr leidenschaftlich gestellten Fragen sind vielseitig und komplex. Zum jetzigen Zeitpunkt muss die nahe liegende und zugleich bedeutsame Aussage gemacht werden, dass der Akt des Glaubens, wie jeder andere geistige Akt des Menschen auch, von der Sprache und folglich von der Gemeinschaft abhängig ist. Denn nur in der Gemeinschaft geistiger Wesen ist Sprache lebendig. Ohne Sprache gibt es keinen Glaubensakt und keine religiöse Erfahrung! Das bezieht sich auf die Sprache ganz allgemein wie auch auf die besonderen Sprachen innerhalb der verschiedenen Funktionen des menschlichen geistigen Lebens. Die religiöse Sprache, die Sprache des Symbols und des Mythos, wird innerhalb der Gemeinschaft der Gläubigen hervorgebracht und kann von

einer Außenperspektive her nicht völlig verstanden werden. Aber innerhalb der Gemeinschaft macht es die religiöse Sprache möglich, dass der Glaubensakt einen konkreten Inhalt bekommt. Glaube braucht seine eigene Sprache wie jeder andere Akt der Personalität auch; ohne Sprache wäre der Glaube blind, nicht auf einen Inhalt gerichtet, sich seiner selbst nicht bewusst. Dies ist der Grund für die vorrangige Bedeutung der Glaubensgemeinschaft. Nur als Mitglied einer solchen Gemeinschaft (und das betrifft selbst noch die Trennung oder den Ausschluss hiervon) kann der Mensch über einen Inhalt für seinen „ultimate concern" verfügen. Nur in einer Sprachgemeinschaft kann der Mensch seinen Glauben verwirklichen.

Aber jetzt wird man die Frage stellen: Wenn es keinen Glauben ohne Glaubensgemeinschaft gibt, ist es dann nicht notwendig, dass die Gemeinschaft den Inhalt ihres Glaubens auf konkrete Weise im Sinne einer bekenntnishaften Darlegung ausgestaltet und fordert, dass jedes Mitglied der Gemeinschaft dem zustimmt? Zweifellos ist das der Weg, auf dem Glaubensbekenntnisse entstanden sind. Dies ist der Grund für ihre dogmatische und rechtliche Festschreibung! Aber das erklärt noch nicht die enorme Macht dieser Bekundungen gemeinschaftlichen Glaubens über Gruppen und Individuen von Generation zu Generation. Und es erklärt auch nicht den Fanatismus, mit dem Zweifel und abweichende Meinungen unterdrückt wurden, nicht nur durch äußere Macht, sondern mehr noch durch die Mechanismen innerer Unterdrückung. Diese Mechanismen wurden der individuellen Psyche eingeprägt und waren selbst ohne äußeren Druck ausgesprochen wirksam. Um diesen Sachverhalt zu verstehen, müssen wir uns daran erinnern, dass Glaube, als der Zustand des „ultimate concern", völlige Hingabe an den Inhalt dieses Anliegens in einem zentrierten Akt der Personalität einschließt. Das bedeutet, dass letztendlich das Sein der Personalität auf dem Spiel steht. Hingabe an ein götzendienerisches Anliegen kann die Mitte der Personalität zerstören. Wenn der Inhalt des gemeinschaftlichen Glaubens gegenüber götzendienerischen Infiltrationen verteidigt und als eine Schutzmaßnahme gegen solche Infiltrationen auf eine Formel gebracht wurde, wie das in der christlichen Kirche in Zeiten von Konflikten der Fall war, dann wird verständlich, dass jede Abweichung von diesen Formulierungen als zerstörerisch für die „Seele" des Christen angesehen wurde. Man glaubte, dass der Abweichler dämonischem Einfluss zum Opfer gefallen sei. Kirchliche Strafen sind Versuche, ihn vor dämonischer Selbstzerstörung zu bewahren. Bei diesen Maßnahmen wird das Anliegen, das den Inhalt des Glaubens darstellt, absolut ernst genommen. Es geht dabei um ewiges Leben oder ewigen Tod.

Die Unterwerfung unter das festgeschriebene Glaubensbekenntnis ist aber nicht nur für den Einzelnen von entscheidender Bedeutung. Auch die Glaubensgemeinschaft als solche muss gegenüber verzerrenden Einflüssen Einzelner

[34]

[35]

geschützt werden. Die Kirche schließt jene von ihrer Gemeinschaft aus, von denen angenommen wird, dass sie die Grundlagen der Kirche verneinen. Dies ist die Bedeutung des Begriffs „Häresie". Der Häretiker ist nicht jemand, der irrige Meinungen vertritt (das ist eine mögliche Auswirkung der Häresie, aber nicht ihr Wesen), sondern der Häretiker ist jemand, der sich von dem wahren Anliegen abgewendet hat hin zu einem falschen, götzendienerischen Anliegen. Folglich kann er andere in gleicher Richtung beeinflussen, sie zerstören und die Gemeinschaft untergraben. Wenn die weltlichen Machthaber die Kirche als Grundlage der Konformität und kulturellen Substanz ansehen, ohne die eine Gesellschaft nicht überleben kann, dann verfolgen sie den Häretiker wie einen weltlichen Verbrecher und verwenden Mittel der Indoktrination und des äußeren Drucks, mit denen sie versuchen, die Einheit des religiös-politischen Bereichs aufrecht zu erhalten. Wenn dieser Punkt erreicht ist, meldet sich jedoch die Reaktion der geistigen Autonomie des Menschen zu Wort, und falls sie siegreich ist, dann schafft sie nicht nur den politischen Vollzug eines religiösen Systems ab, sondern das religiöse System selbst – und darüber hinaus häufig auch den Glauben als solchen. Letzteres erweist sich aber als unmöglich. Möglich ist und war dies immer nur aufgrund der Macht eines anderen „ultimate concern". In den weltgeschichtlichen Kämpfen zwischen der Kirche und ihren liberalen Kritikern steht immer Glaube gegen Glaube. Selbst der Glaube der Liberalen braucht Ausdruck und irgendeine gemeinschaftliche Ausgestaltung, und er muss auch gegen autoritäre Angriffe verteidigt werden. Mehr noch: Der „ultimate concern" der Liberalen braucht, wie jeder andere „ultimate concern" auch, konkrete Inhalte. Auch er lebt in Institutionen mit einem bestimmten geschichtlichen Charakter. Auch er hat eine besondere Sprache und benutzt besondere Symbole. Sein Glaube besteht nicht in der abstrakten Zustimmung zur Freiheit, sondern es ist der Glaube an die Freiheit als ein Element innerhalb der Konkretheit einer Gesamtsituation. Wenn er diese Konkretheit im Namen der Freiheit untergräbt, erzeugt er ein Vakuum, in das mühelos antiliberale Kräfte eindringen. Nur schöpferischer Glaube kann dem Ansturm zerstörerischen Glaubens widerstehen. Nur das Anliegen, das ein wahrhaft letztgültiges ist, kann sich gegenüber götzendienerischen Anliegen zur Wehr setzen.

[36] All dies führt zu der Frage: Wie ist eine Glaubensgemeinschaft möglich ohne Unterdrückung der Autonomie des menschlichen geistigen Lebens? Die erste Antwort beruht auf dem Verhältnis zwischen den weltlichen Autoritäten und der Glaubensgemeinschaft. Selbst wenn eine Gesellschaft praktisch mit einer Glaubensgemeinschaft identisch ist und das konkrete Leben der Gruppe von der geistigen Substanz einer Kirche bestimmt wird, sollten die weltlichen Autoritäten als solche neutral bleiben und das Risiko der Zunahme dissidenter Glaubensformen eingehen. Wenn sie versuchen, geistige Konformität zu erzwingen und dabei er-

folgreich sind, haben sie das Wagnis und den Mut beseitigt, die zum Glaubensakt gehören. Sie haben den Glauben in ein Verhaltensmuster umgewandelt, das keine Alternativen zulässt und das seinen Charakter der Letztgültigkeit verliert, selbst wenn die Erfüllung der religiösen Pflichten mit dem Anspruch eines „ultimate concern" ausgeübt wird. Jedoch ist eine solche Lage in unserer Zeit selten geworden. In den meisten Gesellschaften haben es die weltlichen Machthaber mit verschiedenen Gemeinschaften des Glaubens zu tun, und sie sind außer Stande, den einen oder den anderen Glauben allen Mitgliedern der Gesellschaft aufzuzwingen. In diesem Falle wird die geistige Substanz der sozialen Gruppe bestimmt durch den gemeinsamen Nenner der verschiedenen Gruppen und ihre gemeinsame Tradition. Dieser gemeinsame Nenner kann eher profaner oder eher religiöser Natur sein. In jedem Fall ist er eine Folge des Glaubens, und seinem Ausdruck – ^{z}wie z. B. der amerikanischen Verfassung^z – wird in einer Haltung zugestimmt, die zuweilen den unbedingten Charakter eines „ultimate concern", aber häufiger den bedingten Charakter eines vorläufigen Anliegens von höchstem Rang hat. Gerade deshalb sollten die weltlichen Machthaber nicht versuchen, die Äußerung von ^{a}Zweifel hinsichtlich des Glaubens an solch ein grundlegendes Gesetz^a zu verbieten, obwohl sie dessen rechtliche Konsequenzen durchsetzen müssen.

Der zweite Schritt zur Lösung des Problems handelt von Glaube und Zweifel [37] innerhalb der Glaubensgemeinschaft selbst. Die Frage ist hier, ob nicht das dynamische Konzept des Glaubens mit einer Gemeinschaft unvereinbar ist, die bekenntnishafte Ausdrucksformen für die konkreten Elemente ihres „ultimate concern" braucht. Die Antwort, die aus den vorangegangenen Analysen folgt, lautet, dass hier keine Lösung möglich ist, falls der Charakter des Glaubensbekenntnisses das Auftreten von Zweifel ausschließt. Der Begriff der „Unfehlbarkeit" einer Entscheidung durch ein Konzil, einen Bischof oder ein Buch schließt Zweifel als ein Element des Glaubens bei jenen aus, die sich diesen Autoritäten unterwerfen. Es mag sein, dass sie aufgrund ihrer Unterwerfung mit sich selbst ringen müssen; aber nachdem sie die Entscheidung einmal gefällt haben, können sie bei sich keinen Zweifel mehr hinsichtlich der unfehlbaren Äußerungen der Autoritäten zulassen. Dieser Glaube ist nun statisch geworden, nämlich zu einer nicht mehr in Zweifel zu ziehenden Unterwerfung nicht nur unter das Letztgültige, das im Akt des Glaubens bejaht wird, sondern auch unter dessen konkrete Elemente, wie sie durch die religiösen Autoritäten formuliert wurden. Auf diese Weise erhält etwas Vorläufiges und Bedingtes, nämlich die menschliche Interpretation des Glaubensinhaltes – angefangen bei den biblischen Schriftstellern ^{b}bis hin zum jetzigen Papst^b –, Letztgültigkeit und wird noch über das Wagnis des Zweifels gestellt. Der Kampf gegen die götzendienerischen Implikationen dieser Art statischen Glaubens wurde zuerst vom Protestantismus geführt und dann, als der Protestantismus selbst statisch wurde, von der Aufklärung. Dieser Protest, so unzureichend seine Ausdrucksform auch war, zielte ursprünglich auf einen dynamischen Glauben ab und nicht auf die Verneinung des Glaubens, nicht einmal auf die Verneinung von bekenntnishaften Formulierungen. So stehen wir wieder vor der Frage: Wie kann ein Glaube, der den Zweifel als ein Element mit einschließt, mit bekenntnishaften Äußerungen einer Glaubensgemeinschaft in Übereinstimmung gebracht werden? Die Antwort kann nur lauten, dass bekenntnishafte Ausdrucksformen des „ultimate concern" der Gemeinschaft Kritik an sich selbst mit einschließen müssen. In ihnen allen – seien es liturgische, lehrhafte oder ethische Ausdrucksformen des Glaubens der Gemeinschaft – muss deutlich werden, dass sie selbst nicht letztgültig sind. Ihre Funktion liegt vielmehr darin, auf das Letztgültige zu verweisen, das sie alle übersteigt. Dies ist das, was ich das „protestantische Prinzip" nenne, das kritische Element in der Ausdrucksform einer Glaubensgemeinschaft und folglich das Element des Zweifels im Akt des Glaubens. Weder der Zweifel noch das kritische Element ist immer gegenwärtig, aber beide müssen im Rahmen des Glaubens immer möglich sein. Vom christlichen Standpunkt aus würde man sagen, dass die Kirche mit all ihren Lehren, Institutionen und Autoritäten unter dem prophetischen Gericht steht und nicht über ihm. Kritik und Zweifel lassen erkennen, dass die Glaubensgemeinschaft „unter dem Kreuz" steht, wenn das Kreuz als das göttliche Gericht über das religiöse Leben des Menschen verstanden wird, ᶜja selbst über das, was unter dem Zeichen des Kreuzes lebtᶜ. Auf diese Weise wird die Dynamik des Glaubens, die wir zuerst in personalen Begriffen beschrieben haben, auch auf die Glaubensgemeinschaft bezogen. Zweifellos ist das Leben einer Glaubensgemeinschaft ein beständiges Wagnis, wenn Glaube selbst als ein Wagnis aufgefasst wird. Aber dies ist der Charakter dynamischen Glaubens und die Konsequenz des protestantischen Prinzips.

II Was Glaube nicht ist

1 Die intellektualistische Verzerrung der Bedeutung des Glaubens

Unsere positive Beschreibung dessen, was Glaube ist, impliziert die Zurückweisung von Interpretationen, die die Bedeutung des Glaubens in gefährlicher Weise verzerren. Es ist notwendig, diese unausgesprochenen Zurückweisungen explizit zu benennen, da die Verzerrungen eine enorme Macht auf das allgemeine Denken ausüben und größtenteils auch dafür verantwortlich gewesen sind, dass sich viele seit Beginn des wissenschaftlichen Zeitalters von der Religion entfremdet haben. Es ist aber nicht nur die öffentliche Meinung, die die Bedeutung des Glaubens verzerrt. Dahinter stehen philosophische und theologische Gedanken, die auf eine wesentlich subtilere Weise ebenfalls die Bedeutung des Glaubens verfehlen. [38]

Die verschiedenen verzerrten Interpretationen der Bedeutung des Glaubens können auf eine Quelle zurückgeführt werden. Glaube als letztgültiges Ergriffensein ist ein zentrierter Akt der ganzen Personalität. Wenn eine der Funktionen, die die Ganzheit der Personalität konstituieren, teilweise oder vollständig mit dem Glauben gleichgesetzt wird, dann wird die Bedeutung des Glaubens verzerrt. Solche Interpretationen sind nicht gänzlich falsch, da jede Funktion des menschlichen Geistes am Glaubensakt partizipiert. Aber hier wird aus einem Körnchen Wahrheit letztlich ein grundsätzlicher Irrtum. [39]

Die üblichste Fehlinterpretation des Glaubens besteht darin, ihn als einen Erkenntnisakt anzusehen, der einen geringen Grad von Evidenz aufweist. Hiernach wird etwas mehr oder weniger Wahrscheinliches oder Unwahrscheinliches trotz der Unzulänglichkeit seiner theoretischen Begründung bejaht. Dieser Sachverhalt ist im täglichen Leben ganz normal. Wenn das gemeint ist, spricht man besser von „Für-wahr-Halten" („*belief*") statt von Glaube (*faith*). Man glaubt (*one believes*), dass eine bestimmte Nachricht richtig ist. Man glaubt, dass Dokumente vergangener Ereignisse nützlich sind für die Rekonstruktion von Tatsachen. Man glaubt, dass eine wissenschaftliche Theorie angemessen ist für das Verständnis einer Reihe von Tatsachen. Man glaubt, dass eine Person auf eine bestimmte Weise handeln oder dass eine politische Situation sich in eine bestimmte Richtung verändern wird. In all diesen Fällen basiert der Glaube (*belief*) auf einer Evidenz, die hinreicht, um das Ereignis wahrscheinlich zu machen. Zuweilen glaubt man (*one believes*) aber auch etwas, das eine geringe Wahrscheinlichkeit besitzt oder das sogar grundsätzlich unwahrscheinlich, wenngleich nicht unmöglich ist. Die Gründe für all diese theoretischen und praktischen Überzeugungen sind recht vielfältig. Manche Dinge werden geglaubt (*are be-* [40]

lieved), weil wir hierüber eine hinreichende, wenn auch keine vollkommene Evidenz besitzen; viele andere Dinge werden geglaubt (*are believed*), weil sie durch zuverlässige Autoritäten bekundet werden. Dies ist der Fall, wann immer wir die Evidenz bejahen, die andere als hinreichend für einen Glauben (*belief*) bejaht haben, auch wenn wir selbst dieser Evidenz nicht unmittelbar nahe kommen können (wie z. B. bei allen Ereignissen der Vergangenheit). Hier kommt ein neues Element ins Spiel, nämlich das Vertrauen in die Autorität, das eine Aussage für uns wahrscheinlich macht. Ohne ein solches Vertrauen könnten wir nur den Gegenständen unserer unmittelbaren Erfahrung glauben (*believe*). Die Folge hiervon wäre, dass unsere Welt unendlich kleiner wäre, als sie es tatsächlich ist. Es ist vernünftig, Autoritäten zu vertrauen, die unser Bewusstsein erweitern, ohne uns zur Unterwerfung zu zwingen. Wenn wir das Wort „Glaube" („*faith*") für diese Art von Vertrauen verwenden, können wir sagen, dass das meiste unseres Wissens auf Glauben (*faith*) beruht. Aber das ist hier nicht angebracht. Wir glauben (*we believe*) den Autoritäten, wir vertrauen ihrem Urteil, wenngleich nie bedingungslos, aber wir glauben nicht an sie (*we do not have faith in them*). Glaube (*faith*) ist mehr als Vertrauen in Autoritäten, wenngleich Vertrauen auch ein Element des Glaubens ist. Diese Unterscheidung ist wichtig hinsichtlich der Tatsache, dass einige frühe Theologen versuchten, die unbedingte Autorität der biblischen Schriftsteller dadurch zu beweisen, dass sie ihre Vertrauenswürdigkeit als Zeugen aufzeigten. Der Christ mag den biblischen Schriftstellern glauben (*may believe*), [d]wenngleich nie[d] bedingungslos. [e]Aber[e] er glaubt nicht an sie (*he does not have faith in them*). Er sollte nicht einmal an die Bibel glauben (*He should not even have faith in the Bible.*). Denn Glaube (*faith*) ist mehr als Vertrauen selbst in die heiligste Autorität. Er bedeutet Partizipation mit dem ganzen Sein am Gegenstand des „ultimate concern". Aus diesem Grund sollte der Begriff „Glaube" („*faith*") nicht in Verbindung mit theoretischer Erkenntnis verwendet werden, sei es, dass es sich dabei um eine Erkenntnis auf der Grundlage einer unmittelbaren vorwissenschaftlichen oder wissenschaftlichen Evidenz handelt, sei es, dass es sich um eine solche handelt, die sich auf das Vertrauen in Autoritäten gründet, die wiederum selbst abhängig sind von direkter oder indirekter Evidenz.

[41] Diese terminologische Untersuchung hat uns zum Sachproblem selbst geführt. Glaube bejaht oder verneint nichts, was zur vorwissenschaftlichen oder wissenschaftlichen Erkenntnis unserer Welt gehört, sei es, dass wir diese durch direkte Erfahrung oder vermittelt durch die Erfahrung anderer erlangt haben. Die Erkenntnis unserer Welt (wobei wir selbst hier als ein Teil der Welt immer auch mit eingeschlossen sind) erlangen wir durch eigene Forschung oder durch die Forschung jener, denen wir vertrauen. Das ist keine Sache des Glaubens. Die Dimension des Glaubens ist nicht die Dimension der Naturwissenschaft, der Geschichtswissenschaft oder der Psychologie. Die Anerkennung einer wahrscheinlichen Hypo-

these innerhalb dieser Bereiche ist nicht Glaube, sondern vorläufiges Für-wahr-Halten (*belief*), und sie muss durch wissenschaftliche Methoden geprüft und gegebenenfalls durch jede neue Entdeckung verändert werden. Fast alle Kämpfe zwischen Glaube und Wissen wurzeln im falschen Verständnis des Glaubens als eine Art Wissen, [f]das trotz seines Mangels oder seines geringen Grades an Evidenz oder trotz seines Konflikts mit hohen Graden wissenschaftlicher Evidenz durch religiöse Autoritäten bekräftigt wird[f]. Es ist indes nicht nur die Vermengung von Glaube und Wissen, die für die welthistorischen Konflikte zwischen diesen beiden Größen verantwortlich ist; verantwortlich hierfür ist auch die Tatsache, dass Glaubensfragen im Sinne des „ultimate concern" verborgen hinter einer vermeintlich wissenschaftlichen Methode liegen. Wenn das der Fall ist, steht Glaube gegen Glaube und nicht gegen Wissen.

Der Unterschied zwischen Glaube und Wissen wird auch hinsichtlich der Art [42] der Gewissheit deutlich, die sie vermitteln. Es gibt zwei Formen des Wissens, die auf einer vollkommenen Evidenz beruhen und eine absolute Gewissheit vermitteln. Das eine ist die unmittelbare Evidenz der Sinneswahrnehmung: Wer eine grüne Farbe sieht, der sieht eine grüne Farbe und ist sich dessen gewiss. Allerdings kann er nicht sicher sein, ob der Gegenstand, der ihm grün erscheint, auch wirklich grün ist. Er kann einer Täuschung unterliegen. Aber er kann nicht daran zweifeln, dass er etwas Grünes sieht. Die andere vollkommene Evidenz betrifft die logischen und mathematischen Regeln, die selbst dann vorausgesetzt werden, wenn ihre Formulierung abweichende und zuweilen sogar gegensätzliche Verfahren zulässt. Man kann nicht über Logik diskutieren, ohne jene impliziten Regeln vorauszusetzen, die die Diskussion sinnvoll machen. Hier haben wir absolute Gewissheit; aber damit ist noch nichts über die Wirklichkeit ausgesagt, wie auch im Falle der bloßen Sinneswahrnehmung. Trotzdem ist diese Gewissheit nicht ohne Wert. Keine Wahrheit ist möglich ohne das Material, das durch die Sinneswahrnehmung gegeben wird, und ohne die Form, die durch die logischen und mathematischen Regeln vermittelt wird, die die Struktur zum Ausdruck bringen, die aller Wirklichkeit zugrunde liegt. Einer der schlimmsten Fehler der Theologie und der Volksfrömmigkeit besteht darin, Behauptungen aufzustellen, die gewollt oder ungewollt der Struktur der Wirklichkeit widersprechen. Eine solche Haltung ist kein Ausdruck des Glaubens, sondern eine Vermengung von Glaube und Für-wahr-Halten (*belief*).

Die Erkenntnis der Wirklichkeit hat nie die Gewissheit vollkommener Evidenz. [43] Der Erkenntnisprozess ist unendlich. Er kommt nie an ein Ende, außer in einem Zustand, in dem das Ganze erkannt wird. Aber eine solche Erkenntnis transzendiert jeden endlichen Geist unendlich und kann nur Gott zugeschrieben werden. Jede Erkenntnis der Wirklichkeit durch den menschlichen Geist hat den Charakter größerer oder geringerer Wahrscheinlichkeit. Die Gewissheit hinsichtlich eines physikalischen Gesetzes, einer geschichtlichen Tatsache oder einer psychologischen Struktur kann so groß sein, dass sie für praktische Zwecke ausreicht. Aber theoretisch bleibt es bei der unvollkommenen Gewissheit des Für-wahr-Haltens (*belief*), und diese kann in jedem Moment durch Kritik und neue Erfahrungen untergraben werden. Die Gewissheit des Glaubens hat nicht diesen Charakter. Ebenso wenig hat sie den Charakter formaler Evidenz. Die Gewissheit des Glaubens ist „existentiell", was bedeutet, dass die ganze Existenz des Menschen daran beteiligt ist. Sie hat, wie wir oben dargelegt haben, zwei Elemente: Bei dem einen handelt es sich nicht um ein Wagnis, sondern um eine Gewissheit hinsichtlich des eigenen Seins, nämlich dass man auf etwas Letztgültiges oder Unbedingtes bezogen ist; bei dem anderen Element handelt es sich um ein Wagnis, das Zweifel und Mut mit einschließt, nämlich die Hingabe an ein Anliegen, das eigentlich nicht letztgültig ist und das zerstörerisch sein kann, wenn es als letztgültig angesehen wird. Dies ist kein theoretisches Problem von größerer oder geringerer Evidenz, von Wahrscheinlichkeit oder Unwahrscheinlichkeit, sondern hier geht es um ein existentielles Problem von „Sein oder Nichtsein". Dieses gehört einer anderen Dimension an als jedes theoretische Urteil. Glaube ist kein Für-wahr-Halten (*belief*), und er ist auch kein Wissen mit einem geringen Grad von Wahrscheinlichkeit. Seine Gewissheit ist nicht die unsichere Gewissheit eines theoretischen Urteils.

2 Die voluntaristische Verzerrung der Bedeutung des Glaubens

[44] Man kann diese Form der verzerrten Interpretation des Glaubens in einen katholischen und in einen protestantischen Typ einteilen. Der katholische Typ hat eine lange Tradition in der römischen Kirche. Er geht auf Thomas von Aquin zurück, der betonte, dass der Mangel an Evidenz, den der Glaube hat, durch einen Akt des Willens vervollständigt werden muss. Dies setzt zunächst voraus, dass Glaube als ein Erkenntnisakt mit einer eingeschränkten Evidenz angesehen wird und dass der Mangel an Evidenz durch einen Akt des Willens zu ergänzen ist. Wir haben gesehen, dass ein solches Verständnis des Glaubens seinem existentiellen Charakter nicht gerecht wird. Unsere Kritik der intellektualistischen Verzerrung der Bedeutung des Glaubens trifft auch grundsätzlich deren voluntaristische Verzerrung. Das Erstere ist nämlich die Grundlage des Letzteren. Ohne einen theoretisch formulierten Inhalt wäre der „Wille zu glauben" (*„will to believe"*) leer. Der Inhalt, auf den der Wille zu glauben gerichtet ist, wird dem Willen jedoch durch den Intellekt gegeben. Angenommen, jemand hat Zweifel an der sogenannten „Unsterblichkeit der Seele". Er wird sich bewusst, dass diese Behauptung, die Seele lebe nach dem Tode des Körpers weiter, weder durch Evidenz noch

durch vertrauenswürdige Autorität bewiesen werden kann. Es handelt sich um eine fragwürdige Aussage theoretischen Charakters. Es finden sich aber Motive, die Menschen zu dieser Behauptung drängen. Sie entscheiden sich zu glauben (*believe*) und ergänzen auf diese Weise den Mangel an Evidenz. Wenn dieses Fürwahr-Halten (*belief*) „Glaube" („*faith*") genannt wird, so ist das eine falsche Bezeichnung, selbst wenn viele Evidenzgründe zusammengetragen werden für den Glauben (*belief*) an ein Weiterleben nach dem Tod. In der klassischen römisch-katholischen Theologie ist der „Wille zu glauben" („*will to believe*") nicht ein Akt, der im menschlichen Streben begründet ist, sondern er wird demjenigen gnadenhaft zuteil, dessen Wille von Gott dazu bewegt wird, die Wahrheit dessen zu bejahen, was die Kirche lehrt. Aber selbst dann ist es nicht der Intellekt, der durch seinen Inhalt bestimmt wird zu glauben (*to believe*), sondern es ist der Wille, der das leistet, was der Intellekt alleine nicht zu leisten vermag. Diese Art der Interpretation stimmt mit der autoritären Haltung der römischen Kirche überein. Denn es ist die Autorität der Kirche, die die Inhalte vorgibt, die vom Intellekt unter dem Einfluss des Willens zu bejahen sind. Wenn nun die Vorstellung, dass die Gnade durch die Kirche vermittelt wird und den Willen in Bewegung setzt, abgelehnt wird, wie das im ᵍProtestantismusᵍ der Fall ist, dann wird der Wille zu glauben zur Willkür. Er wird zu einer willkürlichen Entscheidung, die zwar durch einige unzureichende Argumente unterstützt sein mag, die aber mit der gleichen Berechtigung in andere Richtungen hätte gehen können. Solches Für-wahr-Halten (*belief*) als Grundlage des Willens zu glauben ist gewiss kein Glaube (*faith*).

Die protestantische Form des Willens zu glauben ist verknüpft mit der moralischen Interpretation der Religion durch die Protestanten. Man fordert in Anlehnung an eine paulinische Wendung „Glaubensgehorsam". Der Begriff kann zweierlei bedeuten. Er kann das Element der Hingabe bedeuten, das im Zustand des „ultimate concern" inbegriffen ist. Wenn das gemeint ist, dann sagt man lediglich, dass alle Geistesfunktionen am Zustand des „ultimate concern" partizipieren – was zweifellos wahr ist. Oder der Begriff „Glaubensgehorsam" kann die Unterwerfung unter das Gebot zu glauben bedeuten, wie wir es von der Verkündigung der Propheten und Apostel her kennen. Sicherlich, wenn ein prophetisches Wort als prophetisch anerkannt wird, d. h. von Gott kommend, dann meint Glaubensgehorsam nichts anderes, als dass man eine Botschaft als von Gott kommend anerkennt. Aber wenn Zweifel darüber besteht, ob ein „Wort" prophetisch ist, dann verliert der Begriff „Glaubensgehorsam" seinen Sinn. Er wird zu einem willkürlichen „Willen zu glauben". Man kann jedoch die Sachlage auch auf eine subtilere Weise beschreiben und auf die Tatsache hinweisen, dass wir häufig von etwas ergriffen sind, beispielsweise von Bibelstellen, in denen sich der objektive „ultimate concern" ausdrückt, dass wir aber aus eskapistischen Gründen zögern, diese als unseren subjektiven „ultimate concern" anzuerkennen. In sol-

[45]

chen Fällen, so sagt man, sei der Appell an den Willen gerechtfertigt, und dieser fordere keine mutwillige Entscheidung. Das ist durchaus richtig, aber ein solcher Willensakt erzeugt keinen Glauben – Glaube als „ultimate concern" liegt ohnehin schon vor. Die Forderung, gehorsam zu sein, ist die Forderung, das zu sein, was man ohnehin schon ist, hingegeben an einen „ultimate concern", vor dem man zu entfliehen versucht. Glaubensgehorsam kann nur bei einer solchen Sachlage gefordert werden; aber dann geht Glaube dem Gehorsam vorher und ist nicht dessen Ergebnis. Kein Gebot zu glauben und kein Wille zu glauben kann Glaube hervorbringen.

[46] Dies ist wichtig in Bezug auf die religiöse Erziehung, Lebensberatung und Verkündigung. Man sollte bei jenen, bei denen man Erfolg haben möchte, niemals den Eindruck erwecken, dass Glaube ein ihnen auferlegtes Gebot sei und seine Ablehnung auf einem Mangel an gutem Willen beruhe. Der endliche Mensch kann kein unendliches Anliegen hervorbringen. Unser schwankender Wille kann nicht die Gewissheit erzeugen, die zum Glauben dazugehört. Das entspricht genau dem, was wir hinsichtlich der Unmöglichkeit gesagt haben, zur Wahrheit des Glaubens durch Argumente und Autoritäten zu gelangen, was im besten Fall zu einem endlichen Wissen von einem mehr oder weniger wahrscheinlichen Charakter führen kann. Glaube (*faith*) kann weder durch Argumente im Sinne des Für-wahr-Haltens (*belief*) noch durch den Willen zu glauben erzeugt werden.

3 Die emotionale Verzerrung der Bedeutung des Glaubens

[47] Die Schwierigkeit, den Glauben entweder als eine Sache des Intellekts oder als eine Sache des Willens oder als ein Zusammenwirken von beidem zu verstehen, hat zur Interpretation des Glaubens als Gefühl geführt. Diese Lösung wurde und wird zum Teil noch heute sowohl von religiöser als auch von weltlicher Seite unterstützt. Für die Verteidiger der Religion war das ein Rückzug auf eine scheinbar sichere Position, nachdem der Kampf um den Glauben als eine Sache der Erkenntnis oder des Willens verloren war. Schleiermacher, der Begründer der modernen protestantischen Theologie, hat Religion als das Gefühl schlechthinniger Abhängigkeit beschrieben. [h]Natürlich ist mit Gefühl in dieser Definition nicht das gemeint, was wir so mit gängigen psychologischen Begriffen bezeichnen.[h] Es ist nicht unbestimmt und unbeständig, sondern hat einen bestimmten Inhalt: schlechthinnige Abhängigkeit, eine Wendung, die dem verwandt ist, was wir „ultimate concern" genannt haben. Jedoch hat das Wort „Gefühl" viele Menschen dazu veranlasst zu meinen, dass Glaube eine Sache rein subjektiver Emotionen sei, ohne einen festumrissenen Inhalt und ohne ein zu befolgendes Gebot.

3 Die emotionale Verzerrung der Bedeutung des Glaubens

Diese Interpretation des Glaubens wurde ohne weiteres von Vertretern der [48] Wissenschaft und der Moral anerkannt, denn sie hielten dies für die beste Möglichkeit, sich von der Einflussnahme seitens der Religion in Bezug auf die Prozesse der wissenschaftlichen Forschung ⁱsowie der moralischen Erziehung und Gestaltungⁱ zu befreien. Wenn Religion nichts als Gefühl ist, dann ist sie harmlos. Die alten Konflikte zwischen Religion und Kultur sind dann beendet. Die Kultur geht, gelenkt durch die wissenschaftliche Erkenntnis, ihren Weg, und Religion ist Privatsache jedes Einzelnen und nur ein Spiegel seines emotionalen Lebens. Sie kann keinen Anspruch mehr auf Wahrheit erheben. Es ist dann kein Konkurrenzkampf mehr möglich mit der Naturwissenschaft, Geschichtswissenschaft, Psychologie oder Politik. Wird nämlich Religion ungefährlich in die Ecke subjektiver Gefühle gestellt, dann hat sie ihre Bedrohung für den kulturellen ʲFortschrittʲ des Menschen verloren.

Keine der beiden Seiten, weder die Religion noch die Kultur, konnte diesen [49] klar umrissenen Friedensvertrag einhalten. Glaube als Zustand des „ultimate concern" beansprucht den ganzen Menschen und kann nicht beschränkt werden auf die Subjektivität bloßen Gefühls. Er beansprucht Wahrheit und Hingabe für sein Anliegen. Er findet sich nicht mit der Sachlage ab, „in die Ecke" bloßen Gefühls gestellt zu werden. Wenn der ganze Mensch ergriffen ist, sind alle seine Funktionen ergriffen. Wenn dieser Anspruch der Religion verneint wird, wird die Religion selbst verneint. Es war aber nicht nur die Religion, die die Beschränkung des Glaubens auf das Gefühl ᵏnicht hinnehmen konnte bzw. kannᵏ. Dies wurde auch von jenen nicht hingenommen, die besonders daran interessiert waren, die Religion in die emotionale Ecke zu drängen. Wissenschaftler, Künstler und Moralisten bekundeten nämlich deutlich, dass auch sie letztgültig ergriffen waren. Ihr Anliegen drückte sich ˡselbst in jenen Werken von ihnen aus, die sie am radikalsten von allem Religiösen abgrenzen wolltenˡ. Eine scharfe Analyse der meisten philosophischen, wissenschaftlichen und ethischen Systeme macht nämlich deutlich, wie viel „ultimate concern" in ihnen vorhanden ist, selbst wenn sie in dem Kampf gegen das, was sie Religion nennen, eine führende Rolle spielen.

Dies macht die Grenzen der emotionalen Bestimmung des Glaubens deutlich. [50] Zweifellos schließt der Glaube als ein Akt der ganzen Personalität auch starke emotionale Elemente mit ein. Emotion offenbart immer, dass die ganze Personalität an einem Akt des Lebens oder des Geistes beteiligt ist. Aber Emotion ist nicht die Quelle des Glaubens. Der Glaube hat eine bestimmte Richtung und einen konkreten Inhalt. Deshalb beansprucht er Wahrheit und Hingabe. Er ist auf das Unbedingte gerichtet und tritt in einer konkreten Wirklichkeit in Erscheinung, die eine solche Hingabe fordert und rechtfertigt.

III Symbole des Glaubens

1 Die Bedeutung des Symbols

[51] Der „ultimate concern" des Menschen muss symbolisch ausgedrückt werden, da allein die symbolische Sprache imstande ist, das Letztgültige auszudrücken. Diese Behauptung verlangt in mehrfacher Hinsicht eine Erläuterung. Trotz vielfältiger Forschung zur Bedeutung und Funktion von Symbolen, die in der gegenwärtigen Philosophie im Gange ist, muss jeder Autor, der den Begriff „Symbol" verwendet, sein diesbezügliches Verständnis erläutern.

[52] Symbole besitzen ein Merkmal, das sie mit Zeichen gemeinsam haben: Sie weisen über sich selbst hinaus auf etwas anderes hin. Das rote Zeichen der Verkehrsampel an der Straßenecke weist auf die Vorschrift hin, zu bestimmten Zeiten das Fahrzeug anzuhalten. Ein rotes Zeichen und das Anhalten von Fahrzeugen weisen zwar keine wesensmäßige Beziehung zueinander auf, aber sie sind durch Konvention solange miteinander verknüpft, wie diese Bestand hat. Das Gleiche gilt für Buchstaben und Zahlen und zum Teil selbst für Worte. Sie weisen über sich selbst hinaus auf Laute und Bedeutungen. Sie erhalten diese besondere Funktion aufgrund der Konvention innerhalb einer Nation oder durch internationale Konventionen, wie z. B. bei mathematischen Zeichen. Manchmal werden solche Zeichen auch Symbole genannt; aber das ist ungünstig, da dies die Unterscheidung zwischen Zeichen und Symbolen erschwert. Entscheidend ist der Umstand, dass Zeichen nicht an der Wirklichkeit partizipieren, auf die sie hinweisen, während das bei Symbolen der Fall ist. Darum können Zeichen auch aus Gründen der Zweckmäßigkeit oder der Konvention ausgetauscht werden, wohingegen Symbole nicht austauschbar sind.

[53] Dies führt zum zweiten Merkmal des Symbols: Es partizipiert an dem, worauf es hinweist. Die Flagge partizipiert an der Macht und Würde der Nation, für die sie steht. Daher kann sie nicht ausgetauscht werden, es sei denn nach einer historischen Katastrophe, die die Wirklichkeit der Nation, die sie symbolisiert, verändert. Ein Angriff auf die Flagge wird als ein Angriff auf die Würde der Gruppe empfunden, die sich zu ihr bekennt. Solch ein Angriff wird als Blasphemie angesehen.

[54] Das dritte Merkmal eines Symbols besteht darin, dass es Dimensionen der Wirklichkeit eröffnet, die ansonsten für uns verschlossen wären. Alle Künste schaffen Symbole hinsichtlich einer Dimension der Wirklichkeit, die auf keine andere Weise zugänglich ist. Ein Gemälde und ein Gedicht enthüllen Elemente der Wirklichkeit, denen man ᵐz.B.ᵐ wissenschaftlich nicht nahe kommen kann. In

schöpferischen Kunstwerken begegnet uns die Wirklichkeit in einer Dimension, die uns ohne solche Werke verschlossen wäre.

ⁿDas vierte Merkmal des Symbols eröffnet nicht nur Dimensionen und Elemente der Wirklichkeit, die sonst unzugänglich bleiben würden, sondern es schließt auch Dimensionen und Elemente unserer Seele auf, die den Dimensionen und Elementen der Wirklichkeit entsprechen. Ein großes Theaterstück bietet uns nicht nur eine neue Sichtweise auf die menschlichen Lebensverhältnisse, sondern es eröffnet uns auch verborgene Tiefen unseres eigenen Seins. Auf diese Weise werden wir fähig, das aufzunehmen, was das Theaterstück uns hinsichtlich der Wirklichkeit enthüllt. Es gibt in uns Dimensionen, deren wir uns nur durch Symbole bewusst werden, wie durch Melodien und Rhythmen in der Musik. [55]

Symbole können nicht absichtlich geschaffen werden – dies ist das fünfte Merkmal. Sie entstammen dem individuellen oder dem kollektiven Unbewussten und können nur wirksam sein, wenn sie durch die unbewusste Dimension unseres Seins angenommen werden. Symbole, die vorzugsweise eine soziale Funktion besitzen, wie das bei politischen und religiösen Symbolen der Fall ist, werden durch das kollektive Unbewusste der Gruppe, in der sie auftreten, hervorgebracht oder zumindest angenommen. [56]

Das sechste und letzte Merkmal des Symbols, °auf das ich hinweisen möchte°, ist eine Folge des Umstandes, dass Symbole nicht erfunden werden können. Sie wachsen heran und sterben wie Lebewesen. Sie entstehen, wenn die Situation reif dafür ist, und sie vergehen, wenn sich die Situation verändert. Das Symbol des „Königs" entstand in einem besonderen geschichtlichen Zeitalter, und in unserem Zeitalter verschwand es wieder in den meisten Teilen der Welt. Symbole entstehen nicht deshalb, weil Menschen sich nach ihnen sehnen, und sie vergehen nicht aufgrund wissenschaftlicher oder pragmatischer Kritik. Sie vergehen, weil sie in der Gruppe, deren Ausdruck sie ursprünglich waren, keine Resonanz mehr hervorrufen. [57]

Dies sind die Hauptmerkmale jedes Symbols. Echte Symbole finden sich in verschiedenen Bereichen menschlichen kulturellen Schaffens. Wir haben schon den politischen und den künstlerischen Bereich erwähnt. Wir könnten die Geschichte und insbesondere die Religion hinzufügen, deren Symbolen unser besonderes Interesse gelten wird. ᵖWo auch immer echte Symbole vorkommen, besitzen sie alle die beschriebenen Merkmale. Und das gilt auch für die Symbole des Glaubens.ᵖ [58]

2 Religiöse Symbole

[59] Wir haben die Bedeutung der Symbole im Allgemeinen erörtert, da, wie wir gesagt haben, der „ultimate concern" des Menschen symbolisch ausgedrückt werden muss. Nun könnte man fragen: Warum kann dieser nicht direkt und eigentlich ausgedrückt werden? Wenn Geld, Erfolg oder die Nation jemandes „ultimate concern" ist, lässt sich dies dann nicht auf direktem Wege ohne symbolische Sprache sagen? Bewegen wir uns nicht nur in jenen Fällen, in denen der Inhalt des „ultimate concern" „Gott" genannt wird, im Bereich der Symbole? Die Antwort hierauf lautet, dass alles, was eine Sache unbedingten Anliegens (*unconditional concern*) ist, zu Gott gemacht wird. Wenn [q]z.B.[q] die Nation jemandes „ultimate concern" ist, wird der Name der Nation ein geheiligter Name, und die Nation erhält göttliche Eigenschaften, die die Wirklichkeit, was es bedeutet, eine Nation zu sein und als eine solche zu funktionieren, weit übersteigen. Die Nation steht dann für das wahre Letztgültige und symbolisiert es, wenn auch auf götzendienerische Weise. [r]Wenn Erfolg der „ultimate concern" ist, dann geht es nicht um das natürliche Verlangen, seine Möglichkeiten zu verwirklichen, sondern um die Bereitschaft[r], alle anderen Werte des Lebens einer Machtposition oder einer sozialen Überlegenheit zuliebe zu opfern. Die Angst, keinen Erfolg zu haben, ist eine götzendienerische Form der Angst vor göttlicher Verdammung. Erfolg ist Gnade, Mangel an Erfolg letztgültiges Gericht. Auf diese Weise werden Begriffe, die gewöhnliche Gegebenheiten bezeichnen, zu götzendienerischen Symbolen des „ultimate concern".

[60] Dass Begriffe in Symbole umgewandelt werden können, liegt im Charakter der Letztgültigkeit und in der Natur des Glaubens begründet. Das wahrhaft Letztgültige transzendiert den Bereich endlicher Wirklichkeit unendlich. Aus diesem Grund kann es von keiner endlichen Wirklichkeit direkt und eigentlich ausgedrückt werden. Man kann das religiös auch so ausdrücken: Gott transzendiert seinen eigenen Namen. Das ist auch der Grund dafür, dass die Verwendung seines Namens leicht zu einem Missbrauch oder einer Blasphemie führen kann. Was auch immer wir über das, was uns letztgültig angeht, aussagen, [s]selbst wenn wir es Gott nennen, hat einen symbolischen Charakter[s]. Es weist über sich selbst hinaus, während es an dem partizipiert, worauf es hinweist. Der Glaube kann sich selbst auf keine andere Weise angemessen ausdrücken. Die Sprache des Glaubens ist die Sprache des Symbols. Wenn der Glaube das wäre, was er, wie wir aufgezeigt haben, nicht sein kann, dann könnte man eine solche Aussage nicht machen. Aber Glaube als Zustand letztgültigen Ergriffenseins hat keine andere Sprache als die der Symbole. Wenn ich das sage, erwarte ich immer die Frage: [t]„Nur Symbole?"[t] Wer diese Frage stellt, zeigt damit nur, dass er weder den Unterschied zwischen Zeichen und Symbolen noch die Macht symbolischer Sprache verstanden

hat, welche jede nichtsymbolische Sprache an Qualität und Intensität übertrifft. Man sollte niemals sagen „nur ein Symbol", sondern man sollte sagen „nichts Geringeres als ein Symbol". Vor diesem Hintergrund können wir nun die verschiedenen Arten von Glaubenssymbolen erörtern.

Das grundlegende Symbol unseres „ultimate concern" ist Gott. Es ist in jedem Glaubensakt stets gegenwärtig, selbst wenn dieser die Verneinung Gottes impliziert. Wo es einen „ultimate concern" gibt, kann Gott nur im Namen Gottes verneint werden. Der eine Gott kann den anderen verneinen. Ein „ultimate concern" kann aber seinen eigenen Charakter, letztgültig zu sein, nicht verneinen. Folglich bejaht er das, was mit dem Wort „Gott" gemeint ist. Atheismus kann deshalb nur den Versuch bedeuten, jeden „ultimate concern" zu beseitigen – gleichgültig zu bleiben in Bezug auf den Sinn der eigenen Existenz. Gleichgültigkeit gegenüber der letztgültigen Frage ist die einzig denkbare Form des Atheismus. Ob diese überhaupt möglich ist, ist ein Problem, das an dieser Stelle ungelöst bleiben muss. Jedenfalls bejaht derjenige Gott, der ihn als Gegenstand eines „ultimate concern" verneint, weil er damit Letztgültigkeit in seinem Anliegen bejaht. Gott ist das grundlegende Symbol für das, was uns letztgültig angeht. Wiederum wäre es völlig falsch zu fragen: Ist Gott also nur ein Symbol? Denn die nächste Frage müsste dann lauten: Ein Symbol wofür? Und darauf würde die Antwort lauten: Für Gott! Gott ist Symbol für Gott. Das bedeutet, dass wir im Gottesbegriff zwei Elemente unterscheiden müssen: zum einen das Element der Letztgültigkeit, das eine Sache unmittelbarer Erfahrung ist und einen nichtsymbolischen Charakter besitzt, und zum anderen das Element der Konkretheit, das unserer gewöhnlichen Erfahrung entstammt und symbolisch auf Gott angewendet wird. Der Mensch, dessen „ultimate concern" ein heiliger Baum ist, besitzt sowohl die Letztgültigkeit eines Anliegens als auch die Konkretheit des Baumes, der seine Beziehung zum Letztgültigen symbolisiert. Der Mensch, der Apollon verehrt, ist letztgültig ergriffen, aber nicht auf abstrakte Weise. Sein „ultimate concern" wird durch die göttliche Gestalt Apollons symbolisiert. Der Mensch, der Jahwe, den Gott des Alten Testaments, verherrlicht, hat sowohl einen „ultimate concern" als auch ein konkretes Bild dessen, was ihn letztgültig angeht. Dies ist der Sinn der scheinbar so kryptischen Aussage, dass Gott das Symbol für Gott ist. In diesem qualifizierten Sinne ist Gott der grundlegende und allgemeingültige Inhalt des Glaubens.

[61]

Es ist klar, dass durch ein solches Verständnis der Bedeutung Gottes die Diskussion über die Existenz oder Nicht-Existenz Gottes sinnlos wird. Es ist sinnlos, nach der Letztgültigkeit eines „ultimate concern" zu fragen. Dieses Element in der Gottesidee ist in sich selbst gewiss. Der symbolische Ausdruck dieses Elements verändert sich unaufhörlich durch die gesamte Menschheitsgeschichte hindurch. Hier wäre es wiederum unsinnig zu fragen, ob die eine oder andere Gestalt, in der ein „ultimate concern" symbolisiert wird, auch „existiert". Wenn

[62]

mit „Existenz" etwas gemeint ist, das im Ganzen der Wirklichkeit aufgefunden werden kann, dann existiert kein göttliches Wesen. Die Frage kann darum immer nur lauten: Welches der unzähligen Glaubenssymbole ist der Bedeutung des Glaubens am angemessensten? Mit anderen Worten: Welches Symbol der Letztgültigkeit drückt das Letztgültige ohne götzendienerische Elemente aus? Dies ist das entscheidende Problem, und nicht die sogenannte „Existenz Gottes" – was schon in sich selbst eine unmögliche Kombination von Worten darstellt. Gott als das Letztgültige im „ultimate concern" des Menschen ist gewisser als jede andere Gewissheit, sogar gewisser als die eigene Selbstgewissheit. Hingegen ist Gott, wie er in einer göttlichen Gestalt symbolisiert wird, eine Sache wagemutigen Glaubens, von Mut und Wagnis.

[63] Gott ist das grundlegende Symbol des Glaubens, aber nicht das einzige. Alle Eigenschaften, die wir Gott zuschreiben, wie Macht, Liebe und Gerechtigkeit, entstammen unseren endlichen Erfahrungen und werden symbolisch auf das angewandt, was sich jenseits von Endlichkeit und Unendlichkeit befindet. Wenn der Glaube Gott als den „Allmächtigen" bezeichnet, verwendet er die menschliche Erfahrung der Macht, um den Inhalt seines „ultimate concern" zu symbolisieren; aber dadurch wird kein höchstes Wesen beschrieben, das tun kann, was ihm gefällt. Das Gleiche gilt für alle anderen Eigenschaften und auch für alle vergangenen, gegenwärtigen und zukünftigen Handlungen, die Menschen Gott zuschreiben. Es handelt sich dabei um Symbole, die unserer täglichen Erfahrung entstammen, und nicht um Informationen darüber, was Gott irgendwann einmal gemacht hat oder eines zukünftigen Tages machen wird. Glaube ist nicht das Fürwahr-Halten (*belief*) solcher Geschichten, sondern die Annahme von Symbolen, die unseren „ultimate concern" in Begriffen göttlichen Handelns ausdrücken.

[64] Bei einer anderen Gruppe von Glaubenssymbolen handelt es sich um Manifestationen des Göttlichen in Dingen und Ereignissen, in Personen und Gemeinschaften, in Worten und Schriften. Dieser ganze Bereich heiliger Objekte ist eine Fundgrube für Symbole. Heilige Dinge sind aber nicht an sich heilig, sondern sie weisen über sich selbst hinaus auf die Quelle aller Heiligkeit, auf das, was von letztgültiger Bedeutung ist.

3 Symbole und Mythen

[65] Die Symbole des Glaubens treten nicht vereinzelt auf. Sie verbinden sich zu „Göttergeschichten", was auch die Bedeutung des griechischen Wortes „Mythos" besagt. Bei den Göttern handelt es sich um individuelle Gestalten, die menschlichen Personen ähneln; sie unterscheiden sich dem Geschlecht nach, stammen voneinander ab, sind in Liebe und Streit aufeinander bezogen, haben die Welt

und den Menschen erschaffen, handeln in Zeit und Raum. Sie haben an Größe und Elend des Menschen teil, an schöpferischen und zerstörerischen Werken. Sie schenken dem Menschen kulturelle und religiöse Traditionen und verteidigen diese heiligen Bräuche. Sie helfen und drohen dem Menschengeschlecht, insbesondere einzelnen Familien, Stämmen und Völkern. Sie manifestieren sich in Epiphanien und Inkarnationen, führen heilige Orte, Riten und Personen ein und begründen so einen Kult. Aber sie selbst stehen unter der Herrschaft und Drohung eines Schicksals, das über allem waltet, was es gibt. Dies ist Mythologie, wie sie sich am eindrucksvollsten im alten Griechenland entwickelt hat. Aber viele dieser Merkmale können in jeder Mythologie wiedergefunden werden. In der Regel sind die mythologischen Götter nicht gleichrangig. Es gibt eine Hierarchie, an deren Spitze ein Herrschergott steht wie in Griechenland; oder eine Dreiheit von Göttern wie in Indien; oder eine Dualität wie in Persien. Es gibt Erlösergottheiten, die zwischen den höchsten Göttern und dem Menschen vermitteln und die manchmal trotz ihrer wesenhaften Unsterblichkeit an Leiden und Tod des Menschen Anteil nehmen. Dies ist die Welt des Mythos, großartig und fremdartig zugleich, sich permanent verändernd und doch grundsätzlich gleichbleibend: der „ultimate concern" – symbolisiert in göttlichen Gestalten und Handlungen. Mythen sind Symbole des Glaubens, die miteinander verbunden sind zu Geschichten, die von göttlich-menschlichen Begegnungen handeln.

Mythen sind in jedem Glaubensakt gegenwärtig, weil die Sprache des Glaubens das Symbol ist. Sie werden aber auch in allen großen Religionen der Menschheit angegriffen, kritisiert und transzendiert. Der Grund für diese Kritik liegt in der Natur des Mythos selbst. Er entnimmt den Stoff unserer gewöhnlichen Erfahrung. Er ordnet die Göttergeschichten dem Gefüge von Zeit und Raum ein, obwohl es zur Natur des Letztgültigen gehört, jenseits von Zeit und Raum zu sein. Vor allem aber spaltet er das Göttliche in mehrere Gestalten auf, wodurch jede von ihnen die Letztgültigkeit verliert, ohne dass damit aber ihr Anspruch auf Letztgültigkeit aufgegeben würde. Das führt unausweichlich zu Konflikten zwischen den verschiedenen letztgültigen Ansprüchen, was zur Zerstörung von Leben, Gemeinschaft und Bewusstsein führen kann. [66]

Die Kritik des Mythos weist erstens die Aufspaltung des Göttlichen zurück und geht über diese hinaus zu dem einen Gott, wenn auch auf unterschiedliche Weise entsprechend den unterschiedlichen Typen von Religion. Aber selbst der eine Gott ist Gegenstand mythologischer Sprache, und wenn über ihn gesprochen wird, wird er in das Gefüge von Zeit und Raum hineingezogen. Und wird er zum Inhalt eines konkreten Anliegens gemacht, dann verliert auch er seine Letztgültigkeit. Folglich endet die Kritik des Mythos nicht mit der Ablehnung der polytheistischen Mythologie. [67]

[68]   Auch der Monotheismus unterliegt der Kritik des Mythos. Er bedarf, wie man heute sagt, einer „Entmythologisierung". Dieses Wort wurde verwendet in Verbindung mit der Herausarbeitung der mythischen Elemente in den Geschichten und Symbolen der Bibel sowohl des Alten als auch des Neuen Testaments – Geschichten wie jene vom Paradies, vom Sündenfall Adams, von der Sintflut, vom Auszug aus Ägypten, von der Jungfrauengeburt des Messias, von vielen seiner Wunder, von seiner Auferstehung und Himmelfahrt, von seiner erwarteten Wiederkunft als Weltenrichter. Kurz gesagt, all diese Geschichten, in denen von göttlich-menschlichen Wechselwirkungen berichtet wird, werden ihrem Charakter nach als mythologisch angesehen und damit zum Gegenstand der „Entmythologisierung". Was bedeutet dieser negative und künstliche Begriff? Er muss bejaht und befürwortet werden, wenn er auf die Notwendigkeit hinweist, ein Symbol als ein Symbol und einen Mythos als einen Mythos zu begreifen. Er muss aber angegriffen und abgelehnt werden, wenn damit die Beseitigung der Symbole und Mythen insgesamt gemeint ist. Ein solcher Versuch ist der dritte Schritt hinsichtlich der Kritik am Mythos. Es ist ein Versuch, der niemals erfolgreich sein kann, da Symbol und Mythos Formen des menschlichen Bewusstseins sind, die stets gegenwärtig sind. Man kann den einen Mythos durch einen anderen ersetzen, aber man kann den Mythos nicht aus dem geistigen Leben des Menschen entfernen. Denn der Mythos ist die Verbindung von Symbolen hinsichtlich unseres „ultimate concern".

[69]   Ein Mythos, der als Mythos verstanden, aber nicht beseitigt oder ersetzt wird, kann als „gebrochener Mythos" bezeichnet werden. Das Christentum verneint aufgrund seiner eigentlichen Natur jeden ungebrochenen Mythos, da seine Voraussetzung das erste Gebot ist: die Bejahung des Letztgültigen als letztgültig und die Verwerfung jeder Art von Götzendienst. Alle mythologischen Elemente in der Bibel, in der Lehre und in der Liturgie sollten als mythologisch erkannt werden, aber sie sollten in ihrer symbolischen Form erhalten bleiben und nicht durch wissenschaftliche Surrogate ersetzt werden. Denn es gibt keinen Ersatz für den Gebrauch von Symbolen und Mythen: Sie sind die Sprache des Glaubens.

[70]   Die radikale Kritik des Mythos ist darauf zurückzuführen, dass das primitive mythologische Bewusstsein sich dem Versuch widersetzt, einen Mythos als Mythos zu interpretieren. Es fürchtet sich vor jedem Akt der Entmythologisierung. Es glaubt, dass der gebrochene Mythos seiner Wahrheit und seiner Überzeugungskraft beraubt ist. Jene, die in einer ungebrochenen mythologischen Welt leben, fühlen sich beschützt und sicher. Sie widersetzen sich oft auf fanatische Weise jedem Versuch, durch die „Brechung des Mythos", die durch das Bewusstmachen seines symbolischen Charakters geschieht, ein Element von Ungesichertheit einzuführen. Ein solcher Widerstand wird durch autoritäre Systeme religiöser oder politischer Art unterstützt, um den Menschen, die ihrer Kontrolle unterliegen, Sicherheit zu geben

und jenen, die die Kontrolle ausüben, unangefochtene Macht. Der Widerstand gegen die Entmythologisierung drückt sich im „Buchstabenglauben" aus. Die Symbole und Mythen werden in ihrer unmittelbaren Bedeutung verstanden. Der Stoff, der aus Natur und Geschichte stammt, wird im eigentlichen Sinn gebraucht. Der Charakter des Symbols, über sich selbst hinauszuweisen auf etwas anderes, wird missachtet. Schöpfung wird als ein magischer Akt verstanden, der sich einmal vor langer Zeit ereignet hat. Der Sündenfall Adams wird an einem bestimmten geographischen Ort lokalisiert und einem einzelnen Menschen zugeschrieben. Die Jungfrauengeburt des Messias wird in biologischen Begriffen verstanden, die Auferstehung und Himmelfahrt als physikalische Ereignisse, die Wiederkunft Christi als eine tellurische oder kosmische Katastrophe. Ein solcher Buchstabenglaube hat zur Voraussetzung, dass Gott ein Wesen ist, das in Zeit und Raum handelt, an einem bestimmten Ort wohnt, den Lauf der Dinge beeinflusst und auch selbst durch diese beeinflusst wird, wie jedes andere Wesen im Weltall auch. Der Buchstabenglaube beraubt Gott seiner Letztgültigkeit und, religiös gesprochen, seiner Würde. Er zieht ihn herunter auf die Ebene dessen, was nicht letztgültig ist, auf die Ebene des Endlichen und Bedingten. Letztendlich ist nicht die rationale Kritik des Mythos von entscheidender Bedeutung, sondern die innerreligiöse. Glaube, der seine Symbole buchstäblich nimmt, wird götzendienerisch! Er bezeichnet etwas als letztgültig, das weniger als letztgültig ist. Der Glaube aber, der sich des symbolischen Charakters seiner Symbole bewusst ist, gibt Gott die Ehre, die ihm gebührt.

Man sollte zwei Stadien des Buchstabenglaubens unterscheiden: das natürliche und das reaktive. Im natürlichen Stadium des Buchstabenglaubens sind das Mythische und das Buchstäbliche noch ununterschieden. In der Frühzeit konnten weder Einzelne noch Gruppen die Schöpfungen der symbolischen Einbildungskraft von den Tatsachen unterscheiden, die durch Beobachtung und Experiment verifiziert werden können. Dieses Stadium hat sein volles Recht und sollte auch weder in Bezug auf Einzelne noch in Bezug auf Gruppen gestört werden bis zu dem Zeitpunkt, wo der fragende Geist des Menschen die natürliche Bejahung der mythologischen Vorstellungen im Sinne der Buchstäblichkeit zerbricht. Wenn aber dieser Zeitpunkt gekommen ist, ergeben sich zwei mögliche Wege. Der eine besteht darin, den ungebrochenen Mythos durch den gebrochenen zu ersetzen. Das ist der sachlich geforderte Weg, den aber viele Menschen nicht gehen können, weil sie es vorziehen, ihre Fragen in Bezug auf die Ungewissheit, die durch die Brechung des Mythos hervorgerufen wird, zu unterdrücken. Sie werden in das zweite, "reaktive" Stadium des Buchstabenglaubens getrieben, wo sie zwar um die Fragen wissen, diese aber teils bewusst, teils unbewusst unterdrücken. Das Instrument der Unterdrückung ist in der Regel eine anerkannte Autorität mit heiligen Qualitäten wie die Kirche oder die Bibel, der man unbedingte Hingabe schuldet. Dieses Stadium ist immer noch gerechtfertigt, wenn das kritische Ver- [71]

mögen sehr schwach ausgebildet ist und leicht ᵛzum Schweigen gebrachtᵛ werden kann. Es ist aber ungerechtfertigt, wenn ein mündiger Geist in seinem personalen Zentrum durch politische oder psychologische Methoden gebrochen, in seiner Einheit gespalten und in seiner Integrität verletzt wird. Der Feind einer kritischen Theologie ist darum nicht der natürliche, sondern der ʷreaktiveʷ Buchstabenglaube, der autonomes Denken unterdrückt und bekämpft.

[72]   Symbole des Glaubens können nicht durch andere Symbole, wie z. B. künstlerische, ersetzt und auch nicht durch wissenschaftliche Kritik beseitigt werden. Sie haben, ebenso wie Wissenschaft und Kunst, einen genuinen Ort im menschlichen Geist. In ihrem symbolischen Charakter liegt ihre Wahrheit und ihre Macht. Nichts Geringeres als Symbole und Mythen können unseren „ultimate concern" ausdrücken.

[73]   Es erhebt sich noch eine weitere Frage, nämlich ob Mythen jede Art von „ultimate concern" ausdrücken können. So machen beispielsweise christliche Theologen geltend, dass das Wort „Mythos" Naturmythen vorbehalten sein sollte, in denen periodisch wiederkehrende Naturprozesse, wie z. B. die Jahreszeiten, in ihrer letztgültigen Bedeutung verstanden werden. Sie meinen, dass der Begriff „Mythos" nicht verwendet werden sollte, wenn die Welt, wie im Christentum und Judentum, als ein geschichtlicher Prozess mit einem Anfang, einem Ende und einer Mitte angesehen wird. Dies würde aber den Bereich, in dem der Begriff verwendet werden könnte, grundlegend einschränken. Der Mythos könnte dann nicht mehr als die Sprache unseres „ultimate concern" verstanden werden, sondern nur noch als eine ausrangierte Ausdrucksweise dieser Sprache. Doch die Geschichte beweist, dass es nicht nur Natur-, sondern auch Geschichtsmythen gibt. Wenn ˣz.B.ˣ die Welt wie im alten Persien als ein Schlachtfeld zweier göttlicher Mächte angesehen wird, dann ist das ein Geschichtsmythos. Wenn der Schöpfergott ein Volk auswählt und durch die Geschichte hindurch zu einem Ziel führt, das alle Geschichte transzendiert, dann ist das ein Geschichtsmythos. Wenn der Christus – ein transzendentes, göttliches Wesen – in der Fülle der Zeit erscheint, lebt, stirbt und wieder aufersteht, dann ist das ein Geschichtsmythos. Das Christentum ist jenen Religionen überlegen, die an einen Naturmythos gebunden sind. Aber das Christentum spricht wie jede andere Religion die mythologische Sprache. Es ist ein gebrochener Mythos, ʸin dem sich das Christentum ausdrücktʸ, aber es ist ein Mythos; anderenfalls wäre das Christentum kein Ausdruck des „ultimate concern", ᶻdes Anliegens hinsichtlich des wirklich Letztgültigenᶻ.

IV Typen des Glaubens

1 Elemente des Glaubens und ihre Dynamik

Glaube als Zustand letztgültigen Ergriffenseins verwirklicht sich in vielen Formen [74] subjektiver wie objektiver Art. Jede religiöse und kulturelle Gruppe, und in gewissem Maße gilt das auch für jeden Einzelnen, ist der Träger ᵃeiner besonderen Glaubenserfahrung mit einem besonderen Glaubensinhaltᵃ. Der subjektive Zustand der Gläubigen verändert sich entsprechend dem Wandel der Glaubenssymbole. Um die vielfältigen Ausdrucksformen des Glaubens untersuchen zu können, ist es sinnvoll, einige grundlegende Typen zu unterscheiden und anschließend ihre dynamischen Wechselbeziehungen zu beschreiben. Typen sind als solche statischer Natur, sie stehen beziehungslos nebeneinander. ᵇAber das kann nicht das letzte Wort über die Typen des Glaubens sein. Sie betonen einige Aspekte des Glaubens auf solche Weise, dass sie für diese letztgültige Validität beanspruchen. In Fragen des „ultimate concern" ist nur letztgültige Validität hinreichend.ᵇ Das ruft Spannungen und Kämpfe zwischen den verschiedenen Glaubenstypen innerhalb jeder religiösen Gemeinschaft und auch selbst zwischen den großen Religionen hervor.

An dieser Stelle muss deutlich gesagt werden, dass Typen gedankliche [75] Konstruktionen sind und so in der Wirklichkeit nicht vorkommen. In keinem Bereich des Lebens finden sich reine Typen. Alle realen Dinge partizipieren immer an mehreren Typen. Aber es finden sich vorherrschende Merkmale, die einen Typ bestimmen und die herausgearbeitet werden müssen, um die Dynamik des Lebens verständlich machen zu können. Dies gilt auch für die Formen und Ausdrucksweisen des Glaubens. Sie weisen typische Wesenszüge auf; aber in jedem Glaubensakt wirken mehrere solcher Wesenszüge zusammen, wobei einem von ihnen der Vorrang zukommt.

ᶜMan kannᶜ in jeder Erfahrung des Heiligen zwei wesentliche Elemente un- [76] terscheiden. Das eine Element ist die Gegenwart des Heiligen im Hier und Jetzt. Es heiligt den Ort und die Wirklichkeit seiner Erscheinung. Es ergreift den Geist mit erschütternder und faszinierender Macht. Es bricht in die gewöhnliche Wirklichkeit ein, erschüttert sie und treibt sie in ekstatischer Weise über sich hinaus. Es führt Vorschriften ein, denen zufolge man sich ihm annähern kann. ᵈDies ist das eine Element in der Erfahrung des Menschen mit dem, was ihn letztgültig angeht, das Heilige.ᵈ Das Heilige muss gegenwärtig sein ᵉund sich als gegenwärtig bemerkbar machenᵉ, damit es überhaupt erfahren werden kann.

Gleichzeitig ist das Heilige aber auch das Gericht über alles, was ist. Es fordert [77] personale und soziale Heiligkeit im Sinne von Gerechtigkeit und Liebe. Unser

„ultimate concern" verkörpert das, was wir essentiell sind und darum auch sein sollten. Als das Gesetz unseres Seins steht er gegen uns und für uns. Heiligkeit kann nicht erfahren werden ohne ihre Macht, die uns gebietet zu sein, was wir sein sollten.

[78]   Wenn wir das erste Element in der Erfahrung des Heiligen die Heiligkeit des Seins nennen, könnte das zweite Element in der Erfahrung des Heiligen die Heiligkeit des Sollens genannt werden. Auf verkürzte Weise könnte man die erste Form des Glaubens seinen ontologischen Typ und die zweite Form seinen moralischen Typ nennen. Die Dynamik des Glaubens innerhalb der Religionen wie auch zwischen ihnen wird weitgehend durch diese beiden Typen bestimmt, ihre Wechselbeziehung und ihre Konflikte. Ihr Einfluss reicht bis in die intimsten Bereiche des personalen Glaubens hinein und bestimmt selbst noch das Auf und Ab der großen geschichtlichen Religionen. Sie sind in jedem Akt des Glaubens allgegenwärtig. ᶠKeiner von ihnen kann vom echten Glauben ausgeschlossen werden.ᶠ Aber einer der beiden Typen überwiegt immer, da der Mensch endlich ist und darum niemals alle Elemente der Wahrheit in vollkommener Balance vereinen kann. Andererseits kann er beim Bewusstsein seiner Endlichkeit nicht stehen bleiben, da es ja beim Glauben um das ᵍwirklichᵍ Letztgültige und dessen angemessenen Ausdruck geht. ʰJeder unangemessene Ausdruck kann bedeuten, dass das Letztgültige verfehlt wird und man in seiner ganzen Existenz durch etwas bestimmt wird, das weniger als letztgültig ist, obwohl es eine Sache des „ultimate concern" geworden ist.ʰ Deshalb muss der Mensch immer wieder versuchen, durch die Grenzen seiner Endlichkeit durchzubrechen und das zu erreichen, was niemals erreicht werden kann, das Letztgültige selbst ⁱund dessen alles umgreifenden Ausdruckⁱ. Aus dieser Spannung erwächst das Problem von Glaube und Toleranz. Eine Toleranz, die dem Relativismus verpflichtet ist, einer Haltung also, der es um nichts Letztgültiges geht, ist negativ und ohne Inhalt. Sie ist dazu verurteilt, in ihr Gegenteil umzuschlagen, in einen intoleranten Absolutismus. Der Glaube muss die Toleranz, die in seiner Relativität gründet, mit der Gewissheit vereinen, die auf der Letztgültigkeit seines „ultimate concern" beruht. In allen Typen des Glaubens ist dieses Problem lebendig, ʲaber in keinem mehr als im Christentum undʲ besonders in der protestantischen Form des Christentums. Die Größe und Gefahr des protestantischen Glaubens beruht auf der Macht der Selbstkritik und auf dem Mut, seiner eigenen Relativität ins Auge zu schauen. Hier wird die Dynamik des Glaubens ganz besonders offenbar und bewusst: die unendliche Spannung zwischen der Absolutheit seines Anspruchs und der Relativität seines Lebens.

2 Ontologische Glaubenstypen

Das Heilige wird vor allem als gegenwärtig erfahren. Es ist hier und jetzt, und das [79] bedeutet, es begegnet uns in einem Gegenstand, einer Person, einem Ereignis. Der Glaube sieht in einem konkreten Teil der Wirklichkeit den letztgültigen Grund und Sinn aller Wirklichkeit. Kein Teil der Wirklichkeit ist von der Möglichkeit ausgeschlossen, ein Träger des Heiligen zu werden; und tatsächlich ist fast alles Wirkliche aufgrund von Glaubensakten als heilig betrachtet worden, sei es von Gruppen, sei es von Einzelnen. Solch ein Teil der Wirklichkeit hat, wie das traditionelle Wort sagt, „sakramentalen" Charakter. Dieses Gefäß Wasser, dieses Stück Brot, dieser Becher Wein, dieser Baum, diese Bewegung der Hände oder der Knie, dieses Gebäude, dieser Fluss, diese Farbe, dieses Wort, dieses Buch, diese Person ist ein Träger des Heiligen. In ihnen erfährt der Glaube den Inhalt seines „ultimate concern". Sie werden nicht willkürlich ausgesucht, sondern beruhen auf visionären Erfahrungen Einzelner. Sie werden durch die kollektive Reaktion von Gruppen angenommen, von Generation zu Generation weitergegeben, verändert, eingeschränkt, ausgeweitet. Sie bewirken Ehrfurcht, Faszination, Verehrung, götzendienerische Verzerrung, Kritik, Verdrängung durch andere Träger des Heiligen. Dieser sakramentale Glaubenstyp ist der ᵏuniversalsteᵏ. Er ist in allen Religionen gegenwärtig. Er ist das tägliche Brot des Glaubens, ohne den dieser leer und abstrakt würde und seine Bedeutung für das Leben des Einzelnen und der Gruppe verlöre.

Im sakramentalen Typ der Religion bedeutet Glaube nicht die Überzeugung [80] (*belief*), dass etwas heilig *ist* und andere Dinge das nicht sind. Er ist der Zustand des Ergriffenseins (*the state of being grasped*) durch das Heilige mittels eines besonderen Mediums. Die Behauptung, dass etwas heiligen Charakter besitzt, ist nur für den Glauben sinnvoll, der das geltend macht. Als ein theoretisches Urteil, das Allgemeingültigkeit beansprucht, ist sie eine sinnlose Kombination von Worten. Aber in der Korrelation von Glaubenssubjekt und Glaubensobjekt ist sie sinnvoll und wahr. Der außenstehende Beobachter kann nur feststellen, dass hier eine Glaubenskorrelation vorliegt zwischen dem Gläubigen und dem sakramentalen Gegenstand seines Glaubens. Aber er kann die Gültigkeit dieser Glaubenskorrelation weder bestreiten noch bestätigen. Nur die Glaubenskorrelation selbst kann er als Faktum feststellen. ˡIn einer anderen Situation kann der Beobachtete zum Beobachter des Beobachters werden. Dann kann er nur feststellen, dass eine Glaubenskorrelation wahrnehmbar ist, die derjenigen gleich oder auch nicht gleich sein kann, die bei ihm beobachtet worden ist.ˡ Wenn ein ᵐentschiedenerᵐ Protestant einen Katholiken beobachtet, wie dieser z. B. vor einem Bild der Jungfrau [Maria] ⁿin einer Seitenkapelle einer Kathedraleⁿ betet, dann bleibt er Beobachter, der nicht feststellen kann, ob der Glaube des Beobachteten gültig ist oder nicht. Wenn er hingegen selbst ein °entschiedener° Katholik ist, ᴾdann kann er sich im gleichen Glaubensakt in den Beobachteten hineinversetzenᴾ. Es gibt kein Kriterium, das es erlauben würde, den Glauben von einer Position her zu beurteilen, die außerhalb der Glaubenskorrelation liegt. Aber es kann noch etwas anderes geschehen: Der Gläubige kann sich fragen oder auch von jemand anderem gefragt werden, ob das Medium, durch das hindurch er den „ultimate concern" erfährt, auch wirkliche Letztgültigkeit ausdrückt. Diese Frage ist die dynamische Kraft in der Religionsgeschichte, indem sie den sakramentalen Glaubenstyp revolutioniert und den Glauben in verschiedene Richtungen weitertreibt.

[81] Die Voraussetzung dieser Frage besteht in der Unangemessenheit des Endlichen – selbst des heiligsten Teils der Wirklichkeit –, das auszudrücken, was von letztgültiger Bedeutung ist. Der menschliche Geist vergisst aber diese Unangemessenheit und setzt den heiligen Gegenstand mit dem Letztgültigen selbst gleich. Der sakramentale Gegenstand wird als in sich selbst heilig angesehen. Sein Charakter, als Träger des Heiligen über sich selbst hinauszuweisen, geht im Glaubensakt verloren. Der Glaubensakt richtet sich nicht länger auf das Letztgültige selbst, sondern auf das, was das Letztgültige verkörpert – den Baum, das Buch, das Haus, die Person. Die Transparenz des Glaubens ist verlorengegangen. Der Protestantismus ist davon überzeugt, dass die katholische Lehre der „Transsubstantiation", der zufolge im Abendmahl Brot und Wein in den Leib und das Blut Christi verwandelt werden, einen solchen Verlust der Transparenz des Göttlichen und dessen Gleichsetzung mit einem Teilstück der Weltbegegnung bedeutet. Der Glaube erfährt die Gegenwart des Heiligen, wie sie im Bild Christi konkrete Form angenommen hat, in Brot und Wein des Abendmahls. Jedoch handelt es sich um eine dogmatische Verzerrung des Glaubens, wenn das Brot und der Wein des Sakraments ᵠals solcheᵠ als heilige Gegenstände angesehen werden, ʳdie sogar abgesehen von der Glaubenskorrelation wirksam sindʳ und in einem Schrein aufbewahrt werden können. Nichts ist heilig – außer in der Glaubenskorrelation. Selbst die Heiligen sind nur deshalb Heilige, weil die Quelle aller Heiligkeit durch sie hindurch ˢfür den Glaubenˢ transparent wird.

[82] Die Grenzen und Gefahren des sakramentalen Glaubenstyps haben in allen Epochen der Geschichte Mystiker zu dem radikalen Schritt getrieben, in ihrem Glauben sowohl jeden Teil der Wirklichkeit als auch die Wirklichkeit als Ganze zu transzendieren. Sie identifizierten das Letztgültige mit dem Grund oder der Substanz von allem, dem Einen, dem Unaussprechlichen, dem Sein über dem Sein ᵗund wie es sonst noch bezeichnet wurdeᵗ. Der mystische Glaube ist nicht daran interessiert, die konkreten, sakramentalen Wege des Glaubens zu beseitigen, sondern sie zu übersteigen. Mystischer Glaube bedeutet das Ende eines langen Weges, der bei den konkretesten Formen des Glaubens beginnt und bis zu dem Punkt führt, in dem alle Konkretheit im Abgrund der reinen Göttlichkeit ver-

schwindet. Mystik ist nicht irrational. Einige der größten Mystiker in Europa und Asien zählten gleichzeitig auch zu den größten Philosophen, überragend in ihrer Klarheit, Bildung und Rationalität. Aber sie erkannten, dass der wahre Glaubensinhalt eines „ultimate concern" weder mit einem Teil der Wirklichkeit identifiziert werden kann, wie das der sakramentale Glaube gerne hätte, noch in Begriffen eines rationalen Systems ausdrückbar ist. Er ist Sache einer ekstatischen Erfahrung, und man kann über das Letztgültige nur in einer Sprache sprechen, die gleichzeitig die Möglichkeit verneint, über es sprechen zu können. Dies ist die einzige Weise, in der sich mystischer Glaube ausdrücken kann. Man könnte jedoch fragen: Gibt es überhaupt noch etwas, das ausgedrückt werden kann, wenn der Inhalt mystischen Glaubens alles Ausdrückbare transzendiert? Beruht der Glaube nicht auf der Erfahrung der Gegenwart des Heiligen? Wie ist eine solche Erfahrung möglich, wenn das Letztgültige dasjenige ist, das alle mögliche Erfahrung transzendiert? Die Antwort der Mystiker lautet darauf, dass es eine Stätte gibt, an der das Letztgültige innerhalb der endlichen Welt gegenwärtig ist, nämlich in der Tiefe der menschlichen Seele. Diese Tiefe ist der Ort, wo sich das Endliche und das Unendliche berühren. Um zu diesem Ort zu gelangen, muss sich der Mensch aller endlichen Inhalte seines alltäglichen Lebens entledigen; er muss alle vorläufigen Anliegen zuliebe des „ultimate concern" aufgeben. Er muss die Teile der Wirklichkeit überschreiten, in denen der sakramentale Glaube das Letztgültige erfährt. Er muss die Spaltung der Existenz transzendieren, selbst die tiefste und universalste aller Spaltungen, nämlich diejenige zwischen Subjekt und Objekt. Das Letztgültige liegt jenseits dieser Spaltung, und wer es erreichen möchte, muss diese Spaltung durch Meditation, Kontemplation und Ekstase in sich überwinden. Bei dieser Bewegung der Seele befindet sich der Glaube in einem Zustand der Oszillation zwischen Haben und Nicht-Haben in Bezug auf den Inhalt des „ultimate concern". Diese Bewegung schließt Stufen der Annäherung, Rückfälle und plötzliche Erfüllungen mit ein. Der mystische Glaube verachtet oder verwirft den sakramentalen Glauben nicht. Er geht über diesen hinaus zu demjenigen, das in jedem sakramentalen Glaubensakt gegenwärtig ist, allerdings verborgen unter den konkreten Gegenständen, in denen es verkörpert ist. Theologen haben zuweilen Glaube und mystische Erfahrung gegenübergestellt. Sie sagen, dass der Abstand zwischen dem Glauben und dem Letztgültigen niemals überbrückt werden kann. Die Mystik versuche demgegenüber, den Geist mit dem Inhalt seines „ultimate concern", mit dem Grund des Seins und Sinns, "vollständig" zu verschmelzen. Aber diese Gegenüberstellung hat nur eine eingeschränkte Gültigkeit. Der Mystiker ist sich auch der unendlichen Distanz zwischen dem Unendlichen und dem Endlichen bewusst und akzeptiert ein Leben ᵛinᵛ vorbereitenden Stufen der Vereinigung mit dem Unendlichen, die in diesem Leben nur selten oder vielleicht auch nie durch eine beseligende Ekstase unterbrochen werden. Und der Gläubige kann nur Glauben besitzen, wenn er vom Inhalt seines „ultimate concern" ergriffen ist. Mystik ist wie der Sakramentalismus ein Glaubenstyp; und es findet sich in jedem Glaubenstyp ein mystisches wie auch ein sakramentales Element.

[83]   Das gilt sogar für die humanistische Form des ontologischen Glaubenstyps. Eine Erörterung dieser Form des Glaubens ist besonders wichtig, da der Humanismus häufig mit Unglauben gleichgesetzt und dem Glauben gegenübergestellt wird. Dies ist aber nur möglich, wenn Glaube (*faith*) als Überzeugtsein (*belief*) von der Existenz und den Handlungen göttlicher Wesen definiert wird. Wenn Glaube indes als Zustand letztgültigen Ergriffenseins in Bezug auf das Letztgültige verstanden wird, dann schließt der Humanismus auch Glaube mit ein. Unter Humanismus versteht man eine Haltung, die den Menschen zum Maßstab des eigenen geistigen Lebens macht, in Kunst und Philosophie, in Wissenschaft und Politik, in gesellschaftlichen Beziehungen und personalem Ethos. Für den Humanismus ist das Göttliche im Menschen verkörpert; der „ultimate concern" des Menschen ist hiernach der Mensch. Das alles bezieht sich natürlich auf den Menschen in seiner Essenz: auf den wahren Menschen, auf die Idee des Menschen, und nicht auf den realen Menschen, ʷden Menschenʷ, der von seiner wahren Natur entfremdet ist. Wenn der Humanist in diesem Sinne sagt, dass sein „ultimate concern" der Mensch ist, dann betrachtet er den Menschen als das Letztgültige innerhalb der endlichen Wirklichkeit, genauso wie der sakramentale Glaube das Letztgültige in einem Teil der Wirklichkeit sieht oder wie der mystische Glaube in der Tiefe des Menschen den Ort des Unendlichen entdeckt. Der Unterschied besteht darin, dass der sakramentale und der mystische Typ die Grenzen des Menschseins transzendieren und dass sie versuchen, das Letztgültige selbst jenseits des Menschen und seiner Welt zu erreichen, während der Humanist innerhalb dieser Grenzen verbleibt. Deshalb wird der humanistische Glaube als „säkular" bezeichnet, im Gegensatz zu den beiden anderen Glaubenstypen, die als „religiös" bezeichnet werden. Säkular bedeutet, dem gewöhnlichen Prozess der Ereignisse anzugehören und nicht aus diesem herauszutreten oder über ihn hinauszugehen an eine heilige Stätte. Im Lateinischen und in einigen davon abgeleiteten Sprachen spricht man von Profanität im Sinne von „vor den Toren des Tempels sein". Profan meint in diesem Sinne das Gleiche wie säkular. Menschen sagen häufig, dass sie säkular sind, dass sie außerhalb der Tore des Tempels leben und dass sie folglich ohne Glauben sind! Wenn man sie jedoch fragt, ob sie ohne einen „ultimate concern" auskommen, ohne etwas, das sie unbedingt ernst nehmen, dann würden sie dies energisch verneinen. Indem sie aber verneinen, dass sie ohne einen „ultimate concern" sind, bestätigen sie, dass sie in einem Zustand des Glaubens sind. Sie verkörpern den humanistischen Glaubenstyp, der selbst wiederum eine große Vielfältigkeit auf-

weist; der Umstand, dass sie säkular sind, schließt sie nicht aus der Gemeinschaft der Glaubenden aus.

Es wäre eine beinah unendliche Aufgabe, die vielfältigen Formen zu be- [84] schreiben, in denen sich der humanistische Glaubenstyp ausgedrückt hat und in weiten Bereichen der westlichen Welt und der asiatischen Kulturen lebendig ist. Wenn wir auch hier, wie schon in Bezug auf die religiösen Glaubenstypen, zwischen dem ontologischen und dem moralischen Typ unterscheiden, dann können wir sagen, dass der ontologische Typ des säkularen Glaubens romantisch-konservativ ist, der moralische Typ progressiv-utopisch. Das Wort „romantisch" weist in diesem Kontext auf die Erfahrung des Unendlichen im Endlichen hin, wie sie in Natur und Geschichte gegeben ist. Das Wort „konservativ", in Verbindung mit romantisch, betont die Erfahrung der Gegenwart des Letztgültigen in den existierenden Formen von Natur und Geschichte. Wenn ein Mensch das Heilige in einer Blume sieht, wie sie wächst, im Tier, wie es sich bewegt, im Menschen, wie er eine einzigartige Individualität verkörpert, in einer bestimmten Nation, einer bestimmten Kultur, einem bestimmten Gesellschaftssystem, dann ist er romantisch-konservativ. Für ihn ist das Gegebene heilig, und es ist der Inhalt seines „ultimate concern". Die Analogie dieser Glaubensform zum sakramentalen Glauben ist offensichtlich. Der romantisch-konservative Typ humanistischen Glaubens ist säkularisierter sakramentaler Glaube: Das Göttliche ist hier und jetzt gegeben. Jeder kulturelle und politische Konservatismus lässt sich auf diesen Typ säkularen Glaubens zurückführen. Er ist Glaube, aber er blendet die Dimension des Letztgültigen aus, die er voraussetzt. ˣDies ist seine Schwäche, die Gefahr, dass er leer wird, [und es ist] die Grenze von jedem säkularen Humanismus.ˣ Die Geschichte hat diese Schwäche und schlussendliche Leere aller rein säkularen Kulturen aufgewiesen. Sie hat diese wieder und wieder auf die religiösen Formen des Glaubens zurückverwiesen, aus denen sie herkamen.

3 Moralische Glaubenstypen

ʸDer grundlegende Glaubenstyp in allen Religionen und Kulturen ist der sakra- [85] mentale, die Erfahrung des Heiligen hier und jetzt. Ohne diese Grundlage ist kein anderer Typ möglich, nicht einmal ein säkularer. Aber die inneren Spannungen dieses Typs treiben über seine Grenzen hinaus einerseits zur Mystik und zum ontologischen Humanismus, andererseits zum Legalismus und zum moralischen Humanismus. Wo es keine Erfahrung der Gegenwart des Heiligen gibt, da gibt es auch keinen Glauben. Aber der Glaube transzendiert diese Grundlage in den beiden Hauptrichtungen, die wir unterschieden haben, der ontologischen und der moralischen. Wir haben die sakramentale Geisteshaltung in Verbindung mit dem ontologischen Glaubenstyp erörtert. Das ist notwendig, da die ontologische Bejahung der Gegenwart des Heiligen die Voraussetzung der Bejahung ist, dass das Heilige auch das unbedingt Fordernde ist und dass es folglich unendlich entfernt ist von allem hier und jetzt, selbst vom Heiligsten alles Heiligen.[y]

[86] Für die moralischen Glaubenstypen ist der Gesetzesgedanke charakteristisch. Gott ist derjenige, der das Gesetz als ein Geschenk und als ein Gebot gegeben hat. Nur jene, die das Gesetz befolgen, können ihm näher kommen. Natürlich kennen auch der sakramentale und der mystische Glaubenstyp Gesetze, und niemand kann das Letztgültige erreichen, ohne diese Gesetze zu erfüllen. Aber hinsichtlich der Gesetze gibt es einen wichtigen Unterschied zwischen den beiden Glaubenstypen. In den ontologischen Typen fordert das Gesetz Unterwerfung unter rituelle Praktiken oder asketische Übungen. Im moralischen Typ fordert das Gesetz moralischen Gehorsam. Dabei handelt es sich natürlich nicht um einen absoluten Unterschied, da das Ritualgesetz auch moralische und das ethische Gesetz auch ontologische Voraussetzungen enthält. Aber der Unterschied genügt, um das Aufkommen der verschiedenen großen Religionen verständlich zu machen. Sie gehen aus dem einen oder dem anderen Typ hervor.

[87] Den moralischen Glaubenstyp kann man in den rechtlichen, den konventionellen und den ethischen unterteilen. Der rechtliche Typ wurde am nachhaltigsten im talmudischen Judentum und im Islam entwickelt; der konventionelle Typ ist am einflussreichsten im konfuzianischen China; der ethische Typ wird von den jüdischen Propheten verkörpert.

[88] Der Glaube eines Moslem ist der Glaube an die durch Mohammed gegebene Offenbarung, und diese Offenbarung ist sein „ultimate concern". Die durch Mohammed vermittelte Offenbarung besteht hauptsächlich aus rituellen und sozialen Gesetzen. Die rituellen Gesetze weisen auf das sakramentale Stadium hin, aus dem alle Religionen und Kulturen hervorgegangen sind. Die sozialen Gesetze transzendieren das rituelle Element und erzeugen eine Heiligkeit dessen, „was sein soll". Diese Gesetze durchdringen das ganze Leben (wie das auch im orthodoxen Judentum der Fall ist). [?]Ihre Quelle ist eine Sache des „ultimate concern", ist der Prophet;[z] ihr Inhalt ist identisch mit seinen Geboten. Das Gesetz wird stets sowohl als Geschenk als auch als Gebot empfunden. Unter dem Schutz des Gesetzes ist Leben möglich und lebenswert. Das gilt für den durchschnittlichen Anhänger des Islam, und es gilt auch für jene, die auf dieser Grundlage einen säkularen Humanismus entwickeln, der weitgehend durch griechische Quellen genährt wird. Wenn jemand, der die religiöse Haltung der islamischen Völker kennt, behauptete, dass es der Glaube an Mohammed sei, der dem Glauben an Christus widerspreche, so muss man antworten, dass hier nicht der Glaube an Mohammed als *den* Propheten entscheidend ist, sondern der Glaube an eine Ordnung, die geheiligt ist und die das alltägliche Leben der meisten Menschen

bestimmt. Die Glaubensfrage ist nicht Moses oder Jesus oder Mohammed; die Frage ist vielmehr: Wer drückt seinen „ultimate concern" am angemessensten aus? Der Konflikt zwischen verschiedenen Religionen ist kein Konflikt zwischen verschiedenen Formen des Für-wahr-Haltens (*forms of beliefs*), sondern er ist ein Konflikt zwischen verschiedenen Ausdrucksformen unseres „ultimate concern". Die Frage lautet, ob die Manifestation des Göttlichen im rechtlichen Bereich dessen letztgültige Manifestation darstellt. Alle Glaubensentscheidungen sind existentielle Entscheidungen, keine theoretischen.

Dies gilt auch für ein System konventioneller Regeln, wie sie durch Konfuzius [89] zusammengetragen und ausgestaltet wurden. Dieses System wurde häufig als areligiös bezeichnet, und es ist der chinesischen Lebensweise oft ein völliger Glaubensmangel zugeschrieben worden, insofern sie durch Konfuzius bestimmt war. Aber auch im Konfuzianismus findet sich Glaube, und das betrifft nicht nur den Ahnenkult (der ein sakramentales Element ist), sondern auch den unbedingten Charakter der Gebote. Und im Hintergrund findet sich hier die Vorstellung vom Gesetz des Universums, das sich in den Gesetzen des Staates und der Gesellschaft verkörpert. Trotz dieser religiösen Elemente ist der grundlegende Charakter des Konfuzianismus säkular. Das erklärt zwei welthistorische Sachverhalte. Es ist die negative Bedingung für den Einfluss der sakramentalen und mystischen [a]Religionen in China, wie Buddhismus und Taoismus[a], in ihren volkstümlichen wie auch in ihren höher entwickelten Ausprägungen. Und es ist die positive Bedingung [b]für den Mangel an religiösem Widerstand gegenüber dem säkularen Glauben des Kommunismus[b], der auch zu den moralischen Typen des humanistischen Glaubens zählt.

Die dritte und einflussreichste Form der moralischen Typen religiösen Glau- [90] bens ist das alttestamentliche Judentum. Wie jeder Glaube hat es eine breite sakramentale Grundlage: die Idee des auserwählten Volkes, den Bund zwischen Gott und dem Volk sowie das Ritualgesetz mit all seinem Reichtum und seiner Fülle sakramentaler Handlungen. Jedoch hat die Erfahrung der Heiligkeit des Seins niemals die Erfahrung der Heiligkeit des „Sein-Sollenden" überwältigt. Für die jüdischen Propheten und all ihre Nachfolger unter den Priestern, Schriftgelehrten und Theologen ist Gehorsam gegenüber dem Gesetz der Gerechtigkeit der Weg, zu Gott zu gelangen. Das göttliche Gesetz hat im alten wie im modernen Judentum die Bedeutung eines „ultimate concern". Es ist der zentrale Inhalt des Glaubens. Es liefert die Regeln dafür, dass der „ultimate concern" innerhalb der vorläufigen Anliegen des alltäglichen Lebens fortwährend verwirklicht werden kann. Das Letztgültige soll immer gegenwärtig sein, und man soll selbst bei den kleinsten Handlungen des gewöhnlichen Lebens daran denken. Andererseits ist das alles nichts wert, wenn es nicht mit Gehorsam gegenüber dem moralischen Gesetz verbunden ist, dem Gesetz der Gerechtigkeit und Aufrichtigkeit. Das letzte

Kriterium hinsichtlich der Beziehung des Menschen zu Gott ist die Unterwerfung unter das Gesetz der Gerechtigkeit. Es ist die Größe des alttestamentlichen Prophetismus, dass er wieder und wieder dem Wunsch der Menschen und selbst deren Führer entgegengetreten ist, auf das sakramentale Element des Gesetzes zu setzen und das moralische Element – das „Sein-Sollende" als das Kriterium des „Seins" – zu vernachlässigen. Der welthistorische Auftrag des jüdischen Glaubens besteht darin, die sakramentale Selbstgewissheit sowohl im Judentum selbst als auch in allen anderen Religionen zu verurteilen und einen „ultimate concern" zu verkünden, der jeden Anspruch auf Letztgültigkeit verneint, der nicht die Forderung nach Gerechtigkeit mit einschließt.

[91]   Der Einfluss des Judentums ist nicht nur im Christentum und im Islam erkennbar, sondern auch im progressiv-utopischen Typ humanistischen Glaubens, wie er in der westlichen Welt zu finden ist. Der antike Humanismus ist sich zweifellos des „Sein-Sollenden" bewusst. Die griechische Mythologie und Tragödie, die griechische Weisheit und Philosophie, das römische Gesetz und der politische Humanismus der römischen Stoiker zeigen, dass der Nachdruck auf dem „Sein-Sollenden" liegt. Und doch blieb der ontologische Typ im ganzen Altertum vorherrschend. Das beweisen der Sieg der Mystik innerhalb der griechischen Philosophie und der Mysterienreligionen im römischen Reich sowie das Fehlen progressiven und utopischen Denkens im Bereich der Antike.

[92]   Besonders seit dem 18. Jahrhundert beruht der moderne Humanismus auf einer christlichen Grundlage, und für ihn liegt der Nachdruck auf dem „Sein-Sollenden", wie das die jüdischen Propheten herausgearbeitet haben. Folglich zeigt er schon in seinen Anfängen stark progressive und utopische Elemente. Er setzt ein mit der Kritik an der Feudalordnung und ihren sakramentalen Grundlagen. Er fordert Gerechtigkeit; zuerst für die Bauern, dann für die bürgerliche Gesellschaft, schließlich für die proletarischen Massen. Der Glaube derjenigen, die seit dem 18. Jahrhundert für die Aufklärung gekämpft haben, ist ein humanistischer Glaube moralischen Typs. ᶜEs ist ein Kampf für Freiheitᶜ gegenüber sakramental geheiligter Knechtschaft und für Gerechtigkeit für jedes menschliche Wesen, ᵈden sie im Sinne eines „ultimate concern" fortführtenᵈ. Ihr Glaube war ein humanistischer Glaube, der sich mehr in säkularen als in religiösen Begriffen ausdrückte. Es handelte sich um Glauben und nicht um rationale Berechnung, obwohl sie an die höhere Macht einer Vernunft glaubten, die mit Gerechtigkeit und Wahrheit verbunden ist. Die Dynamik ihres humanistischen Glaubens veränderte das Antlitz der Welt, zuerst im Westen, dann auch im Osten. Es ist dieser humanistische Glaube moralischen Typs, der im 19. und 20. Jahrhundert von den revolutionären Bewegungen der proletarischen Massen übernommen wurde. Seine Dynamik wird in unserem gegenwärtigen Zeitalter jeden Tag sichtbar. Wie jeder andere Glaube ist auch die utopische Form humanistischen Glaubens ein

Zustand des „ultimate concern". Dies verleiht ihm seine ungeheure Kraft im Guten wie im Bösen. Angesichts dieser (und der vorangehenden) Analyse humanistischen Glaubens ist es geradezu lächerlich, von einem Verlust des Glaubens in der westlichen säkularen Welt zu sprechen. Sie besitzt einen säkularen Glauben, und dies hat die verschiedenen Formen der Religion in eine Verteidigungsposition gedrängt; aber es handelt sich hierbei immer noch um Glauben (*faith*) und nicht um „Unglauben" (*unbelief*). Es geht um einen Zustand des „ultimate concern" und der völligen Hingabe an dieses Anliegen.

4 Die Einheit der Glaubenstypen

In der Erfahrung des Heiligen sind das ontologische und das moralische Element [93] wesensmäßig vereint, während sie im Glaubensleben auseinanderstreben und zu Konflikten und gegenseitiger Zerstörung getrieben werden. Trotzdem kann die wesensmäßige Einheit nicht vollständig aufgelöst werden: Es finden sich, wie bereits erwähnt, im einen Typ immer auch Elemente des anderen. Im sakramentalen Glaubenstyp ist das Ritualgesetz allgegenwärtig, indem es Reinigung, Vorbereitung und Unterwerfung unter liturgische Regeln sowie moralische Eignung verlangt. Andererseits haben wir gesehen, wie viele rituelle Elemente in den Gesetzesreligionen – dem moralischen Glaubenstyp – vorhanden sind. Das trifft selbst auf den humanistischen Glauben zu, wo progressive und utopische Elemente im romantisch-konservativen Typ zu finden sind, während der progressiv-utopische Typ sich auf vorgegebene Traditionen gründet, von denen aus er die gegenwärtige Lage kritisiert und über sie hinaustreibt. Die wechselseitige Partizipation der Glaubenstypen untereinander bewirkt, dass jeder von ihnen vielschichtig und dynamisch ist sowie einen selbst-transzendierenden Charakter besitzt.

Die Geschichte des Glaubens, die umfassender ist als die Religionsgeschichte, [94] ist eine Bewegung der Divergenz und Konvergenz der verschiedenen Glaubenstypen. Das gilt sowohl vom Glaubensakt als auch vom Glaubensinhalt. Die Formen, in denen der Mensch den „ultimate concern" ausdrückt, sind subjektiv wie objektiv kein Chaos von unbegrenzter Vielfalt. Sie sind Verkörperungen grundlegender Haltungen, die sich in der Geschichte des Glaubens entwickelt haben, und sie resultieren aus der Natur des Glaubens selbst. Deshalb kann man ihre auseinanderdriftenden und aufeinander zulaufenden Bewegungen auch verstehen und beschreiben sowie möglicherweise einen Punkt aufzeigen, an dem ihre Wiedervereinigung im Prinzip erreicht ist. Es ist offenkundig, dass ein solcher Versuch vom „ultimate concern" derjenigen Person abhängig ist, die diesen Versuch unternimmt. Wenn es sich dabei um einen christlichen Theologen protestantischen Typs handelt, dann wird dieser im Christentum – und besonders im protestantischen Christentum – das Ziel sehen, auf das sich die Dynamik des Glaubens zubewegt. Dies kann nicht vermieden werden, da der Glaube Sache eines personalen Anliegens ist. Gleichzeitig muss derjenige, der diesen Versuch unternimmt, objektive Gründe für seine Entscheidung anführen. „Objektiv" bedeutet in diesem Fall: abgeleitet aus der Natur des Glaubens, die in allen Glaubenstypen die gleiche ist – wenn der Begriff „Glaube" hier überhaupt verwendet werden soll.

[95]   Der römische Katholizismus hat sich selbst zu Recht als ein System bezeichnet, das die unterschiedlichsten Elemente des menschlichen religiösen und kulturellen Lebens vereint. Seine Quellen sind das Alte Testament, das selbst den sakramentalen und den moralischen Typ in sich vereinigt, die hellenistischen Mysterienreligionen, die persönliche Mystik, der klassisch-griechische Humanismus und die wissenschaftlichen Methoden des späteren Altertums. Vor allem aber stützt er sich unmittelbar auf das Neue Testament, das wiederum selbst eine ganze Reihe verschiedener Typen umfasst und eine Verbindung ethischer und mystischer Elemente verkörpert. Ein hervorragendes Beispiel hierfür ist Paulus' Beschreibung des Geistes (*Spirit*). Glaube ist im Neuen Testament der Zustand des Ergriffenseins durch den göttlichen Geist. Mit *Geist* ist hier die Gegenwart der göttlichen Kraft im menschlichen Geist (*mind*) gemeint; mit *heiligem* Geist der Geist der Liebe, Gerechtigkeit und Wahrheit. Ich würde nicht zögern, diese Beschreibung des Geistes als Antwort auf die Frage nach der Dynamik zu bezeichnen, die die Geschichte des Glaubens antreibt, und in ihr die Erfüllung zu sehen. Aber eine solche Antwort ist kein Ort, an dem man sich ausruhen kann. Sie muss auf der Grundlage neuer Erfahrungen und unter sich verändernden Bedingungen immer wieder von Neuem gegeben werden. Nur wenn das geschieht, bleibt sie eine wirkliche Antwort und eine mögliche Erfüllung. Weder der Katholizismus noch der Fundamentalismus sind sich dieser Notwendigkeit bewusst. Beiden sind deshalb Elemente der ursprünglichen Verbindung verloren gegangen, und so sind sie unter die Vorherrschaft der einen oder anderen Seite geraten. Das ist der Moment, an dem sich der protestantische Protest vor, während und nach der Reformation im 16. Jahrhundert erhoben hat. Das ist der Moment, wo sich der protestantische Protest im Namen der Letztgültigkeit des Letztgültigen immer erheben muss.

[96]   Die Hauptkritik aller protestantischen Gruppen an der römischen Kirche betraf den Ausschluss der prophetischen Selbstkritik durch das autoritäre System der Kirche und die Zunahme der sakramentalen Glaubenselemente gegenüber den moralisch-personalen. Der erste Punkt machte innerhalb der Kirche eine Veränderung des zweiten unmöglich, und so wurde ein Bruch unvermeidlich. Aber der Bruch führte zu einem Verlust des römischen Sakramentalismus und der

einenden Autorität, die sich auf diesen gründete. Aufgrund dieses Verlustes wurde der Protestantismus mehr und mehr ein Vertreter des moralischen Typs des „ultimate concern". Auf diese Weise kam ihm nicht nur die Vielzahl ritueller Traditionen abhanden, wie sie in den katholischen Kirchen zu finden sind, sondern er verlor auch ein umfassendes Verständnis für die Gegenwart des Heiligen in sakramentalen und mystischen Erfahrungen. Die paulinische Erfahrung des Geistes im Sinne der Einheit aller Glaubenstypen ging sowohl im Katholizismus als auch im Protestantismus weitgehend verloren. Die vorliegende Beschreibung des Glaubens ist der Versuch, in zeitgemäßer Begrifflichkeit auf die Wirklichkeit hinzuweisen, die Paulus mit dem Begriff Geist meint, nämlich die Einheit des Ekstatischen und Personalen, des Sakramentalen und Moralischen, des Mystischen und Rationalen. Nur wenn das Christentum in der Lage ist, diese Einheit der divergierenden Glaubenstypen in einer echten Erfahrung wiederzugewinnen, kann es seinen Anspruch aufrecht erhalten, die Fragen zu beantworten und der Dynamik der Geschichte des Glaubens in Vergangenheit und Zukunft gerecht zu werden.

V Die Wahrheit des Glaubens

1 Glaube und Vernunft

[97] Wir haben auf die grenzenlose Vielfalt der Symbole und auf die zahlreichen gegensätzlichen Glaubenstypen hingewiesen. Dies scheint eine völlige Verneinung des Wahrheitsanspruchs dieser Symbole und Typen zu implizieren. Aus diesem Grund müssen wir jetzt die Frage erörtern, ob und in welchem Sinne der Glaube hinsichtlich der Wahrheit beurteilt werden kann.

[98] Die üblichste Weise, in der dieses Problem erörtert wurde, besteht darin, den Glauben der Vernunft (*reason*) gegenüberzustellen und zu fragen, ob sie sich gegenseitig ausschließen oder ob sie in einem vernunftgemäßen Glauben (*reasonable faith*) vereint werden können. Wenn das Letztere möglich ist, wie stehen dann die Elemente der Rationalität und des Glaubens zueinander in Beziehung? Wenn die Bedeutung des Glaubens in den von uns zuvor aufgezeigten Weisen missverstanden wird, dann schließen sich Glaube und Vernunft offensichtlich aus. Wenn der Glaube jedoch als Zustand letztgültigen Ergriffenseins verstanden wird, muss kein Konflikt auftreten.

[99] Aber diese Antwort ist unzureichend, da das geistige Leben des Menschen eine Einheit bildet und kein Nebeneinander der Elemente zulässt. Trotz ihres unterschiedlichen Charakters durchdringen sich alle geistigen Elemente des Menschen gegenseitig. Das gilt auch für den Glauben und die Vernunft. Deshalb genügt es nicht zu erklären, dass der Zustand letztgültigen Ergriffenseins mit der rationalen Struktur des menschlichen Geistes in keinem Konflikt steht. Man muss auch ihre tatsächliche Beziehung darlegen, nämlich die Art und Weise, in der sie sich gegenseitig durchdringen. Zunächst muss gefragt werden, in welchem Sinne das Wort „Vernunft" gebraucht wird, wenn es dem Glauben gegenübergestellt wird. Wird es dann, wie das heute oft der Fall ist, im Sinne wissenschaftlicher Methode, logischer Strenge und technischer Berechnung gebraucht? Oder wird es, wie in den meisten Epochen der westlichen Kultur, gebraucht im Sinne der Quelle von Sinn, Struktur, Normen und Prinzipien? Im ersten Fall gibt uns die Vernunft die Werkzeuge an die Hand, um die Wirklichkeit zu erkennen und zu beherrschen, und der Glaube gibt die Richtung vor, in der diese Herrschaft ausgeübt werden soll. Man könnte diese Art der Vernunft technische Vernunft nennen, da sie die Mittel bereitstellt, aber keine Ziele setzt. Vernunft in diesem Sinne betrifft das alltägliche Leben von jedermann, und sie ist die Macht, die die technische Zivilisation unserer Zeit bestimmt. Im zweiten Fall ist die Vernunft identisch mit dem Menschsein des Menschen im Gegensatz zu allen anderen Wesen. Sie ist die Grundlage der Sprache, der Freiheit und der Kreativität. ᵉSie ermöglicht die Sucheᵉ

nach Erkenntnis, das Kunsterleben und die Verwirklichung moralischer Gebote; sie ermöglicht ein zentriertes personales Leben und eine Partizipation an der Gemeinschaft. Wenn Glaube der Gegensatz zur Vernunft wäre, würde er dazu tendieren, den Menschen zu entmenschlichen. Diese Konsequenz wurde theoretisch und praktisch in religiös- sowie politisch-autoritären Systemen gezogen. Ein Glaube, der die Vernunft zerstört, ᶠzerstört das Menschsein des Menschen und damit auch sich selbstᶠ. Denn nur ein Wesen, das die Struktur der Vernunft besitzt, kann letztgültig ergriffen sein, letztgültige von vorläufigen Anliegen unterscheiden, die unbedingten Gebote des moralischen Imperativs verstehen und sich der Gegenwart des Heiligen bewusst sein. All dies ist nur dann gültig, wenn die zweite Bedeutung der Vernunft vorausgesetzt wird: Vernunft als die sinnvolle Struktur des Geistes (*mind*) und der Wirklichkeit; und nicht die erste Bedeutung: Vernunft als ein technisches Werkzeug.

Vernunft ist die Voraussetzung des Glaubens; Glaube ist der Akt, in dem die [100] Vernunft ekstatisch über sich hinausgeht. Dies ist die andere Seite ihres gegenseitigen Sich-Durchdringens. Die Vernunft des Menschen ist endlich; sie bewegt sich innerhalb endlicher Verhältnisse, ᵍwenn sie sich mit der Welt beschäftigt, was den Menschen als einen Teil des Universums mit einschließtᵍ. Alle kulturellen Tätigkeiten, in denen der Mensch seine Welt erkennt und in denen er seine Welt gestaltet, besitzen diesen Charakter der Endlichkeit. Folglich sind sie keine Sache eines unendlichen Anliegens. Aber die Vernunft ist nicht an ihre eigene Endlichkeit gebunden. Sie ist sich der Endlichkeit bewusst, und dadurch erhebt sie sich auch schon über sie. Der Mensch erfährt, dass er zum Unendlichen gehört, das jedoch weder ein Teil von ihm ist noch in seiner Macht steht. Es muss ihn ergreifen, und wenn das geschieht, wird es zu einer Sache von unendlicher Bedeutung. Der Mensch ist endlich, und die menschliche Vernunft lebt in vorläufigen Anliegen. Aber der Mensch ist sich auch seiner potentiellen Unendlichkeit bewusst, und dieses Bewusstsein erscheint als sein „ultimate concern", als Glaube. Wenn die Vernunft durch einen „ultimate concern" ergriffen wird, wird sie über sich selbst hinausgetrieben; aber sie hört damit nicht auf, Vernunft zu sein, endliche Vernunft. Die ekstatische Erfahrung eines „ultimate concern" zerstört nicht die Struktur der Vernunft. Ekstase ist erfüllte, nicht verneinte Rationalität. Die Vernunft kann nur dann zur Erfüllung gelangen, wenn sie über die Grenzen ihrer Endlichkeit hinausgetrieben wird und die Gegenwart des Letztgültigen, des Heiligen, erfährt. Ohne eine solche Erfahrung erschöpft sich die Vernunft selbst und ihre endlichen Inhalte. Schließlich wird sie von irrationalen oder dämonischen Inhalten besetzt und durch diese zerstört. Der Weg führt von der im Glauben erfüllten Vernunft über die glaubenslose Vernunft zur Vernunft, die von einem dämonisch-zerstörerischen Glauben besetzt ist. Das zweite Stadium ist nur ein Übergang, da es im geistigen Leben kein Vakuum gibt, wie es auch keines in der Natur gibt. Vernunft ist die

Voraussetzung des Glaubens, und Glaube ist die Erfüllung der Vernunft. Glaube als Zustand des „ultimate concern" ist Vernunft in Ekstase. Zwischen der Natur des Glaubens und der Natur der Vernunft gibt es keinen Konflikt; sie durchdringen sich gegenseitig.

[101]   An dieser Stelle wird die Theologie verschiedene Fragen stellen. Sie wird fragen, ob die Natur des Glaubens unter den Bedingungen der menschlichen Existenz nicht verzerrt ist, wenn z. B., wie zuvor erwähnt, dämonisch-zerstörerische Kräfte von ihr Besitz ergreifen. Und die Theologie wird fragen, ob die Natur der Vernunft aufgrund der Entfremdung des Menschen von sich selbst nicht verzerrt ist. Schließlich wird sie fragen, ob die Einheit von Glaube und Vernunft sowie die wahre Natur von beiden nicht wiederhergestellt werden muss durch das, was die Religion „Offenbarung" nennt. Und wenn das zutrifft, dann wird sie weiter fragen, ob die Vernunft in ihrem verzerrten Stadium nicht verpflichtet ist, sich der Offenbarung zu unterwerfen, und ob diese Unterwerfung unter die Inhalte der Offenbarung nicht der wahre Sinn des Begriffs „Glaube" ist. Die Antwort auf diese Fragen, die die Theologie stellt, bietet genügend Stoff für eine ganze Theologie. Sie kann im vorliegenden Buch, von einigen wenigen grundlegenden Ausführungen einmal abgesehen, nicht gegeben werden.

[102]   Zunächst muss eingeräumt werden, dass sich der Mensch in einem Zustand der Entfremdung von seiner wahren Natur befindet. Folglich sind der Gebrauch seiner Vernunft und der Charakter seines Glaubens nicht das, was sie ihrem Wesen nach sind und deshalb sein sollten. Dies führt zu aktuellen Konflikten zwischen einem verzerrten Gebrauch der Vernunft und einem götzendienerischen Glauben. Die Lösung, die wir hinsichtlich der wahren Natur des Glaubens und der wahren Natur der Vernunft gegeben haben, lässt sich ohne diese grundlegende Einschränkung nicht auf das aktuelle Leben des Glaubens und der Vernunft unter den Bedingungen der menschlichen Existenz anwenden.

[103]   Die Folge dieser Einschränkung ist, dass die Entfremdung des Glaubens und der Vernunft als solche sowie hinsichtlich ihrer wechselseitigen Beziehung überwunden und ihre wahre Natur und ihr wahres Verhältnis im aktuellen Leben wiederhergestellt werden muss. Dies ereignet sich in einer Offenbarungserfahrung. Der Begriff „Offenbarung" ist derart missbräuchlich verwendet worden, dass es schwierig ist, ihn überhaupt noch zu gebrauchen; auf den Begriff „Vernunft" trifft das nicht in gleichem Maße zu. Offenbarung wird im Allgemeinen im Sinne einer göttlichen Mitteilung über göttliche Dinge verstanden, die Propheten und Aposteln gegeben und den Verfassern der Bibel oder des Korans oder anderer heiliger Bücher durch den göttlichen Geist diktiert wurde. Die Annahme solcher göttlicher Mitteilungen, so absurd und irrational sie auch sein mögen, wird dann Glaube genannt. Jedes Wort der vorliegenden Erörterung widerspricht dieser Verzerrung der Bedeutung der Offenbarung. Offenbarung ist in erster Linie die

Erfahrung, in der ein „ultimate concern" den menschlichen Geist ergreift und eine Gemeinschaft begründet, in der sich dieses Anliegen in Symbolen des Handelns, der Einbildungskraft und des Denkens ausdrückt. Wo auch immer sich eine solche Offenbarungserfahrung ereignet, werden sowohl der Glaube als auch die Vernunft erneuert. Ihre inneren und wechselseitigen Konflikte werden überwunden, und Versöhnung tritt an die Stelle der Entfremdung. Genau das ist mit Offenbarung gemeint bzw. sollte mit ihr gemeint sein. Sie ist ein Ereignis, in dem das Letztgültige in einem „ultimate concern" offenbar wird und dabei die gegebene Situation in Religion und Kultur erschüttert und umwandelt. In solch einer Erfahrung ist kein Konflikt zwischen Glaube und Vernunft möglich; denn hier wird der Mensch in seiner gesamten Struktur als ein rationales Wesen durch die offenbarende Manifestation des „ultimate concern" ergriffen und verwandelt. Offenbarung ist jedoch Offenbarung für den Menschen in seinem Zustand korrumpierten Glaubens und korrumpierter Rationalität. Indem ihre endgültige Macht gebrochen ist, ist die Korruption nun zwar überwunden, aber doch nicht aufgehoben. Sie dringt in die neue Offenbarungserfahrung ein, wie sie auch schon in die alten Offenbarungserfahrungen eingedrungen war. Sie bewirkt, dass der Glaube götzendienerisch wird, indem der Träger und die Manifestationen des Letztgültigen mit dem Letztgültigen selbst verwechselt werden. Sie beraubt die Vernunft ihrer ekstatischen Macht und ihres Bestrebens, sich selbst in Richtung des Letztgültigen zu transzendieren. Infolge dieser zweifachen Verfälschung verzerrt sie auch das Verhältnis von Glaube und Vernunft, indem sie den Glauben auf ein vorläufiges Anliegen einschränkt, das mit den vorläufigen Anliegen der Vernunft in Konflikt gerät, und erhebt die Vernunft trotz ihrer wesenhaften Endlichkeit zu Letztgültigkeit. Aus dieser doppelten Korruption entstehen neue Konflikte zwischen Glaube und Vernunft, und hieraus entspringt das Streben nach einer neuen und höheren Offenbarung. Die Geschichte des Glaubens ist ein ständiger Kampf gegen die Korruption des Glaubens, und der Konflikt mit der Vernunft ist hierfür eines der auffälligsten Symptome. Die entscheidenden Schlachten in diesem Kampf sind die großen Offenbarungsereignisse, und die siegreiche Schlacht wäre eine letztgültige Offenbarung, in der die Verzerrung von Glaube und Vernunft endgültig überwunden wäre. Das Christentum erhebt den Anspruch, auf eine solche Offenbarung gegründet zu sein. Sein Anspruch ist der ständigen pragmatischen Bewährungsprobe der Geschichte ausgesetzt.

2 Die Wahrheit des Glaubens und die naturwissenschaftliche Wahrheit

[104] Zwischen der wahren Natur des Glaubens und der wahren Natur der Vernunft besteht kein Konflikt. Dies schließt die Behauptung mit ein, dass kein wesensmäßiger Konflikt zwischen dem Glauben und der kognitiven Funktion der Vernunft besteht. Die Erkenntnis in all ihren Formen wurde aber immer als diejenige Funktion der menschlichen Vernunft angesehen, die am leichtesten mit dem Glauben in Konflikt gerät. Dies war vornehmlich der Fall, als der Glaube als eine geringere Form des Wissens bestimmt wurde und man ihn annahm, weil seine Wahrheit durch göttliche Autorität verbürgt wurde. Wir haben diese Verzerrung der Bedeutung des Glaubens abgelehnt und damit eine der häufigsten Ursachen für die Konflikte zwischen Glaube und Wissen beseitigt. Aber darüber hinaus müssen wir die konkrete Beziehung des Glaubens zu den verschiedenen Formen der kognitiven Vernunft aufzeigen: zu der naturwissenschaftlichen, der historischen und der philosophischen. Die Wahrheit des Glaubens unterscheidet sich von der Bedeutung der Wahrheit jeder dieser Arten von Wissen. Dennoch ist es die Wahrheit, die alle zu erreichen suchen, Wahrheit im Sinne des „wahrhaft Wirklichen", wie sie angemessen durch die kognitive Funktion des menschlichen Geistes aufgenommen wird. Irrtum entsteht, wenn das kognitive Bestreben des Menschen das wahrhaft Wirkliche verfehlt und das nur scheinbar Wirkliche für wirklich hält; oder wenn es das wahrhaft Wirkliche zwar trifft, es aber auf verzerrte Weise ausdrückt. Es ist oft schwierig zu sagen, ob das Wirkliche nicht getroffen oder nur unangemessen ausgedrückt wird, da beide Formen des Irrtums ineinandergreifen. Jedenfalls findet sich da, wo es das Bemühen um Wissen gibt, immer auch Wahrheit oder Irrtum oder eine der vielen Übergangsstufen zwischen Wahrheit und Irrtum. Im Glauben ist die kognitive Funktion des Menschen wirksam. Deshalb müssen wir fragen, was Wahrheit in Bezug auf den Glauben bedeutet, was ihre Kriterien sind und wie sie sich zu den anderen Formen der Wahrheit mit andersartigen Kriterien verhält.

[105] Die Naturwissenschaft versucht, die Strukturen und Beziehungen im Universum zu beschreiben und zu erklären, soweit sie durch Experimente überprüft und in quantitativen Begriffen berechnet werden können. Die Wahrheit einer naturwissenschaftlichen Behauptung besteht in der Angemessenheit der Beschreibung der Strukturgesetze, die die Wirklichkeit bestimmen, sowie in der Nachprüfbarkeit dieser Beschreibung aufgrund experimenteller Wiederholungen. Jede naturwissenschaftliche Wahrheit ist vorläufig und Veränderungen unterworfen, und das sowohl in Bezug auf das Erfassen der Wirklichkeit als auch in Bezug auf deren angemessene Ausdrucksform. Dieses Element der Ungewissheit verringert keineswegs den Wahrheitswert einer geprüften und bestätigten natur-

wissenschaftlichen Behauptung. Es verhindert jedoch wissenschaftlichen Dogmatismus und Absolutismus.

Darum ist es eine sehr armselige Methode, wenn Theologen die Wahrheit des Glaubens gegenüber der Wahrheit der Naturwissenschaft dadurch zu verteidigen suchen, dass sie auf den vorläufigen Charakter jeder naturwissenschaftlichen Behauptung hinweisen, um so der Wahrheit des Glaubens einen Rückzugsort sichern zu können. Wenn morgen der wissenschaftliche Fortschritt den Bereich der Ungewissheit weiter einschränkt, müsste der Glaube seinen Rückzug weiter fortsetzen – eine unwürdige und unnötige Vorgehensweise, da die naturwissenschaftliche Wahrheit und die Wahrheit des Glaubens nicht derselben Sinndimension angehören. Die Naturwissenschaft hat kein Recht und keine Macht, sich in den Glauben einzumischen, und der Glaube hat ʰkein Recht undʰ keine Macht, sich in die Naturwissenschaft einzumischen. Die eine Sinndimension ist nicht berechtigt, sich in eine andere Sinndimension einzumischen. [106]

Wenn das verstanden ist, erscheinen die früheren Konflikte zwischen Glaube und Naturwissenschaft in einem ganz anderen Licht. In Wirklichkeit handelte es sich nicht um Konflikte zwischen Glaube und Naturwissenschaft, sondern zwischen einem Glauben und einer Naturwissenschaft, die sich der Gültigkeit ihrer jeweiligen Dimension nicht bewusst waren. Als die Vertreter des Glaubens die Anfänge der modernen Astronomie behinderten, waren sie sich nicht bewusst, dass die christlichen Symbole nicht an die aristotelisch-ptolemäische Astronomie gebunden waren, auch wenn sie sich dieser Astronomie bedienten. Die moderne Astronomie kann mit dem christlichen Glauben nur dann in Konflikt geraten, wenn Symbole wie „Gott im Himmel", „der Mensch auf Erden" und „Dämonen unter der Erde" als Beschreibungen von Orten angesehen werden, die mit göttlichen und dämonischen Wesen bevölkert sind. Wenn andererseits Vertreter der modernen Physik die gesamte Wirklichkeit auf die mechanische Bewegung kleinster Teilchen der Materie zurückführen, ⁱindem sie innerhalb des Bereichs des wahrhaft Wirklichen Qualität, Leben und Geistⁱ ʲals unabhängige Dimensionen des Seinsʲ streichen, dann bringen sie damit objektiv wie auch subjektiv einen Glauben zum Ausdruck. Subjektiv betrachtet ist die Naturwissenschaft ihr „ultimate concern" – und sie sind bereit, alles für diesen ᵏihrenᵏ „ultimate concern" zu opfern, ihr Leben eingeschlossen. Objektiv betrachtet entwerfen sie damit ein grässliches Symbol dieses „ultimate concern", nämlich ein Universum, in dem alles, ihre eigene wissenschaftliche Leidenschaft mit eingeschlossen, von einem sinnlosen Mechanismus verschlungen wird. Der christliche Glaube bekämpft zu Recht ein solches Glaubenssymbol. [107]

Naturwissenschaft kann nur mit Naturwissenschaft in Konflikt geraten, und Glaube nur mit Glauben; Naturwissenschaft, die Naturwissenschaft bleibt, kann nicht in Konflikt geraten mit Glaube, der Glaube bleibt. Dies gilt auch für andere [108]

Bereiche naturwissenschaftlicher Forschung wie die Biologie und die Psychologie. Der bekannte Streit zwischen der Evolutionstheorie und der Theologie einiger christlicher Gruppen war kein Kampf zwischen Naturwissenschaft und Glaube, sondern zwischen einer Naturwissenschaft, die den Menschen seines Menschseins beraubte, und einem Glauben, dessen ˡtheologischeˡ Ausdrucksform durch ein buchstäbliches Bibelverständnis verzerrt war. Es ist offensichtlich, dass eine Theologie, die die biblische Schöpfungsgeschichte als eine naturwissenschaftliche Beschreibung eines Ereignisses interpretiert, das vor langer Zeit geschehen ist, mit methodisch überprüfter wissenschaftlicher Arbeit in Widerstreit gerät. Genauso offensichtlich ist es, dass eine Evolutionstheorie, die die ᵐTatsache derᵐ Abstammung des Menschen von älteren Formen des Lebens auf eine Weise interpretiert, die den unendlichen, qualitativen Unterschied zwischen Mensch und Tier beseitigt, Glaube und nicht Naturwissenschaft ist.

[109] Gleiches gilt für die gegenwärtigen und zukünftigen Konflikte zwischen Glaube und zeitgenössischer Psychologie. Die moderne Psychologie meidet den Begriff der Seele, weil er eine Wirklichkeit einzuführen scheint, die für naturwissenschaftliche Methoden unzugänglich ist und ihren Ergebnissen widersprechen könnte. Diese Sorge ist nicht unbegründet; die Psychologie sollte nämlich keinen Begriff anerkennen, der nicht aus ihrer eigenen wissenschaftlichen Arbeit hervorgeht. Ihre Aufgabe besteht darin, die Vorgänge im Menschen so angemessen wie möglich zu beschreiben und dafür offen zu sein, diese Beschreibungen jederzeit durch bessere zu ersetzen. Das gilt sowohl für moderne Begriffe wie Ich, Über-Ich, Selbst, Personalität, Unbewusstes und Verstand als auch für traditionelle Begriffe wie Seele, Geist, Wille usw. Die methodisch arbeitende Psychologie ist, wie jede andere Naturwissenschaft auch, der Überprüfbarkeit unterworfen. All ihre Begriffe und Definitionen sind vorläufig, selbst die am besten überprüften.

[110] Wenn der Glaube von der letztgültigen Dimension spricht, in der der Mensch lebt und in der er seine Seele gewinnen oder verlieren kann, oder von dem letztgültigen Sinn seiner Existenz, dann widerspricht das überhaupt nicht der naturwissenschaftlichen Ablehnung des Seelenbegriffs. Weder kann dieser Glaube von einer Psychologie, die den Seelenbegriff ablehnt, bestritten, noch kann dieser Glaube von einer Psychologie, die diesen Begriff anerkennt, bestätigt werden. Die Wahrheit über die ewige Bedeutung des Menschen liegt in einer anderen Dimension als die Wahrheit angemessener psychologischer Begriffe. Die zeitgenössische analytische Psychologie oder Tiefenpsychologie ist in vielen Fällen mit vortheologischen und theologischen Äußerungen des Glaubens in Konflikt geraten. Es ist jedoch nicht schwierig, selbst hinsichtlich der Aussagen der Tiefenpsychologie die mehr oder weniger bestätigten Beobachtungen und Hypothesen von den Behauptungen über die Natur und das Schicksal des Menschen, die zweifellos Äußerungen des Glaubens sind, zu unterscheiden. Die naturalistischen Elemente, die Freud aus

dem 19. Jahrhundert ins 20. Jahrhundert mitbrachte, sein grundsätzlicher Puritanismus bezüglich der Liebe, sein Kulturpessimismus und seine Reduktion der Religion auf ideologische Projektion, das sind alles Ausdrucksformen von Glauben und nicht das Ergebnis wissenschaftlicher Analyse. Es gibt keinen Grund, einem Gelehrten, der sich mit dem Menschen und seiner Situation beschäftigt, das Recht abzusprechen, Elemente des Glaubens einzubeziehen. Aber wenn er andere Formen des Glaubens im Namen wissenschaftlicher Psychologie angreift, wie das Freud und viele seiner Schüler machen, dann vermengt er die Dimensionen. In diesem Fall sind jene, die eine andere Form des Glaubens verkörpern, im Recht, wenn sie diesen Angriffen gegenüber Widerstand leisten. Es ist nicht immer einfach, in einer psychologischen Aussage das Glaubenselement von dem Element einer wissenschaftlichen Hypothese zu unterscheiden, aber es ist ⁿimmerⁿ möglich und °sehr° oft notwendig.

Die Unterscheidung zwischen der Wahrheit des Glaubens und der Wahrheit [111] der Naturwissenschaft sollte die Theologen davor warnen, naturwissenschaftliche Entdeckungen zu benutzen, um die Wahrheit des Glaubens zu bestätigen. Die Mikrophysik hat einige naturwissenschaftliche Hypothesen, die die Berechenbarkeit des Universums betreffen, zunichte gemacht. Die Quantentheorie und die Unschärferelation haben diesen Effekt gehabt. Sofort haben religiöse Schriftsteller diese Einsichten zur Bestätigung ihrer eigenen Vorstellungen über menschliche Freiheit, göttliche Schöpferkraft und Wunder herangezogen. Aber für solch ein Vorgehen gibt es weder vom Standpunkt der Physik noch vom Standpunkt der Religion aus irgendeine Rechtfertigung. Die physikalischen Theorien, auf die man sich hier bezieht, stehen in keiner direkten Beziehung zu dem unendlich vielschichtigen Phänomen menschlicher Freiheit, und die Quantenemission steht in keiner direkten Beziehung zur Bedeutung von Wundern. Wenn die Theologie auf diese Weise physikalische Theorien verwendet, dann vermengt sie die Dimension der Naturwissenschaft mit der Dimension des Glaubens. Die Glaubenswahrheit kann nicht durch neueste physikalische, biologische oder psychologische Entdeckungen bestätigt werden – genauso wenig wie sie selbst durch diese bestritten werden kann.

3 Die Wahrheit des Glaubens und die historische Wahrheit

Die historische Wahrheit hat einen ganz anderen Charakter als die naturwissen- [112] schaftliche Wahrheit. Die Geschichtswissenschaft berichtet von einmaligen Ereignissen, nicht von sich wiederholenden Prozessen, die immer wieder untersucht werden können. Geschichtliche Ereignisse können keinen Experimenten unterworfen werden. Die einzige Analogie in der Geschichtswissenschaft zu einem physikalischen Experiment ist der Vergleich von Dokumenten. Wenn Dokumente unabhängiger Herkunft miteinander übereinstimmen, ist eine historische Aussage innerhalb ihrer eigenen Grenzen bewiesen. Jedoch zählt die Geschichtswissenschaft nicht nur eine Reihe von Tatsachen auf. Sie versucht auch, diese Tatsachen im Lichte ihrer Herkunft, ihrer Beziehungen und ihrer Bedeutung zu verstehen. ᵖDie Geschichtswissenschaft beschreibt und erklärt nicht nur; sie sucht auch zu verstehen.ᵖ Und Verstehen setzt Partizipation voraus. Dies ist der Unterschied zwischen historischer und naturwissenschaftlicher Wahrheit. Bei der historischen Wahrheit ist das interpretierende Subjekt involviert; bei der naturwissenschaftlichen Wahrheit ist es detachiert. Da die Glaubenswahrheit völlige Involviertheit bedeutet, ist die historische Wahrheit häufig mit der Wahrheit des Glaubens verglichen ᵑund sogar identifiziertᵑ worden. Eine vollständige Abhängigkeit der historischen Wahrheit von der Wahrheit des Glaubens wurde von solch einer Gleichsetzung hergeleitet. In dieser Weise wurde behauptet, ʳdass die historische Wahrheit eine Sache des Glaubens sei oderʳ dass ˢzumindestˢ der Glaube die Wahrheit einer fragwürdigen historischen Aussage verbürgen könne. Aber derjenige, der solch eine Aussage macht, bedenkt nicht, dass in einer echten historischen Arbeit detachierte und überprüfte Beobachtung ebenso viel Anwendung findet wie bei der Beobachtung physikalischer oder biologischer Prozesse. Historische Wahrheit ist in erster Linie Tatsachenwahrheit; hierin unterscheidet sie sich von der poetischen Wahrheit der erzählenden Literatur oder von der mythischen Wahrheit der Legende. Dieser Unterschied ist maßgeblich für das Verhältnis von Glaubenswahrheit und historischer Wahrheit. Der Glaube kann keine Tatsachenwahrheit verbürgen. Jedoch kann und muss der Glaube die Bedeutung der Tatsachen aus der Perspektive des „ultimate concern" des Menschen interpretieren. Indem der Glaube das macht, überträgt er die historische Wahrheit in die Dimension der Glaubenswahrheit.

[113] Seitdem die historische Forschung den literarischen Charakter der biblischen Schriften entdeckt hat, ist dieses Problem in weiten Bereichen des allgemeinen sowie des theologischen Denkens in den Vordergrund getreten. Sie hat aufgezeigt, dass das Alte und das Neue Testament in ihren erzählenden Teilen historische, legendäre und mythologische Elemente miteinander verbinden und dass es in vielen Fällen unmöglich ist, diese Elemente auch nur mit Wahrscheinlichkeit voneinander zu trennen. Die historische Forschung hat deutlich gemacht, dass es keine andere Möglichkeit gibt, als mit gewissen Wahrscheinlichkeitsgründen bis zu den historischen Ereignissen vorzustoßen, die das biblische Bild Jesu, der der Christus genannt wird, hervorgerufen haben. Entsprechende Forschungen hinsichtlich des historischen Charakters heiliger Schriften und legendärer Traditionen nichtchristlicher Religionen haben das Gleiche ergeben. Die Glaubenswahrheit kann nicht abhängig gemacht werden von der historischen Wahrheit der Erzählungen und Legenden, in

denen sich der Glaube ausgedrückt hat. Es ist eine verhängnisvolle Verzerrung der Bedeutung des Glaubens, ihn mit dem Überzeugtsein (*belief*) von der historischen Gültigkeit der biblischen Erzählungen gleichzusetzen. Dies geschieht indes sowohl auf einem hohen als auch auf einem niedrigen Komplexitätsniveau. Leute sagen, dass andere oder sie selbst ohne christlichen Glauben seien, weil sie nicht glauben (*believe*), dass die neutestamentlichen Wundererzählungen verlässlich belegt sind. Sicherlich sind sie das nicht, und die Untersuchung, wie wahrscheinlich oder unwahrscheinlich eine biblische Erzählung ist, muss mit allen Mitteln einer soliden philologischen und historischen Forschung erfolgen. Es ist keine Sache des Glaubens zu entscheiden, ob die gegenwärtig verwendete Ausgabe des muslimischen Korans mit dem ursprünglichen Text identisch ist, wenn dies auch die feurige Überzeugung (*belief*) der meisten Anhänger Mohammeds ist. Es ist keine Sache des Glaubens zu entscheiden, ob große Teile des Pentateuch priesterlicher Weisheit aus dem Zeitalter nach dem Babylonischen Exil entstammen oder ob das Buch Genesis mehr Mythen und heilige Legenden als tatsächliche Geschichte enthält. Es ist keine Sache des Glaubens zu entscheiden, ob die 'Erwartung' einer Endkatastrophe des Universums, wie sie in den späten Büchern des Alten Testaments und im Neuen Testament vorausgesehen wird, der persischen Religion entstammt oder nicht. Es ist keine Sache des Glaubens zu entscheiden, wie viel legendäres, mythologisches und historisches Material in den Erzählungen über die Geburt und die Auferstehung Christi miteinander verschmolzen ist. Es ist keine Sache des Glaubens zu entscheiden, welcher Version der Berichte über die Anfänge der Kirche die größte Wahrscheinlichkeit zukommt. All diese Fragen müssen mit mehr oder weniger Wahrscheinlichkeit von der historischen Forschung entschieden werden. Dabei handelt es sich um Fragen der historischen Wahrheit, nicht um solche der Glaubenswahrheit. Der Glaube kann sagen, dass sich in der Geschichte etwas ereignet hat, dem die Bedeutung eines „ultimate concern" zukommt, "weil es die Frage nach dem Letztgültigen in Bezug auf Sein und Sinn beantwortet". Der Glaube kann sagen, dass das alttestamentliche Gesetz, das als das Gesetz des Mose bezeichnet wird, für jene unbedingte Gültigkeit besitzt, die von ihm ergriffen sind, unabhängig davon, wie viel oder wie wenig hiervon auf eine historische Gestalt dieses Namens zurückgeführt werden kann. Der Glaube kann sagen, dass die Wirklichkeit, die sich im neutestamentlichen Bilde Jesu als des Christus offenbart, für jene erlösende Kraft hat, die von ihm ergriffen sind, unabhängig davon, wie viel oder wie wenig auf die historische Gestalt zurückgeführt werden kann, die Jesus von Nazareth genannt wird. Der Glaube kann seine eigene Grundlage sicherstellen: das Mosaische Gesetz oder Jesus als den Christus, Mohammed, den Propheten, oder Buddha, den Erleuchteten. Aber der Glaube kann die historischen Bedingungen, die es diesen Männern ermöglichten, für große Teile der Menschheit Sache eines „ultimate concern" zu werden, nicht sicherstellen. Der Glaube schließt die Gewissheit über seine eigene Grundlage mit ein ᵛ⁻ zum Beispiel hinsichtlich eines Ereignisses in der Geschichte, das die Geschichte für die Gläubigen umgewandelt hatᵗᵛ. Aber der Glaube schließt das historische Wissen darüber, wie dieses Ereignis stattgefunden hat, nicht mit ein. Folglich kann der Glaube nicht durch die historische Forschung erschüttert werden, selbst dann nicht, wenn deren Ergebnisse hinsichtlich der Überlieferungen, die über das Ereignis berichten, bedenklich sind. Diese Unabhängigkeit der historischen Wahrheit ist eine der wichtigsten Folgerungen, die sich aus dem Verständnis des Glaubens als Zustand des „ultimate concern" ergibt. Es befreit die Gläubigen von einer Last, die sie nicht mehr tragen können, nachdem die Forderungen nach wissenschaftlicher Redlichkeit ihr Bewusstsein geprägt haben. Wenn diese Redlichkeit mit dem, was man „Glaubensgehorsam" genannt hat, in einem unvermeidlichen Konflikt stehen würde, so müsste Gott als in sich selbst gespalten betrachtet werden, als hätte er dämonische Züge; und bei einem solchen Anliegen würde es sich dann nicht um einen „ultimate concern" handeln, sondern um den Konflikt zwischen zwei begrenzten Anliegen. Ein solcher Glaube wäre letztendlich götzendienerisch.

4 Die Wahrheit des Glaubens und die philosophische Wahrheit

[114] Die Wahrheit des Glaubens kann weder durch die naturwissenschaftliche noch durch die historische Wahrheit bestätigt oder verneint werden. Und umgekehrt kann auch die naturwissenschaftliche oder die historische Wahrheit nicht durch die Wahrheit des Glaubens bestätigt oder verneint werden. Dann erhebt sich die Frage, ob die philosophische Wahrheit die gleiche Beziehung zur Glaubenswahrheit hat oder ob diese Beziehung verwickelter ist. Letzteres ist in der Tat der Fall. Überdies macht die Vielschichtigkeit der Beziehung zwischen der philosophischen Wahrheit und der Wahrheit des Glaubens auch die Beziehung der naturwissenschaftlichen und der historischen Wahrheit zur Wahrheit des Glaubens komplizierter, als es in den vorangegangenen Analysen den Anschein hatte. Das ist der Grund für die zahllosen Diskussionen zum Verhältnis von Glaube und Philosophie und für die landläufige Meinung, dass die Philosophie der Feind und Zerstörer des Glaubens sei. So sind selbst Theologen, die einen philosophischen Denkansatz verwendet haben, um den Glauben einer religiösen Gemeinschaft zum Ausdruck zu bringen, beschuldigt worden, den Glauben verraten zu haben.

[115] Die Schwierigkeit jeder Diskussion, die sich mit der Philosophie als solcher beschäftigt, besteht darin, dass in jeder Definition der Philosophie immer auch der Standpunkt des Philosophen zum Ausdruck kommt, der diese Definition vornimmt. Dennoch gibt es eine Art vorphilosophischer Übereinstimmung über die Bedeutung der Philosophie. Das Einzige, was man in einer Diskussion wie der

vorliegenden machen kann, ist, die vorphilosophische Auffassung dessen, was Philosophie ist, zu verwenden. In diesem Sinne ist Philosophie der Versuch, die allgemeinsten Fragen über die Natur der Wirklichkeit und der menschlichen Existenz zu beantworten. Die allgemeinsten Fragen sind jene Fragen, die nicht nach der Natur eines besonderen Bereichs der Wirklichkeit fragen (wie dem physikalischen oder dem historischen Bereich), sondern nach der Natur der Wirklichkeit, die in allen Bereichen wirksam ist. Philosophie versucht, die allgemeinen Kategorien zu finden, ʷin denen alles, was ist, erfahren wird; Philosophie beschäftigt sich mit der Struktur des Seins im universalen Sinneʷ.

Wird eine solche Auffassung der Philosophie vorausgesetzt, dann kann das Verhältnis der philosophischen Wahrheit zur Wahrheit des Glaubens bestimmt werden. Philosophische Wahrheit ist Wahrheit über die Struktur des Seins; die Wahrheit des Glaubens ist Wahrheit hinsichtlich des „ultimate concern" des Menschen. Bis zu diesem Punkt scheint das Verhältnis demjenigen zwischen der Wahrheit des Glaubens und der naturwissenschaftlichen Wahrheit recht ähnlich zu sein. Aber der Unterschied besteht darin, dass es zwischen dem Letztgültigen der philosophischen Frage und dem Letztgültigen des religiösen Anliegens einen Punkt der Identität gibt. In beiden Fällen wird letztgültige Wirklichkeit gesucht und ausgedrückt – auf begriffliche Weise in der Philosophie, auf symbolische Weise in der Religion. Philosophische Wahrheit besteht in wahren Begriffen hinsichtlich des Letztgültigen; die Wahrheit des Glaubens besteht in wahren Symbolen hinsichtlich des Letztgültigen. Somit ist das Verhältnis zwischen Begriff und Symbol das Problem, mit dem wir uns nun zu beschäftigen haben. [116]

Zweifellos wird sich die Frage stellen: Warum benutzt die Philosophie Begriffe, und warum benutzt der Glaube Symbole, wenn beide dasselbe Letztgültige auszudrücken versuchen? Die Antwort hierauf ist natürlich, dass das Verhältnis zum Letztgültigen in beiden Fällen nicht das Gleiche ist. Der Philosophie geht es im Prinzip um eine detachierte Beschreibung der grundlegenden Struktur, in der sich das Letztgültige manifestiert. Dem Glauben geht es im Prinzip um einen Ausdruck hinsichtlich der Bedeutung des Letztgültigen für den Gläubigen, bei dem dieser selbst immer auch involviert ist. Dieser Unterschied ist offensichtlich und grundlegend. Aber es ist ein Unterschied, der im wirklichen Leben der Philosophie und des Glaubens nicht aufrechterhalten wird, worauf der Ausdruck „im Prinzip" auch schon hinweist. Er kann nicht aufrechterhalten werden, weil der Philosoph ein Mensch mit einem „ultimate concern" ist, versteckt oder offen. Und der Gläubige ist ein Mensch mit dem Vermögen des Denkens und dem Bedürfnis nach begrifflicher Einsicht. Hierbei handelt es sich nicht nur um ein biographisches Faktum. Das hat Konsequenzen für das Leben der Philosophie beim Philosophen und für das Leben des Glaubens beim Gläubigen. [117]

[118]   Eine Analyse philosophischer Systeme, Abhandlungen und Fragmente aller Art macht deutlich, dass die Richtung, in der der Philosoph fragt, und die Präferenz, die er bestimmten Antwortmöglichkeiten gibt, durch kognitive Erwägungen und durch einen Zustand des „ultimate concern" bestimmt werden. Die historisch bedeutendsten Philosophien weisen nicht nur die größte Kraft des Denkens auf, sondern auch das leidenschaftlichste Anliegen hinsichtlich der Bedeutung des Letztgültigen, ˣdessen Manifestation im Universum sie beschreibenˣ. Das gilt fast ausnahmslos für die indischen und griechischen Philosophen, ebenso wie für die modernen Philosophen von Leibniz und Spinoza bis hin zu Kant und Hegel. Wenn es so aussieht, als wäre die positivistische Linie der Philosophie von Locke und Hume bis hin zum zeitgenössischen Logischen Positivismus eine Ausnahme von dieser Regel, dann sollte man bedenken, dass sich diese Philosophen auf bestimmte Probleme der Erkenntnistheorie und in unseren Tagen besonders der Analyse der linguistischen Werkzeuge naturwissenschaftlicher Erkenntnis beschränken. Dies ist zweifellos ein berechtigtes und auch sehr wichtiges Anliegen, ʸaber es ist nicht das, was traditionell Philosophie genannt wurde und was ein noch wichtigeres, wenngleich wagemutigeres und gefährlicheres Bemühen des menschlichen Geistes darstelltʸ.

[119]   In ihrer authentischen Bedeutung wird Philosophie von Leuten betrieben, bei denen die Leidenschaft eines „ultimate concern" mit der klaren und detachierten Beobachtung der Art und Weise verbunden ist, in der sich die letztgültige Wirklichkeit in den Prozessen des Universums manifestiert. Es ist dieses Element des „ultimate concern" hinter den philosophischen Ideen, das sie an der Glaubenswahrheit teilhaben lässt. Ihre Sicht des Universums und der Stellung des Menschen in der Welt vereint Glauben und begriffliche Arbeit. Philosophie ist nicht nur der Mutterschoß, aus dem Natur- und Geschichtswissenschaft hervorgegangen sind, sie ist vielmehr ein allgegenwärtiges Element innerhalb faktischer naturwissenschaftlicher und historischer Arbeit. Der Bezugsrahmen, in dem die großen Physiker die Gesamtheit ihrer Untersuchungen verortet sahen und immer noch sehen, ist philosophischer Natur, selbst wenn ihre Untersuchungen diesen bestätigen. Jedenfalls ist dieser Bezugsrahmen kein Ergebnis ihrer Entdeckungen, ᶻsozusagen selbst eine naturwissenschaftliche Entdeckungᶻ. Er resultiert immer aus einer Sicht hinsichtlich der Totalität des Seins, die bewusst oder unbewusst den Rahmen ihres Denkens bestimmt. Weil das so ist, darf man sagen, dass selbst in der naturwissenschaftlichen Sichtweise der Wirklichkeit ein Element des Glaubens wirksam ist. Zu Recht versuchen Naturwissenschaftler zu verhindern, dass diese Elemente des Glaubens und der philosophischen Wahrheit ihre Forschung stören. Das ist auch weitgehend möglich; aber selbst das abgesichertste Experiment ist nicht vollkommen „rein" – rein im Sinne des Ausschlusses störender Faktoren wie solche des Beobachters und des Interesses, das bei einem Experiment die Art der Fragestellung mitbestimmt, die an die Natur herangetra-

gen wird. Was wir über den Philosophen gesagt haben, muss auch über den Naturwissenschaftler gesagt werden. Auch in seiner wissenschaftlichen Arbeit bleibt er ein Mensch, der von einem „ultimate concern" ergriffen ist, und er stellt sich die Frage nach dem Universum als solchem, die philosophische Frage.

In gleicher Weise ist auch der Historiker bewusst oder unbewusst ein Philosoph. Es ist ziemlich offenkundig, dass die Arbeit des Historikers, wenn sie über das Auffinden von Fakten hinausgeht, abhängig ist von der Beurteilung historischer Faktoren, besonders hinsichtlich der Natur des Menschen, seiner Freiheit, seiner Determiniertheit, seiner natürlichen Evolution usw. Es ist weniger offenkundig, aber ebenso richtig, dass philosophische Voraussetzungen selbst beim Auffinden historischer Fakten eine Rolle spielen. Das gilt insbesondere hinsichtlich der Entscheidung darüber, welche Fakten aus der unendlichen Anzahl von Ereignissen aus jedem unendlich kleinen Zeitpunkt als historisch relevant angesehen werden sollen. Der Historiker ist ferner gezwungen, die Quellen und deren Verlässlichkeit zu beurteilen, eine Aufgabe, die nicht unabhängig ist von seiner Interpretation der menschlichen Natur. Schließlich werden die philosophischen Voraussetzungen der Geschichtswissenschaft in dem Augenblick offenkundig, in dem eine historische Studie implizit oder explizit Aussagen über die Bedeutung historischer Ereignisse für die menschliche Existenz macht. Wo es aber um Philosophie geht, geht es um den Ausdruck eines „ultimate concern"; dort findet sich ein Element des Glaubens, so verdeckt es auch durch die Leidenschaft des Historikers für reine Fakten sein mag. [120]

All diese Überlegungen zeigen, dass es in jeder Philosophie – trotz ihres wesentlichen Unterschieds – eine tatsächliche Einheit von philosophischer Wahrheit und der Wahrheit des Glaubens gibt und dass diese Einheit für die Arbeit des Naturwissenschaftlers und des Historikers von Bedeutung ist. Diese Einheit ist „philosophischer Glaube" ª(Jaspers)ª genannt worden. Der Ausdruck ist irreführend, da er die beiden Elemente, die philosophische Wahrheit und die Wahrheit des Glaubens, zu vermengen scheint. Außerdem scheint der Ausdruck anzudeuten, dass es nur *einen* philosophischen Glauben gibt, eine „philosophia perennis", wie sie auch genannt wurde. Jedoch kommt allein den philosophischen Fragen ein perennierender Charakter zu, nicht dagegen den Antworten. Es gibt einen fortwährenden Prozess der Interpretation von philosophischen Elementen und solchen des Glaubens, folglich gibt es nicht *einen* philosophischen Glauben. [121]

Es findet sich Wahrheit des Glaubens in der philosophischen Wahrheit. Und es findet sich philosophische Wahrheit in der Wahrheit des Glaubens. Um den letzten Punkt zu verstehen, muss man den begrifflichen Ausdruck philosophischer Wahrheit dem symbolischen Ausdruck der Glaubenswahrheit gegenüberstellen. Man kann sagen, dass die meisten philosophischen Begriffe mythologische Wurzeln haben und dass die meisten mythologischen Symbole begriffliche Elemente [122] enthalten, die herausgearbeitet werden können und müssen, sobald das philosophische Bewusstsein erwacht ist. In der Gottesidee sind die Begriffe des Seins, des Lebens, des Geistes, der Einheit und der Verschiedenheit enthalten. Im Schöpfungssymbol sind die Begriffe der Endlichkeit, der Angst, der Freiheit und der Zeit enthalten. Das Symbol von „Adams Fall" enthält den Begriff der essentiellen Natur des Menschen, seines Widerstreits mit sich selbst und seiner Entfremdung von sich selbst. „Theo-logie" ist nur möglich, weil jedes Symbol begriffliche Potentialitäten enthält. In diesem Sinne enthält jedes Glaubenssymbol eine Philosophie in sich. Aber der Glaube bestimmt nicht die Entwicklung philosophischen Denkens, ebenso wenig wie die Philosophie den Charakter des „ultimate concern" des Menschen bestimmt. Symbole des Glaubens können die Augen des Philosophen für Qualitäten des Universums öffnen, von denen er sonst keine Notiz genommen hätte. Aber der Glaube fordert keine bestimmte Philosophie, obwohl Kirchen und theologische Strömungen die platonische, aristotelische, kantische oder humesche Philosophie für sich in Anspruch genommen und verwendet haben. Die philosophischen Implikationen der Glaubenssymbole können in vielerlei Hinsicht entfaltet werden, aber die Wahrheit des Glaubens und die Wahrheit der Philosophie sind sich gegenseitig keine Autorität.

5 Die Wahrheit des Glaubens und ihre Kriterien

[123] In welchem Sinne kann man dann von der Wahrheit des Glaubens sprechen, wenn sie von keiner anderen Art von Wahrheit beurteilt werden kann, weder von der naturwissenschaftlichen noch von der historischen, noch von der philosophischen? Die Antwort folgt aus der Natur des Glaubens als des Zustands letztgültigen Ergriffenseins. Sie hat, wie der Begriff des Anliegens auch, zwei Seiten, eine subjektive und eine objektive. Die Wahrheit des Glaubens muss von beiden Seiten her betrachtet werden. Von der subjektiven Seite her muss man sagen, dass der Glaube dann wahr ist, wenn er einen „ultimate concern" angemessen ausdrückt. Von der objektiven Seite her muss man sagen, dass der Glaube dann wahr ist, wenn sein Inhalt das wahrhaft Letztgültige ist. Die erste Antwort anerkennt die Wahrheit in allen authentischen Symbolen und Glaubenstypen. Sie rechtfertigt die Religionsgeschichte und macht sie verständlich als eine Geschichte des „ultimate concern" des Menschen, als seine Antwort auf die Manifestation des Heiligen an vielen Orten in vielerlei Hinsicht. Die zweite Antwort weist auf ein letztgültiges Kriterium hin, durch das die Geschichte der Religion beurteilt wird, nicht hinsichtlich einer Ablehnung, sondern hinsichtlich eines Ja und eines Nein.

[124]   Glaube besitzt Wahrheit, wenn er einen „ultimate concern" angemessen ausdrückt. „Angemessenheit" des Ausdrucks bedeutet die Stärke, einen „ultimate

concern" auf eine solche Weise auszudrücken, dass er Antwort, Handeln und Kommunikation hervorruft. Symbole, die dies bewirken können, sind lebendig. Aber das Leben von Symbolen ist begrenzt. Die Beziehung des Menschen zum Letztgültigen unterliegt Veränderungen. Inhalte des „ultimate concern" schwinden dahin oder werden durch andere ersetzt. Eine göttliche Gestalt ist nicht mehr dazu in der Lage, eine Antwort hervorzurufen, sie hört damit auf, ein gemeinschaftliches Symbol zu sein, und verliert ihre Macht, zum Handeln zu bewegen. Symbole, die für einen bestimmten Zeitraum oder an einem bestimmten Ort für eine bestimmte Gruppe Glaubenswahrheit ausgedrückt haben, erinnern jetzt nur noch an den Glauben der Vergangenheit. Sie haben ihre Wahrheit verloren, und es ist eine offene Frage, ob abgestorbene Symbole wiederbelebt werden können. Vermutlich nicht in Bezug auf jene, für die sie als abgestorben gelten! Wenn wir von diesem Blickwinkel aus auf die Geschichte des Glaubens schauen, unser eigenes Zeitalter mit eingeschlossen, dann besteht das Kriterium des Glaubens darin, ob er noch lebendig ist oder nicht. Dies ist sicherlich kein genaues Kriterium in irgendeinem wissenschaftlichen Sinne, aber es ist ein pragmatisches Kriterium, das sehr einfach auf die Vergangenheit mit ihrer Fülle offensichtlich abgestorbener Symbole angewendet werden kann. Man kann es aber nicht so einfach auf die Gegenwart übertragen, weil man niemals sagen kann, dass ein Symbol definitiv abgestorben ist, solange es noch anerkannt wird. Es mag sich in einer Art Schlafzustand befinden, aus dem es aber auch wieder erweckt werden kann.

Bei dem anderen Kriterium der Wahrheit eines Glaubenssymbols geht es darum, [125] dass das Symbol auch das Letztgültige, das wahrhaft letztgültig ist, zum Ausdruck bringt. Mit anderen Worten: dass es nicht götzendienerisch ist. Im Lichte dieses Kriteriums steht die Geschichte des Glaubens insgesamt unter dem Gericht. Die Schwäche jedes Glaubens besteht in der Leichtigkeit, mit der er götzendienerisch werden kann. Calvin hat gesagt, dass der menschliche Geist eine Werkstatt sei, in der unentwegt Götzenbilder erzeugt würden. Das gilt für alle Typen des Glaubens. Selbst wenn das protestantische Christentum als der Ort angesehen wird, an dem die verschiedenen Typen konvergieren, so ist es doch auch offen für götzendienerische Verzerrungen. Es muss das Kriterium, das es gegenüber anderen Formen des Glaubens anwendet, auch auf sich selbst beziehen. Jeder Glaubenstyp hat die Tendenz, seine konkreten Symbole zu absoluter Gültigkeit zu erheben. Das Kriterium für die Wahrheit des Glaubens besteht deshalb darin, dass er ein Element der Selbstverneinung enthält. Dasjenige Symbol ist am angemessensten, das nicht nur das Letztgültige ausdrückt, sondern außerdem noch seinen eigenen Mangel an Letztgültigkeit. Das Christentum drückt sich selbst, im Gegensatz zu allen anderen Religionen, in solch einem Symbol aus, nämlich im Kreuz des Christus. Jesus hätte nicht der Christus sein können, wenn er sich nicht als Jesus aufgeopfert hätte für sich als den Christus. Jede Bejahung Jesu als des Christus, die nicht die Bejahung Jesu des Gekreuzigten einschließt, ist eine Form von Götzendienst, ᵇnämlich Jesulatrieᵇ. Der „ultimate concern" des Christen ist nicht Jesus, sondern der Christus Jesus, der als der Gekreuzigte offenbar wird. Das Ereignis, das dieses Symbol geschaffen hat, hat auch das Kriterium geliefert, durch das die Wahrheit des Christentums wie auch jeder anderen Religion beurteilt werden muss. Die einzig unfehlbare Wahrheit des Glaubens, d. h. diejenige, in der das Letztgültige selbst auf unbedingte Weise offenbar wird, besagt, dass jede Glaubenswahrheit unter dem Gericht ᶜeines Ja und eines Neinᶜ steht.

[126]   Von diesem Kriterium angetrieben, hat der Protestantismus die Römische Kirche kritisiert. Es waren nicht Lehrmeinungen, die die Kirchen im Zeitalter der Reformation gespalten haben; es war die Wiederentdeckung des Prinzips, dass keine Kirche das Recht hat, sich selbst an die Stelle des Letztgültigen zu setzen. Ihre Wahrheit wird vom Letztgültigen gerichtet, ᵈund sie ist selbst nicht letztgültig.ᵈ Auf die gleiche Weise hat die biblische Forschung im Protestantismus die verschiedenen Schichten der biblischen Literatur aufgewiesen sowie die Unmöglichkeit, daran festzuhalten, dass die Bibel ᵉals solcheᵉ die unfehlbare Glaubenswahrheit enthalte. Dasselbe Kriterium ist gültig in Bezug auf die gesamte Religions- und Kulturgeschichte. Das Kriterium enthält ein Ja – es verneint keine Glaubenswahrheit, in welcher Form sie auch in der Geschichte des Glaubens erscheinen möge –, und es enthält ein Nein – es anerkennt keine Glaubenswahrheit als letztgültig, außer der einen, dass kein Mensch sie besitzen kann. Die Tatsache, dass dieses Kriterium mit dem protestantischen Prinzip identisch ist und im Kreuz des Christus Wirklichkeit geworden ist, begründet die Überlegenheit des protestantischen Christentums.

VI Das Leben des Glaubens

1 Glaube und Mut

Alles, was in den vorausgehenden Kapiteln gesagt wurde, wurde hergeleitet aus [127] der Erfahrung wirklichen Glaubens, des Glaubens als einer gelebten Wirklichkeit oder, in metaphorischer Kurzform, des Glaubenslebens. Diese Erfahrung – ᶠdie Erfahrung des Glaubenslebensᶠ – ist Thema unseres letzten Kapitels. Die „Dynamik des Glaubens" ist nicht nur in den inneren Spannungen und Konflikten hinsichtlich des Glaubensinhalts gegenwärtig, sondern auch im Leben des Glaubens, und natürlich ist das eine vom anderen abhängig.

Wo es Glauben gibt, da gibt es auch eine Spannung zwischen Partizipation [128] und Trennung (*separation*), zwischen dem Gläubigen und seinem „ultimate concern". Wir haben die Metapher des „Ergriffenseins" (*being grasped*) verwendet, um den Zustand des „ultimate concern" zu beschreiben. Und Ergriffensein impliziert, dass derjenige, der ergriffen ist, und dasjenige, von dem er ergriffen ist, sozusagen an demselben Ort sind. Ohne irgendeine Partizipation an dem Objekt des „ultimate concern" ist es nicht möglich, von ihm ergriffen zu sein. In diesem Sinne setzt jeder Glaubensakt Partizipation an dem voraus, worauf er gerichtet ist. Ohne eine vorausgehende Erfahrung des Letztgültigen kann es keinen Glauben an das Letztgültige geben. Der mystische Glaubenstyp hat diesen Aspekt am stärksten betont. Hier liegt seine Wahrheit, die keine Theologie des „bloßen Glaubens" zerstören kann. Ohne die Offenbarung Gottes im Menschen sind die Frage nach Gott und der Glaube an Gott nicht möglich. Es gibt keinen Glauben ohne Partizipation!

Aber der Glaube würde aufhören, Glaube zu sein ohne Trennung – das ent- [129] gegengesetzte Element. Derjenige, der glaubt, ist vom Gegenstand seines Glaubens getrennt. Anderenfalls würde er diesen Gegenstand besitzen. Dieser wäre dann eine Sache unmittelbarer Gewissheit und keine Sache des Glaubens. Das Element des „Dennoch" würde dem Glauben fehlen. Aber die menschliche Situation, d. h. die Endlichkeit und Entfremdung, verhindern, dass der Mensch ohne die Trennung und ohne das ᵍParadoxonᵍ des Glaubens am Letztgültigen partizipieren kann. Hier wird die Grenze der Mystik sichtbar: Sie vernachlässigt die menschliche Situation und die Trennung des Menschen vom Letztgültigen. Es gibt keinen Glauben ohne Trennung.

Aus dem Element der Partizipation folgt die Gewissheit des Glaubens; aus [130] dem Element der Trennung folgt der Zweifel im Glauben. Und beide gehören wesenhaft zur Natur des Glaubens. Manchmal siegt die Gewissheit über den Zweifel, sie kann den Zweifel aber nicht beseitigen. Der Besiegte von heute kann zum Sieger von morgen werden. Manchmal siegt der Zweifel über den Glauben, aber der Zweifel enthält dann immer noch Glaube. Anderenfalls läge Gleichgültigkeit vor. Weder der Glaube noch der Zweifel können beseitigt werden, obwohl jeder von ihnen im Leben des Glaubens auf ein Minimum reduziert werden kann. Da das Leben des Glaubens Leben im Zustand des „ultimate concern" bedeutet und kein Mensch völlig ohne ein solches Anliegen existieren kann, können wir sagen: In Bezug auf den Menschen als Menschen können weder Glaube noch Zweifel beseitigt werden.

[131]   Glaube und Zweifel wurden auf solche Weise gegenübergestellt, dass die ruhige Gewissheit des Glaubens als die vollständige Beseitigung des Zweifels gepriesen wurde. Es gibt durchaus eine Gelassenheit des Lebens im Glauben jenseits der störenden Kämpfe zwischen Glaube und Zweifel. Einen solchen Zustand zu erreichen, ist ein natürlicher und berechtigter Wunsch jedes Menschen. Aber selbst wenn er erreicht wird – wie das bei Menschen der Fall ist, die als Heilige bezeichnet werden, oder bei solchen, die als unerschütterlich in ihrem Glauben beschrieben werden –, so fehlt das Element des Zweifels auch hier nicht, obwohl es überwunden ist. Nach Auskunft der Heiligenlegenden erscheint der Zweifel bei den Heiligen als eine Versuchung, die mit der Zunahme an Heiligkeit auch an Stärke zunimmt. Bei jenen, die in ihrem unerschütterlichen Glauben ruhen, sind Pharisäismus und Fanatismus unverkennbare Symptome unterdrückten Zweifels. Zweifel wird nicht durch Unterdrückung überwunden, sondern durch Mut. Der Mut verleugnet nicht, dass es Zweifel gibt, aber er nimmt den Zweifel als einen Ausdruck der eigenen Endlichkeit in sich auf und bejaht den Inhalt eines „ultimate concern". Mut hat nicht die Sicherheit einer unbezweifelbaren Überzeugung nötig. Er schließt das Wagnis mit ein, ohne welches kein schöpferisches Leben möglich ist. Wenn beispielsweise der Inhalt des „ultimate concern" Jesus der Christus ist, dann ist solch ein Glaube keine Sache zweifelsfreier Gewissheit, er ist eine Sache wagenden Mutes mit der Möglichkeit zu scheitern. Selbst wenn das Bekenntnis, dass Jesus der Christus ist, auf eine ʰsehrʰ überzeugende und entschiedene Weise ausgedrückt wird, so schließt die Tatsache, dass es sich hierbei um ein Bekenntnis handelt, Mut und Wagnis mit ein.

[132]   All dies betrifft den lebendigen Glauben, den Glauben als ein wirkliches Anliegen und nicht als eine traditionelle Haltung ohne Spannungen, ohne Zweifel und ohne Mut. Die letztere Form des Glaubens, die sich in der Haltung vieler Mitglieder der Kirchen wie auch der Gesellschaft insgesamt ausdrückt, ist von dem dynamischen Charakter des Glaubens, wie er in diesem Buch beschrieben wird, weit entfernt. Man könnte sagen, dass solch ein konventioneller Glaube ein totes Überbleibsel früherer Erfahrungen eines „ultimate concern" ist. Er ist tot, aber er kann wieder lebendig werden. Denn selbst ein undynamischer Glaube lebt in Symbolen. In diesen Symbolen ist die Kraft ursprünglichen Glaubens immer

noch enthalten. Deshalb sollte man die Bedeutung des Glaubens als eine traditionelle Haltung nicht unterschätzen. Dieser ist kein aktueller Glaube, kein lebendiger Glaube; er ist potentieller Glaube, der aktuell werden kann. Dies ist besonders relevant für die Erziehung. Es ist nicht sinnlos, Kindern oder Heranwachsenden objektive Glaubenssymbole und damit Ausdrucksformen des lebendigen Glaubens früherer Generationen zu vermitteln. Die Gefahr dieser Methode besteht natürlich darin, dass der Glaube, der in der Erziehung vermittelt wird, eine traditionelle Haltung bleiben und niemals zu einem Zustand lebendigen Glaubens durchbrechen wird. Wenn dies jedoch bewirkt, dass Menschen zögerlich werden hinsichtlich der Vermittlung irgendwelcher gegebenen Symbole und damit warten, bis eigenständige Fragen über den Sinn des Lebens aufgetreten sind, so kann dies zwar zu einem ˈsehrˈ kraftvollen Glaubensleben führen, aber ebenso zu Leere und Zynismus, und als Reaktion darauf zu götzendienerischen Formen des „ultimate concern".

Lebendiger Glaube schließt den Zweifel an sich selbst mit ein, den Mut, [133] diesen Zweifel in sich aufzunehmen, und das Wagnis des Mutes. In jedem Glauben gibt es ein Element unmittelbarer Gewissheit, das Zweifel, Mut und Wagnis nicht unterworfen ist – das unbedingte Anliegen selbst. Es wird in Leidenschaft, Angst, Verzweiflung und Ekstase erfahren. Aber es wird niemals isoliert von einem konkreten Inhalt erfahren. Es wird in, mit und durch den konkreten Inhalt erfahren, und allein der analytische Verstand kann es theoretisch isolieren. Eine solche theoretische Isolierung ist die Grundlage dieses ganzen Buches; es ist der Weg zur Definition des Glaubens als „ultimate concern". Aber das Glaubensleben selbst schließt solch eine analytische Arbeit nicht mit ein. Deshalb richtet sich der Zweifel am konkreten Inhalt des „ultimate concern" gegen den Glauben in seiner Ganzheit, und der Glaube als ganzheitlicher Akt muss sich selbst aufgrund des Mutes bejahen.

Der Gebrauch des Begriffs „Mut" bedarf in diesem Zusammenhang einer ge- [134] wissen Erläuterung (ich habe das vollständig dargelegt in meinem Buch „Der Mut zum Sein"), besonders hinsichtlich seiner Beziehung zum Glauben. Kurz formuliert könnte man sagen, dass der Mut dasjenige Element im Glauben ist, das sich auf das Wagnis bezieht. Man kann den Glauben nicht durch Mut ersetzen, aber man kann den Glauben auch nicht ohne Mut erläutern. In der mystischen Literatur wird die „Schau Gottes" als das Stadium beschrieben, das den Zustand des Glaubens entweder nach dem irdischen Leben oder in seltenen Momenten des irdischen Lebens transzendiert. In der vollkommenen Wiedervereinigung mit dem göttlichen Grund des Seins wird das Element der Distanz überwunden und damit zugleich auch Ungewissheit, Zweifel, Mut und Wagnis. Das Endliche wird in das Unendliche aufgenommen; es wird nicht ausgelöscht, aber es ist auch nicht von ihm getrennt. Dies ist nicht die normale Situation des Menschen. Zum Zustand der getrennten

Endlichkeit gehören der Glaube und der Mut zum Wagnis. Das Wagnis des Glaubens bezieht sich auf den konkreten Inhalt des „ultimate concern". Aber es kann sein, dass es sich hierbei nicht um das wahrhaft Letztgültige handelt, von dem man ergriffen ist. Religiös gesprochen bedeutet dies, dass der Glaube ein götzendienerisches Element enthalten kann. Dabei kann es sich um das eigene Wunschdenken handeln, das den Inhalt bestimmt; es kann sich um das Interesse einer sozialen Gruppe handeln, das uns in einer veralteten Tradition festhält; es kann sich um ein Stück Wirklichkeit handeln, das nicht genügt, um den „ultimate concern" zum Ausdruck zu bringen, wie das im alten oder neuen Polytheismus der Fall ist; es kann sich um den Versuch handeln, das Letztgültige für seine eigenen Zwecke zu gebrauchen, wie in den magischen Praktiken und Gebeten in allen Religionen. Es kann sich um die Verwechslung des Trägers des Letztgültigen mit dem Letztgültigen selbst handeln. Dies geschieht in allen Glaubenstypen, und es ist von den ersten Geschichten der Evangelien an die ständige Gefahr des Christentums gewesen. Ein Protest gegen solch eine Verwechslung findet sich im vierten Evangelium, wenn es Jesus sagen lässt: „Wer an mich glaubt, glaubt nicht an mich, sondern an den, der mich gesandt hat." [Joh 12,44] Aber selbst das klassische Dogma, die Liturgien und das Andachtsleben waren vor dieser Verwechslung nicht gefeit. Trotzdem darf der Christ den Mut haben, seinen Glauben an Jesus als den Christus zu bejahen. Er ist sich der Möglichkeit und auch der Unvermeidlichkeit götzendienerischer Abirrungen bewusst, aber ebenso der Tatsache, dass im Bilde des Christus selbst das Kriterium gegen seinen götzendienerischen Missbrauch gegeben ist – das Kreuz.

[135] Von diesem Kriterium geht die Botschaft aus, die das Herzstück des Christentums ist und die den Mut ermöglicht, den Glauben an Christus zu bejahen, dass nämlich trotz aller Kräfte der Trennung zwischen Gott und Mensch diese von Seiten Gottes überwunden ist. Eine dieser Kräfte der Trennung ist der Zweifel, der den Mut daran zu hindern versucht, den Glauben zu bejahen. In dieser Situation kann der Glaube dennoch bejaht werden, sofern die Gewissheit gegeben ist, dass selbst das Scheitern des Glaubenswagnisses einen nicht vom Letztgültigen trennen kann. Dies ist die einzig absolute Gewissheit des Glaubens, die dem einzig absoluten Inhalt des Glaubens entspricht, dass wir nämlich in Bezug auf das Letztgültige immer Empfangende und niemals Gebende sind. Wir sind niemals in der Lage, die unendliche Distanz zwischen dem Unendlichen und dem Endlichen von Seiten des Endlichen her zu überbrücken. Dies allein macht den Mut des Glaubens möglich. Wir können das Wagnis des Scheiterns, des Irrtums und der götzendienerischen Verzerrung auf uns nehmen, weil uns das Scheitern nicht von dem trennen kann, was unser „ultimate concern" ist.

2 Glaube und die Integration der Personalität

Die letzte Überlegung ist entscheidend für das Verhältnis des Glaubens zu den Problemen des menschlichen Lebens im Sinne der Personalität. Wenn Glaube der Zustand letztgültigen Ergriffenseins ist, dann werden ihm alle vorläufigen Anliegen untergeordnet. Der „ultimate concern" gibt allen anderen Anliegen, und damit der ganzen Personalität, Tiefe, Richtung und Einheit. Ein personales Leben, das diese Qualitäten besitzt, ist integriert, und die Kraft, die eine solche Integration der Personalität bewirkt, ist ihr Glaube. An dieser Stelle muss wiederholt werden, dass solch eine Behauptung absurd wäre, wenn Glaube das wäre, was er in seiner verzerrten Bedeutung ist, das Für-wahr-Halten (*belief*) von Dingen ohne Evidenz. Dennoch ist die Behauptung nicht absurd, sondern evident, wenn Glaube als „ultimate concern" verstanden wird. [136]

Der „ultimate concern" steht zu allen Seiten der Wirklichkeit und zu allen Seiten der menschlichen Personalität in Beziehung. ʲDas Letztgültige ist kein Gegenstand neben anderen, sondern es ist der Grund von allen anderen.ʲᵏUnd der Zustand letztgültigen Ergriffenseins ist nicht der Zustand eines besonderen Bereichs der menschlichen Personalität, sondern es ist der Zustand des Zentrums der Personalität, in dem alle Vermögen, Triebe und Kräfte der Person zusammenlaufen.ᵏ Da das Letztgültige der Grund von allem Seienden ist, ist der „ultimate concern" das integrierende Zentrum des personalen Lebens. Ohne „ultimate concern" zu sein, bedeutet, ohne Zentrum zu sein. Solch einem Zustand kann man jedoch nur nahe kommen, ihn aber niemals völlig erreichen, da ein Mensch, der vollständig eines Zentrums beraubt wäre, aufhörte, ein Mensch zu sein. Aus diesem Grund muss man sagen, dass es keinen Menschen ohne einen „ultimate concern" oder ohne Glauben gibt. [137]

Das Zentrum eint alle Elemente des menschlichen personalen Lebens, die körperlichen, die unbewussten, die bewussten und die geistigen. Am Akt des Glaubens partizipiert jede Nervenfaser des menschlichen Körpers, jede Strebung der menschlichen Seele, jede Funktion des menschlichen Geistes. Aber Körper, Seele und Geist sind keine drei verschiedenen Teile des Menschen. Sie sind vielmehr Dimensionen des menschlichen Seins, die immer ineinander liegen; denn der Mensch ist eine Einheit und nicht aus Teilen zusammengesetzt. Glaube ist daher auch keine Sache des Geistes allein, oder der Seele allein, im Gegensatz zum Geist und zum Körper, oder des Körpers allein (im Sinne eines Tierglaubens), sondern er ist die zentrierte Bewegung der ganzen Personalität in Richtung auf etwas hin, dem letztgültige Bedeutung und Tragweite zukommt. [138]

Beim „ultimate concern" handelt es sich um ein leidenschaftliches Anliegen; er ist Sache einer unendlichen Leidenschaft. Leidenschaft ist nicht möglich ohne körperliche Grundlage, selbst wenn es sich um die geistigste Leidenschaft han- [139]

delt. Der Körper partizipiert an jedem echten Glaubensakt, weil echter Glaube ein leidenschaftlicher Akt ist. Die Art und Weise, in der er partizipiert, ist vielfältig. Der Körper kann sowohl an der vitalen Ekstase partizipieren als auch an der Askese, die zur geistigen Ekstase führt. Ob es sich aber um vitale Erfüllung oder um vitale Einschränkung handelt, in beiden Fällen partizipiert der Körper am Leben des Glaubens. Das Gleiche gilt auch für die unbewussten Strebungen, die sogenannten Instinkte der menschlichen Psyche. Sie bestimmen die Wahl der Symbole und der Typen des Glaubens. Deshalb versucht jede Glaubensgemeinschaft, die unbewussten Strebungen ihrer Mitglieder zu formen, besonders diejenigen der neuen Generationen. Wenn sich der Glaube von jemandem in Symbolen ausdrückt, die seinen unbewussten Strebungen angemessen sind, dann hören diese Strebungen auf, chaotisch zu sein. Sie bedürfen keiner Unterdrückung, da sie eine „Sublimierung" erfahren haben und mit den unbewussten Aktivitäten der Person geeint sind. Der Glaube lenkt auch das bewusste Leben des Menschen, indem er ihm ein Zentralobjekt der „Kon-zentration" gibt. Die zerspaltenden Tendenzen des menschlichen Bewusstseins gehören zu den großen Problemen allen personalen Lebens. Wenn ein einendes Zentrum fehlt, dann kann die unendliche Vielfalt sowohl der begegnenden Welt als auch der inneren Tendenzen des menschlichen Geistes zu einer Desintegration der Personalität führen oder gar zu deren Auflösung. Es kann kein anderes einendes Zentrum geben ˡals das, was den Geist letztgültig ergreiftˡ. Es gibt verschiedene Wege, auf denen der Glaube das geistige Leben des Menschen einen und ihm ein dominierendes Zentrum vermitteln kann. Das kann durch Disziplin geschehen, die das tägliche Leben regelt; das kann durch Meditation und Kontemplation geschehen; das kann durch die Konzentration auf die alltägliche Arbeit oder auf ein bestimmtes Ziel oder einen anderen Menschen hin geschehen. In jedem Fall wird Glaube vorausgesetzt; keiner dieser Wege würde ohne Glauben gelingen. Die geistigen ᵐFunktionenᵐ des Menschen, sein künstlerisches Schaffen, sein wissenschaftliches Wissen, seine moralische Gestaltung und seine politische Organisation sind, bewusst oder unbewusst, Ausdrucksformen eines „ultimate concern". ⁿDas Letztgültige verleiht seiner Kreativität Sinn und Tiefe.ⁿ ᵒDas geistige Leben des Menschen in all seinen Dimensionen, die kulturelle Kreativität des Menschen in all ihrer Vielfalt wird getragen vom Glauben, von einem „ultimate concern", der sich in vorläufigen kulturellen Anliegen ausdrückt, der diesen Leidenschaft und schöpferischen *Eros* verleiht, durch die sie in der Tiefe unerschöpflich werden und geeint hinsichtlich des Ziels.ᵒ

[140]   Wir haben gezeigt, wie der Glaube alle Elemente des personalen Lebens bestimmt und eint, wie und warum er dessen integrierende Kraft ist. Auf diese Weise haben wir ein Bild davon gezeichnet, was der Glaube bewirken kann ᵖund wesensmäßig immer bewirktᵖ. Aber wir haben in dieses Bild noch nicht die Kräfte

der Desintegration und der Krankheit eingezeichnet, die den Glauben daran hindern, ein völlig integriertes Leben zu schaffen, selbst bei jenen, die die Kraft des Glaubens am hervorragendsten verkörpern, wie bei den Heiligen, den großen Mystiker und den prophetischen Persönlichkeiten. Der Mensch ist immer nur fragmentarisch integriert, und er besitzt in allen Dimensionen seines Seins Elemente der Desintegration oder Krankheit.

Man kann auch sagen, dass die integrierende Kraft des Glaubens heilende Kraft (*healing power*) besitzt. Diese Behauptung muss jedoch erläutert werden hinsichtlich sprachlicher und tatsächlicher Verzerrungen des Verhältnisses von Glaube und Heilung. Sprachlich (und auch inhaltlich) muss man die integrierende Kraft des Glaubens von dem unterscheiden, was „Glaubensheilung" („*faith healing*") genannt worden ist. So wie der Begriff derzeit verwendet wird, ist mit Glaubensheilung der Versuch gemeint, andere oder sich selbst zu heilen mit Hilfe geistiger Konzentration auf die heilende Kraft in anderen oder in sich selbst. Solche heilende Kraft findet sich in der Natur und im Menschen, und sie kann durch geistige Akte gestärkt werden. In einem nicht abwertenden Sinne könnte man hier vom Gebrauch magischer Kraft sprechen; und zweifellos spielt heilende Magie sowohl in zwischenmenschlichen Beziehungen als auch im Verhältnis zu sich selbst eine Rolle. Sie ist eine alltägliche Erfahrung, und zuweilen ist man über ihre Stärke und ihren Erfolg überrascht. Aber man sollte für sie nicht das Wort „Glaube" verwenden, und man sollte sie auch nicht mit der integrierenden Kraft eines „ultimate concern" vermengen. [141]

Die integrierende Kraft des Glaubens in einer konkreten Situation hängt von subjektiven und objektiven Faktoren ab. Der subjektive Faktor bestimmt über das Maß, in dem eine Person offen ist für die Kraft des Glaubens, und darüber, wie stark und leidenschaftlich ihr „ultimate concern" ist. Solche Offenheit meint das, was die Religion als „Gnade" bezeichnet. Sie wird geschenkt und kann nicht absichtlich erzeugt werden. Der objektive Faktor bestimmt über das Maß, in dem ein Glaube seine götzendienerischen Elemente besiegt hat, und darüber, ob er auf das wahrhaft Letztgültige gerichtet ist. Götzendienerischer Glaube hat eine ganz bestimmte Dynamik: Er kann äußerst leidenschaftlich sein und eine integrierende Kraft ausüben mit vorläufigem Charakter. Er kann die Personalität heilen und einen, ihre Seele und ihren Körper mit eingeschlossen. Die Götter des Polytheismus haben heilende Kraft erkennen lassen, nicht nur auf eine magische Art und Weise, sondern auch hinsichtlich einer echten Reintegrierung. Die Gegenstände des modernen, säkularen Götzendienstes, wie die Nation und der Erfolg, haben heilende Kraft erkennen lassen, nicht nur aufgrund der magischen Faszination eines Führers, einer politischen Parole oder einer Verheißung, sondern auch aufgrund der Erfüllung von Strebungen hinsichtlich eines sinnvollen Lebens, die anderenfalls unerfüllt geblieben wären. Aber die Grundlage dieser Integration ist [142] zu schmal. Der götzendienerische Glaube bricht früher oder später zusammen, und das Leiden wird schlimmer als zuvor. Das eine, begrenzte Element, das zur Letztgültigkeit erhoben wurde, wird von anderen begrenzten Elementen angegriffen. Der Geist ist gespalten, selbst wenn jedes dieser Elemente einen hohen Wert verkörpert. Die Erfüllung der unbewussten Antriebe hat keinen Bestand; sie werden unterdrückt oder brechen chaotisch hervor. Die Konzentration des Geistes schwindet, weil der Gegenstand der Konzentration seinen überzeugenden Charakter verloren hat. Die geistige Kreativität weist einen mehr und mehr oberflächlichen und nichtssagenden Charakter auf, weil ihr kein unendlicher Sinn Tiefe verleiht. Die Leidenschaft des Glaubens hat sich in das Erleiden unbewältigten Zweifels und in Verzweiflung verwandelt, in vielen Fällen sogar in eine Flucht in die Neurose und Psychose. Götzendienerischer Glaube hat mehr desintegrierende Kraft als die Gleichgültigkeit, gerade weil er Glaube ist und eine vorläufige Integration erzeugt. Dies ist die extreme Gefahr fehlgeleiteten, götzendienerischen Glaubens und der Grund dafür, weshalb der prophetische Geist in erster Linie der Geist ist, der gegen die götzendienerische Verzerrung des Glaubens ankämpft.

[143]   Die heilende Kraft des Glaubens wirft die Frage nach ihrem Verhältnis zu anderen Kräften des Heilens auf. Wir haben bereits auf ein Element magischer Beeinflussung von Person zu Person hingewiesen, ohne auf die ärztliche Kunst, ihre wissenschaftlichen Voraussetzungen und ihre technischen Methoden Bezug zu nehmen. Es gibt eine Überschneidung aller Kräfte des Heilens, und keine von ihnen sollte eine exklusive Gültigkeit für sich beanspruchen. Trotzdem ist es möglich, jede von ihnen begrifflich auf eine besondere Aufgabe einzuschränken. Vielleicht kann man sagen, dass sich die heilende Kraft des Glaubens auf die ganze Personalität bezieht, unabhängig von irgendeiner besonderen Krankheit des Körpers oder des Geistes (*mind*), und dass sie auf positive oder negative Weise in jedem Moment des Lebens wirksam ist. Sie geht allen anderen Formen des Heilens voraus, geht mit ihnen einher und folgt ihnen nach. Aber sie genügt alleine nicht für die Entwicklung der Personalität. Aufgrund der Endlichkeit und Entfremdung ist der Mensch keine Ganzheit, sondern zerrissen in verschiedene Elemente. Jedes dieser Elemente kann unabhängig von den anderen Elementen zerfallen. Teile des Körpers können krank werden, ohne eine Geisteskrankheit zu bewirken; und der Geist kann krank werden ohne sichtbare körperliche Störungen. Bei einigen Formen seelischer Erkrankung, besonders bei der Neurose, und bei fast allen Formen körperlicher Krankheit kann das geistige Leben völlig gesund bleiben und sogar an Kraft gewinnen. Folglich muss die ärztliche Kunst immer da zur Anwendung kommen, wo solche Elemente, die vom Ganzen der Personalität abgetrennt sind, aufgrund äußerer oder innerer Ursachen desintegrierenden Charakter besitzen. Das gilt sowohl für den psychischen als auch für

den somatischen Bereich der Medizin. Zwischen diesen Formen des Heilens und der heilenden Kraft, die der Zustand des „ultimate concern" bewirkt, gibt es keinen Konflikt. Es ist auch offensichtlich, dass die medizinischen Formen, das Heilen des Seelisch-Geistigen mit eingeschlossen, keine Reintegrierung der Personalität als Ganzer bewirken können. Dazu ist allein der Glaube in der Lage. Die Spannung zwischen den medizinischen Formen des Heilens und der heilenden Kraft des Glaubens wäre beseitigt, wenn beide Seiten um ihre besonderen Aufgaben und Grenzen wüssten. Dann wären sie auch nicht über die dritte Form beunruhigt, die Heilung durch magische Konzentration auf die Kräfte des Heilens. Sie würden deren Hilfe annehmen, während sie gleichzeitig deren enorme Beschränkungen deutlich machen würden.

Es gibt so viele Typen integrierter Personalität, wie es Typen des Glaubens [144] gibt. ꟴEs gibt aber auch den Trend hin zu einem Typ der Integrationꟴ, der viele Merkmale der verschiedenen Typen personaler Integration vereint. Es war diese Art der Personalität, die vom frühen Christentum geschaffen und in der Geschichte der Kirche immer wieder verfehlt wurde. Ihr Charakter kann nicht allein vom Standpunkt des Glaubens aus beschrieben werden; er führt weiter zu den Fragen von Glaube und Liebe sowie von Glaube und Tun.

3 Glaube, Liebe und Tun

Seitdem der Apostel Paulus wegen seiner Lehre angegriffen wurde, dass es der [145] Glaube an die göttliche Vergebung und nicht das menschliche Tun ist, das den Menschen für Gott annehmbar macht, ist die Frage nach dem Verhältnis von Liebe und Tun auf vielfältige Weise gestellt und beantwortet worden. Die Frage und auch die entsprechende Antwort bedeuten etwas völlig anderes, je nachdem, ob der Glaube als Für-wahr-Halten (*belief*) von Dingen ohne Evidenz oder als Zustand letztgültigen Ergriffenseins verstanden wird. Im ersten Fall ist es selbstverständlich, jede direkte Abhängigkeit der Liebe und des Tuns vom Glauben zu bestreiten; im zweiten Fall sind Liebe und Tun im Glauben inbegriffen und können nicht von ihm getrennt werden. Trotz aller Verzerrungen hinsichtlich der Interpretation des Glaubens ist das Letztere die klassische Lehre, wie unangemessen sie auch immer ausgedrückt wurde.

Man ist von etwas nur dann letztgültig ergriffen, wenn man essentiell zu ihm [146] gehört und existentiell von ihm getrennt ist. Wir haben gesehen, dass es in der seligen Schau Gottes keinen Glauben gibt. Aber es besteht ein unendliches Interesse an der Möglichkeit, zu solch einer seligen Schau Gottes zu gelangen. Sie setzt die Wiedervereinigung des Getrennten voraus; der Drang nach der Wiedervereinigung des Getrennten ist Liebe. Das Anliegen des Glaubens ist identisch mit dem Verlangen der Liebe: die Wiedervereinigung mit dem, zu dem man gehört und von dem man entfremdet ist. In dem großen Gebot des Alten Testaments, das durch Jesus bestätigt wird, ist Gott das Objekt des „ultimate concern" und auch das Objekt der unbedingten Liebe. Hiervon wird die Liebe abgeleitet, die auf das geht, was Gottes ist, also die Liebe zum Nächsten und zu sich selbst. Daher sind es die „Furcht Gottes" und die „Liebe Christi", die in der gesamten biblischen Literatur das Verhalten zum anderen Menschen bestimmen. Im Hinduismus und Buddhismus ist es der Glaube an das höchste Eine, aus dem jedes Seiende kommt und zu dem es zurückzukehren strebt, was die Partizipation am Anderen bestimmt. Das Bewusstsein einer letzten Identität im Einen macht die Identifikation mit allem Seienden möglich und notwendig. Das ist nicht der biblische Begriff der Liebe, der auf die Person zentriert ist, aber es ist Liebe im Sinne des Verlangens nach der Wiedervereinigung mit dem, zu dem man gehört. In beiden Typen der Liebe werden Liebe und Tun nicht ͬgefordertͬ als etwas, das dem Glauben äußerlich ist (wie das der Fall wäre, wenn der Glaube weniger wäre als „ultimate concern"), sondern sie sind Elemente des Anliegens selbst. Die Trennung von Glaube und Liebe ist immer die Folge eines Verfalls der Religion. Als das Judentum zu einem System ritueller Gesetze wurde, als sich die indischen Religionen zu einem magischen Sakramentalismus entwickelten, als das Christentum beiden Verzerrungen verfiel und diesen auch noch einen dogmatischen Legalismus hinzufügte, wurde die Frage des Verhältnisses von Glaube und Liebe für die Menschen innerhalb und außerhalb dieser Religionen zu einem Stolperstein, und viele wendeten sich nichtreligiösen Formen der Ethik zu.

[147] Sie versuchten, den verzerrten Formen des Glaubens zu entrinnen, indem sie den Glauben insgesamt zurückwiesen. Aber die Frage ist: Gibt es überhaupt so etwas wie Liebe ohne Glaube? Zweifellos gibt es Liebe ohne die Bejahung von Lehren; die Geschichte hat gezeigt, dass die schrecklichsten Verbrechen gegen die Liebe im Namen von fanatisch verteidigten Lehren verübt wurden. Glaube als eine Reihe leidenschaftlich anerkannter und verteidigter Lehren erzeugt keine Akte der Liebe. Aber Glaube als Zustand letztgültigen Ergriffenseins schließt Liebe mit ein, nämlich das Verlangen und den Drang nach der Wiedervereinigung des Getrennten.

[148] Dennoch bleibt die Frage bestehen, ob Liebe ohne Glauben möglich ist oder nicht. Kann ein Mensch, der keinen „ultimate concern" hat, lieben? So muss die Frage richtig lauten. Die Antwort hierauf lautet natürlich, dass es keinen Menschen ohne einen „ultimate concern" gibt, und in diesem Sinne auch nicht ohne Glauben. Selbst wenn sie verborgen ist, ist die Liebe in jedem Menschen vorhanden; denn jeder Mensch sehnt sich nach der Vereinigung ˢmit dem, von dem er letztgültig ergriffen ist und das, wie sein Anliegen beweist, zu ihm gehörtˢ.

Wir haben die Verzerrungen der Bedeutung des Glaubens erörtert. Es ist genauso notwendig, wenn auch unmöglich in unserem begrenzten Rahmen, Fehlinterpretationen der Bedeutung der Liebe zurückzuweisen. Eine von ihnen muss jedoch erwähnt werden: die Reduktion der Liebe auf ein Gefühl. Das Gefühl ist mit der Erfahrung der Liebe ʲnoch offensichtlicherʲ verbunden als mit dem Glauben. Aber das macht die Liebe selbst noch nicht zu einem Gefühl. Liebe ist die Macht im Grund von allem Seienden, die dieses über sich hinaustreibt zur Wiedervereinigung mit dem Anderen und schließlich mit dem Grund selbst, von dem es getrennt ist. [149]

Es wurden verschiedene Typen der Liebe unterschieden, und *Eros*, der griechische Begriff für Liebe, ist der *Agape*, dem christlichen Begriff der Liebe, gegenübergestellt worden. *Eros* wird beschrieben als das Verlangen nach Selbsterfüllung durch das andere Seiende, *Agape* als der Wille zur Selbsthingabe zuliebe des anderen Seienden. Aber diese Alternative existiert nicht. Die sogenannten „Typen der Liebe" sind in Wirklichkeit „Qualitäten der Liebe", die ineinander liegen und die nur in ihrer verzerrten Form zu Konflikten geführt haben. Keine Liebe ist wahr ohne eine Einheit von *Eros* und *Agape*. *Agape* ohne *Eros* ist Gehorsam gegenüber einem moralischen Gesetz, ohne Wärme, ohne Verlangen, ohne Wiedervereinigung. *Eros* ohne *Agape* ist chaotisches Verlangen, das die Gültigkeit des Anspruchs des Anderen verneint, als ein unabhängiges Selbst anerkannt zu werden, das in der Lage ist, zu lieben und geliebt zu werden. Liebe als Einheit von *Eros* und *Agape* ist eine Folge des Glaubens. Je mehr Liebe er enthält, desto mehr hat der Glaube seine dämonisch-götzendienerischen Möglichkeiten überwunden. Ein götzendienerischer Glaube, der ein vorläufiges Anliegen zur Letztgültigkeit erhebt, steht allen anderen vorläufigen Anliegen gegenüber und schließt damit Liebesverbindungen zwischen den Repräsentanten gegensätzlicher Ansprüche aus. Der Fanatiker kann das nicht lieben, wogegen sich sein Fanatismus richtet. Und götzendienerischer Glaube ist notwendigerweise fanatisch. ᵘ„Er muss die Zweifel durch Unterdrückung überwinden"ᵘ, die mit der Erhebung von etwas Vorläufigem zu Letztgültigkeit verbunden sind. [150]

Die unmittelbare Ausdrucksform der Liebe ist das Tun. Theologen haben die Frage erörtert, wie Glaube zum Tun führen kann. Die Antwort lautet: weil er Liebe mit einschließt und weil die Ausdrucksform der Liebe das Tun ist. Das Bindeglied zwischen Glaube und Werken ist die Liebe. Als die Reformatoren, die meinten, dass das Heil allein vom Glauben abhängig sei, die römisch-katholische Lehre, der zufolge Werke für das Heil notwendig sind, kritisierten, so bestritten sie zu Recht, dass irgendein menschliches Tun die Vereinigung mit Gott bewirken kann. Allein Gott kann das Entfremdete mit sich selbst wiedervereinen. Aber die Reformatoren erkannten nicht, ᵛwas den Katholiken immer noch dunkel bewusst warᵛ, dass die Liebe ein Element des Glaubens ist, wenn der Glaube als „ultimate [151] concern" verstanden wird. Glaube schließt Liebe mit ein, Liebe lebt in Werken: In diesem Sinne verwirklicht sich der Glaube in Werken. Wo es einen „ultimate concern" gibt, dort gibt es auch ein leidenschaftliches Verlangen, den Inhalt des „ultimate concern" zu verwirklichen. Der Begriff „concern" schließt per definitionem das Verlangen nach dem Tun mit ein. Die Art des Tuns ist natürlich vom Glaubenstyp abhängig. Der Glaube des ontologischen Typs treibt zur Überwindung der Trennung zwischen Seienden. Der Glaube des ethischen Typs treibt zur Transformation der entfremdeten Wirklichkeit. In beiden ist Liebe am Werk, ʷ"im ersten Fall die *Eros*-Qualität der Liebe, die zur Vereinigung mit dem Geliebten treibt hinsichtlich dessen, was jenseits von Liebendem und Geliebtem liegt, im zweiten Fall die *Agape*-Qualität der Liebe, die zur Annahme des Geliebten treibt"ʷ und zu seiner Transformation in das, was er der Möglichkeit nach ist. Mystische Liebe vereint durch Selbstverneinung. Ethische Liebe transformiert durch Selbstbejahung. Die Handlungen, die aus der mystischen Liebe hervorgehen, haben vorwiegend asketischen Charakter. Die Handlungen, die aus der ethischen Liebe hervorgehen, haben vorwiegend gestaltenden Charakter. In beiden Fällen bestimmt der Glaube die Art der Liebe und die Art des Tuns.

[152]   Diese Beispiele beschreiben eine Grundpolarität im Charakter des Glaubens. Es gibt noch viele andere Beispiele hierfür. Der lutherische Glaube an die persönliche Vergebung ist weniger auf soziales Handeln gerichtet als der calvinistische Glaube an die Ehre Gottes. Der humanistische Glaube an die wesenhafte Rationalität des Menschen ist für die allgemeine Erziehung und für die Demokratie förderlicher als der traditionelle christliche Glaube an die Erbsünde und an die dämonischen Strukturen der Wirklichkeit. Der protestantische Glaube an eine unvermittelte personale Begegnung mit Gott bringt mehr unabhängige Persönlichkeiten hervor als der katholische Glaube und seine kirchliche Mittlerschaft zwischen Gott und Mensch. Glaube als Zustand letztgültigen Ergriffenseins umfasst Liebe und bestimmt das Handeln. Er ist die elementare Kraft hinter beiden.

4 Die Gemeinschaft des Glaubens und ihre Ausdrucksformen

[153] In unserer Beschreibung der Natur des Glaubens haben wir gezeigt, dass der Glaube nur wirklich ist in einer Gemeinschaft des Glaubens, oder genauer gesagt, in einer Sprachgemeinschaft des Glaubens. Die Betrachtung von Liebe und Glaube hat in die gleiche Richtung gewiesen: Liebe ist im Glauben inbegriffen, nämlich als das Verlangen zur Wiedervereinigung des Getrennten. Das macht den Glauben zu einer Sache der Gemeinschaft. Da der Glaube zum Handeln führt und Handeln Gemeinschaft voraussetzt, verwirklicht sich der Zustand des „ultimate

concern" schließlich nur innerhalb einer Gemeinschaft des Handelns ˣaus dem Glaubenˣ.

Die Probleme, die sich in Bezug auf Glaube und Zweifel aus dieser Situation ergeben, wurden erörtert. Aber die bekenntnishaften Ausdrucksformen, auf die sich diese Erörterung bezog, sind von untergeordneter Bedeutung, finden sich doch in einer Glaubensgemeinschaft grundlegendere Ausdrucksformen des „ultimate concern". Wie wir zuvor gesehen haben, sind alle Ausdrucksformen des „ultimate concern" symbolischer Natur, weil das Letztgültige nicht in nichtsymbolischen Begriffen ausgedrückt werden kann. Jedoch muss man zwei grundlegende Formen symbolischen Ausdrucks unterscheiden: die intuitive und die aktive; in traditionellen Begriffen: die mythische und die rituelle. Die Glaubensgemeinschaft konstituiert sich durch rituelle Symbole und interpretiert sich durch mythische Symbole. Beide sind voneinander abhängig: Was im Kultus praktiziert wird, das wird im Mythos imaginiert und umgekehrt. Es gibt keinen Glauben ohne diese beiden Arten der Selbstdarstellung. Selbst wenn die Nation oder der Erfolg der Inhalt des Glaubens ist, werden Riten und Mythen damit verbunden. Es ist bekannt, dass totalitäre Systeme ein durchdachtes System ritueller Handlungen und ein Verständnis für phantasievolle Symbole besitzen, die, so absurd sie auch sein mögen, den Glauben zum Ausdruck bringen, der dem ganzen System zugrunde liegt. Die totalitäre Gesellschaft drückt sich selbst in rituellen Handlungen und intuitiven Symbolen auf eine Weise aus, die viele Gemeinsamkeiten aufweist mit der Art und Weise, in der sich auch eine autoritäre religiöse Gruppe ausdrückt. Jedoch protestieren alle echten Religionen gegen die götzendienerischen Elemente, die vom politischen Totalitarismus ohne Einschränkung akzeptiert werden. [154]

Das Leben des Glaubens bedeutet Leben in der Gemeinschaft des Glaubens, nicht nur hinsichtlich der gemeinschaftlichen Aktivitäten und Institutionen, sondern auch hinsichtlich des Innenlebens ihrer Mitglieder. Sich von den Aktivitäten der Glaubensgemeinschaft abzusondern, bedeutet nicht notwendigerweise, sich von der Gemeinschaft selbst abzusondern. Es kann ein Weg sein (beispielsweise in freiwilliger Abgeschiedenheit), um den Geist, der das gemeinschaftliche Leben bestimmt, zu intensivieren. Oft kehrt derjenige, der sich in eine vorübergehende Abgeschiedenheit zurückgezogen hat, zu der Gemeinschaft zurück, deren Sprache er noch spricht und deren Symbole er erneuert. Denn es gibt kein Leben des Glaubens, und das trifft auch auf das Alleinsein des Mystikers zu, das nicht ein Leben in der Glaubensgemeinschaft wäre. Weiter gibt es da keine Gemeinschaft, wo es keine Gemeinschaft des Glaubens gibt. Es finden sich Gruppen, die durch ein gemeinsames Interesse zusammengehalten werden und die so lange eine Einheit bilden, wie das Interesse andauert. Es finden sich Gruppen, die auf natürliche Weise entstanden sind, wie Familien und Völker, und die eines natürlichen Todes sterben werden, wenn ihre Lebensbedingungen ver- [155]

schwinden. Keine dieser beiden Gruppen ist als solche eine Glaubensgemeinschaft. Ob eine Gruppe auf natürliche Weise entsteht oder aufgrund eines gemeinsamen Interesses, es handelt sich hierbei um eine vorübergehende Gruppe. Wenn die technischen oder biologischen Bedingungen ihres Daseins verschwinden, muss sie an ein Ende kommen. Für eine Glaubensgemeinschaft sind diese Bedingungen nicht entscheidend; die einzige Bedingung ihres Fortbestandes ist die Gültigkeit ihres Glaubens. Was auf einem „ultimate concern" beruht, ist nicht der Zerstörung durch vorläufige Anliegen und dem Ausbleiben ihrer Erfüllung ausgesetzt. Der erstaunlichste Beweis für diese Behauptung ist die Geschichte der Juden. Sie sind in der Menschheitsgeschichte der Beleg für den letztgültigen und unbedingten Charakter des Glaubens.

[156]   Wenn ihr symbolischer Charakter nicht verstanden wird, dann sind weder die ʸkultischenʸ noch die mythologischen Ausdrucksformen des Glaubens ᶻnachvollziehbarᶻ. Wir haben versucht, die verzerrenden Folgen des Buchstabenglaubens aufzuzeigen, und es kommt häufig vor, dass Mythos und Kultus, im Gegensatz zum Buchstabenglauben, als solche angegriffen und von einer Glaubensgemeinschaft fast gänzlich beseitigt werden. Der Mythos wird durch eine Religionsphilosophie ersetzt, der Kultus durch einen Kodex moralischer Forderungen. Es ist möglich, dass ein solcher Zustand ᵃfür eine gewisse Zeitᵃ Bestand hat, weil der ursprüngliche Glaube in ihm noch wirksam ist. Selbst die Verneinung der Ausdrucksformen des Glaubens verwirft nicht den Glauben als solchen – jedenfalls nicht zu Anfang. ᵇDies ist der Grund dafür, dassᵇ man auf eine nichtreligiöse Moral höherer Ordnung hinweisen und versuchen kann, die wechselseitige Abhängigkeit von Glaube und Moral ᶜzu durchbrechenᶜ. Diese Möglichkeit hat aber ihre Grenze. Denn jedes Moralsystem degeneriert ohne einen „ultimate concern", auf dem es basiert, zu einer Methode der Anpassung an soziale Forderungen, seien diese nun letztlich gerechtfertigt oder nicht. Und die unendliche Leidenschaft, die einen authentischen Glauben charakterisiert, verflüchtigt sich und wird ersetzt durch eine kluge Berechnung, die den leidenschaftlichen Angriffen eines götzendienerischen Glaubens nicht standhalten kann. Dies ist eine Beschreibung dessen, was sich in der westlichen Zivilisation in einem großen Umfang abgespielt hat. Verschleiert bleibt dies nur durch die Tatsache, dass bei vielen Vertretern des humanistischen Glaubens die moralische Kraft größer war und ist als bei den Mitgliedern einer religiös engagierten Gemeinschaft. Aber das ist ein vorübergehendes Stadium. Bei diesen Menschen findet sich immer noch Glaube, ein „ultimate concern" hinsichtlich der menschlichen Würde und der personalen Erfüllung. Es findet sich immer noch religiöse Substanz in ihnen, die jedoch in der nächsten Generation verkümmern kann, wenn der Glaube nicht erneuert wird. Dies ist aber nur möglich innerhalb einer Glaubensgemeinschaft unter dem stetigen Einfluss ihrer mythischen und kultischen Symbole.

Einer der Gründe, warum sich die unabhängige Moral gegen ihre religiösen [157] Wurzeln wendet, liegt an der verzerrten Bedeutung, die das Symbol und der Mythos in der Religionsgeschichte erhalten haben, die Geschichte der christlichen Kirchen mit eingeschlossen. Die rituellen Symbole des Glaubens wurden in magische Wirklichkeiten verfälscht, die angeblich so wirksam sind wie physikalische Kräfte, selbst wenn sie nicht in einem Glaubensakt als Ausdrucksformen des „ultimate concern" angenommen werden. Man schreibt ihnen eine heilige Kraft zu, die wirkt, wenn sich der Mensch ihrem Wirken nicht widersetzt. Diese abergläubische Interpretation des sakramentalen Aktes weckt den Protest der Humanisten und treibt sie zum Ideal einer Moral ohne Religion. Die Ablehnung sakramentalen Aberglaubens war einer der Kernpunkte des protestantischen Protestes. Aber der historische Protestantismus beseitigte aufgrund seines Protestes nicht nur den kultischen Aberglauben, sondern auch den echten Sinn des Rituals und der sakramentalen Symbole. Auf diese Weise hat der Protestantismus gegen seinen Willen die Entwicklung in Richtung einer unabhängigen Moral unterstützt. Aber der Glaube kann ohne Ausdrucksformen und ohne die personale Partizipation an ihnen nicht lebendig bleiben. Diese Einsicht hat den Protestantismus in unserem Zeitalter zu einer neuen Würdigung von Kult und Sakrament geführt. Ohne Symbole, in denen das Heilige als gegenwärtig erfahren wird, verflüchtigt sich die Erfahrung des Heiligen.

Das Gleiche gilt auch für den mythologischen Ausdruck des „ultimate concern". [158] Wenn der Mythos buchstäblich verstanden wird, dann muss die Philosophie ihn als absurd ablehnen. Sie muss dann die heiligen Geschichten „entmythologisieren", den Mythos in eine Religionsphilosophie umgestalten und schließlich in eine Philosophie ohne Religion. Aber wenn der Mythos als der symbolische Ausdruck des „ultimate concern" verstanden wird, dann ist er die ᵈfundamentalsteᵈ Schöpfung jeder religiösen Gemeinschaft. Er kann nicht ersetzt werden durch ᵉeine Philosophieᵉ ᶠund noch wenigerᶠ durch einen unabhängigen Moralkodex.

Kultus und Mythos halten den Glauben lebendig. Niemand kommt völlig ohne [159] sie aus; denn niemand kommt völlig ohne einen „ultimate concern" aus. Nur wenige verstehen ihren Sinn und ihre Macht, obwohl das Leben des Glaubens von ihnen abhängt. Sie drücken den Glauben einer Gemeinschaft aus und bewirken bei den Mitgliedern der Gemeinschaft einen personalen Glauben. Ohne sie und ohne die Gemeinschaft, in denen sie verwendet werden, würde der Glaube verschwinden, und die „ultimate concerns" des Menschen würden untertauchen. Dann käme die kurze Zeit der unabhängigen Moral.

5 Die Begegnung von Glaube mit Glaube

[160] Es gibt viele Glaubensgemeinschaften, nicht nur im religiösen Bereich, sondern auch in der säkularen Kultur. In unserer gegenwärtigen Welt stehen die meisten von ihnen miteinander in Verbindung und weisen gegenseitig überwiegend eine tolerante Haltung auf. Aber es gibt einige wichtige Ausnahmen, und es kann gut sein, dass deren Zahl unter den politischen und sozialen Zwängen unseres Zeitalters anwachsen wird. Ausnahmen sind in erster Linie die säkular-politischen Typen des Glaubens. Diese umfassen nicht nur die totalitären, sondern, als Reaktion darauf oder in Abwehr ihnen gegenüber, auch die demokratischen Typen des Glaubens. Es gibt auch Ausnahmen im religiösen Bereich, ᵍwieᵍ die offizielle Lehre der römischen Kirche hinsichtlich ihres exklusiven Besitzes der Wahrheit oder die negative Weise, in der der protestantische Fundamentalismus auf alle anderen Formen des Christentums und der Religion schaut. Intoleranz als ein charakteristisches Merkmal des Glaubens anzusehen, wird so leicht verständlich. Wenn Glaube der Zustand letztgültigen Ergriffenseins ist und wenn jeder „ultimate concern" sich konkret ausdrücken muss, dann partizipiert das besondere Symbol des „ultimate concern" an dessen Letztgültigkeit. Es partizipiert an dessen unbedingtem Charakter, obwohl es selbst nicht unbedingt ist. Diese Situation, die die Quelle des Götzendienstes ist, ist auch die Quelle der Intoleranz. Die eine Ausdrucksform des Letztgültigen verneint alle anderen Ausdrucksformen. Sie wird – nahezu unausweichlich – götzendienerisch und dämonisch. Das ist allen Religionen widerfahren, die die konkrete Ausdrucksform ihres „ultimate concern" ernst nehmen. Es ist auch dem Christentum widerfahren, obwohl sich das Symbol des Kreuzes gegen die Selbsterhebung einer konkreten Religion zu Letztgültigkeit richtet, das Christentum mit eingeschlossen. Die Überlegenheit der klassischen Mystik besteht darin, dass sie die konkrete Ausdrucksform des „ultimate concern" nicht ernst nimmt und darum das Set konkreter Symbole, auf das sich jede Religion gründet, überschreiten kann. Solch eine Gleichgültigkeit gegenüber der konkreten Ausdrucksform des Letztgültigen macht tolerant, aber ihr fehlt die Macht, die existentiellen Verzerrungen der Wirklichkeit umzugestalten. Im Judentum und im Christentum wird die Wirklichkeit im Namen des Gottes der Geschichte umgewandelt. Der exklusive Monotheismus der Propheten, der Kampf gegen die begrenzten Götter des Heidentums, die Botschaft universaler Gerechtigkeit im Alten und universaler Gnade im Neuen Testament – all dies machte das Judentum, den Islam und das Christentum intolerant gegenüber jeder Form von Götzendienst. Diese Religionen der Gerechtigkeit, der Geschichte und der Enderwartung konnten die mystische Toleranz Indiens nicht bejahen. Sie sind intolerant und können fanatisch und götzendienerisch werden. Das ist der Unter-

schied zwischen dem exklusiven Monotheismus der Propheten und dem transzendenten Monotheismus der Mystiker.

Die Frage lautet: Muss die Begegnung von Glaube mit Glaube entweder zu [161] einer Toleranz ohne Kriterien führen oder zu einer Intoleranz ohne Selbstkritik? Wenn der Glaube verstanden wird als Zustand letztgültigen Ergriffenseins, dann ist diese Alternative überwunden. Das Kriterium jedes Glaubens ist die Letztgültigkeit des Letztgültigen, die er auszudrücken sucht. Die Selbstkritik jedes Glaubens ist die Einsicht in die relative Gültigkeit der konkreten Symbole, in denen er erscheint.

Von hier aus kann die Bedeutung der Konversion verständlich werden. Der [162] Begriff „Konversion" besitzt Konnotationen, die seinen Gebrauch schwierig machen. Er kann das Erwachen aus einem Zustand bedeuten, in dem ein „ultimate concern" fehlt (oder genauer: verborgen ist), hin zu dessen offenem und bewusstem Gewahrwerden.

Konversion kann aber auch den Wechsel von einem Set von Glaubensüber- [163] zeugungen (*set of beliefs*) zu einem anderen bedeuten. Bei dieser Art von Konversion geht es nicht um den „ultimate concern". Sie kann erfolgen, oder sie kann nicht erfolgen. Sie ist nur dann bedeutsam, wenn in dem neuen Glauben (*belief*) die Letztgültigkeit des „ultimate concern" besser aufgehoben ist als in dem alten Glauben (*belief*). Wenn das der Fall ist, dann ist Konversion von großer Bedeutung.

ʰDer praktisch gesehen wichtigste Fallʰ einer Begegnung von Glaube mit [164] Glaube in der westlichen Welt ist die Begegnung des Christentums mit Formen säkularen Glaubens (*belief*). Denn der Säkularismus ist niemals ohne „ultimate concern"; deshalb ist die Begegnung mit ihm eine Begegnung von Glaube mit Glaube. In solch einer Begegnung sind zwei Wege der Situation angemessen und zwei nicht. Die beiden der Situation angemessenen Wege sind erstens die methodische Prüfung jener Elemente des Konflikts, denen man sich über eine Untersuchung annähern kann, und zweitens die Betrachtung jener Elemente des Konflikts, die zur Konversion führen. Die Verbindung dieser beiden Wege ist die angemessene Haltung bei der Begegnung von Glaube mit Glaube. Sie erkennt an, dass ein „ultimate concern" keine Sache von Argumenten ist, und sie gesteht zu, dass es in den Ausdrucksformen eines „ultimate concern" Elemente gibt, die auf einer rein kognitiven Ebene zu erörtern sind. In jedem Streit über die Symbole des Glaubens muss dieser zweifache Weg eingeschlagen werden. Dies würde den Fanatismus hinsichtlich der konkreten ⁱAusdrucksformenⁱ des Glaubens beenden und bestätigen, dass der Glaube eine Sache gesamtpersonaler Partizipation ist. Konversion ist keine Sache von ausschlaggebenden Argumenten, sondern sie ist eine Sache personaler Hingabe.

[165]   Die argumentative Seite liegt auf einer anderen Ebene. Wenn die Mission versucht, viele zur Konversion von einem Glauben zu einem anderen zu bewegen, dann versucht sie, die Einheit des Glaubens für die Menschheit insgesamt herbeizuführen. Niemand kann sicher sein, dass solch eine Einheit im Verlauf der Menschheitsgeschichte erreicht wird; niemand kann leugnen, dass solch eine Einheit zu allen Zeitaltern und an allen Orten das Verlangen und die Hoffnung der Menschheit ist. Aber es gibt keinen Weg, diese Einheit zu erreichen, außer man unterscheidet die Letztgültigkeit selbst von dem, in dem sich diese Letztgültigkeit ausdrückt. Der Weg zu einem universalen Glauben ist der alte Weg der Propheten, der Weg, der den Götzendienst auch Götzendienst nennt und ihn um des wahrhaft Letztgültigen willen ablehnt. Solch ein Glaube mag niemals in der Lage sein, sich in *einem* konkreten Symbol auszudrücken, obwohl es die Hoffnung jeder großen Religion ist, dass sie das allumfassende Symbol liefern wird, in dem der Glaube der Menschheit sich universal ausdrücken wird. Solch eine Hoffnung ist nur dann berechtigt, wenn sich eine Religion des bedingten und nicht letztgültigen Charakters ihrer eigenen Symbole bewusst bleibt. Das Christentum drückt dieses Bewusstsein in dem Symbol des „Kreuzes des Christus" aus – selbst wenn die christlichen Kirchen den Sinn dieses Symbols missachten, indem sie Letztgültigkeit ihrer eigenen partikularen Ausdrucksform der Letztgültigkeit zuschreiben. Aufgrund seiner radikalen Selbstkritik ist das Christentum am ehesten zur Universalität befähigt – solange es diese Selbstkritik als eine Macht in seinem eigenen Leben aufrechterhält.

Schlussbemerkung: Die Möglichkeit und Notwendigkeit des Glaubens heute

Der Glaube ist in jedem Zeitalter der Geschichte eine Realität. Diese Tatsache [166] beweist nicht, dass er eine essentielle Möglichkeit und Notwendigkeit ist. Er könnte – wie im Fall des Aberglaubens – eine aktuelle Verzerrung der wahren Natur des Menschen sein. Das meinen viele Menschen, die den Glauben ablehnen. Die Frage, die dieses Buch gestellt hat, lautet, ob solch eine Auffassung auf Einsicht oder auf Missverständnis beruht. Die Antwort ist unmissverständlich, dass die Ablehnung des Glaubens in einem völligen Missverständnis der Natur des Glaubens verwurzelt ist. Viele Formen dieses Missverständnisses, viele Entstellungen und Verzerrungen des Glaubens wurden erörtert. Glaube ist ein Begriff – und eine Wirklichkeit, die nur schwer zu begreifen und zu beschreiben ist. Beinahe jedes Wort, durch das der Glaube beschrieben worden ist – auch auf den vorangehenden Seiten –, ist offen für neue Missverständnisse. Das kann nicht anders sein, weil der Glaube kein Phänomen neben anderen ist, sondern das zentrale Phänomen im personalen Leben des Menschen, offenbar und verborgen zur gleichen Zeit. Er hat religiösen Charakter und transzendiert die Religion, er ist universal und konkret, er ist unendlich variabel und immer der gleiche. Glaube ist eine essentielle Möglichkeit des Menschen, und darum ist sein Vorkommen notwendig und universal. Er ist auch in unserem Zeitalter möglich und notwendig. Wenn Glaube als das verstanden wird, was er zentral ist, nämlich „ultimate concern", dann kann er nicht durch die moderne Wissenschaft oder irgendeine Art von Philosophie untergraben werden. Und er kann auch nicht diskreditiert werden durch seine abergläubischen Formen oder autoritären Verzerrungen innerhalb und außerhalb der Kirchen, Sekten und Bewegungen. Glaube gründet sich auf sich selbst und rechtfertigt sich selbst ⌊auch⌋ gegenüber jenen, die ihn angreifen, da sie ihn nur im Namen eines anderen Glaubens angreifen können. Es ist der Triumph der Dynamik des Glaubens, dass jede Verneinung des Glaubens selbst ein Ausdruck des Glaubens, eines „ultimate concern", ist.

Textkritischer Apparat

Abkürzungen:

A   Paul Tillich, Dynamics of Faith. Handschriftliches Manuskript, 271 S., amerikanisches Paul-Tillich-Archiv, Andover-Harvard Theological Library, Cambridge (Mass.): Papers, 1894–1974 / Series IV. Lecture notes etc., Box 72.
B   Paul Tillich, Dynamics of Faith. Typoskript, 113 S., amerikanisches Paul-Tillich-Archiv, Andover-Harvard Theological Library, Cambridge (Mass.): Papers, 1894–1974 / Series IV. Lecture notes etc., Box 72.
C   Paul Tillich, Dynamics of Faith, ed. by Ruth Nanda Anshen (= World Perspectives, Vol. 10), New York: Harper & Brothers Publishers 1957, xix u. 127 S.
D   Paul Tillich, Dynamics of Faith (= Perennial Classics), New York: HarperCollins Publishers 2001, 147 S.

Die von mir vorgenommenen Korrekturen anhand des handschriftlichen Manuskriptes (= A) beziehen sich auf den jeweils in eckigen Klammern angegebenen Abschnitt. Die entsprechenden Abweichungen hiervon im Typoskript (= B), der Ausgabe von 1957 (= C) und der Ausgabe von 2001 (=D) werden eigens vermerkt.

[2]	a-a	Korr. nach A 5 „respects"; B 2 / C 2 / D 2 „aspects".
	b-b	Korr. nach A 5 „the smallest concerns"; B 2 / C 2 / D 2 „the smallest concern".
	c-c	Korr. nach A 5 „was drawn into the control of the only god"; B 2 / C 2 / D 2 „control" fälschlich gelesen als „contact" und den Satz abgeändert in „Everything is centered in the only god".
	d-d	Korr. nach A 5 „proved"; B 2 / C 2 / D 2 „proves".
	e-e	Korr. nach A 5 „showed"; B 2 / C 2 / D 2 „shows".
[4]	f-f	Korr. nach A 8 „destruction"; B 3 / C 3 / D 3 fälschlich gelesen als „distinction" und abgeändert in „extinction".
[5]	g-g	Korr. nach A 9 „what is called ‚success' and what includes social standing and economic power"; B 3 / C 3 / D 4 „with success and with social standing and economic power".
	h-h	Korr. nach A 10 „wrong"; B 4 / C 3 / D 4 „misplaced".
[6]	i-i	Korr. nach A 10 „no matter by what"; B 4 / C 4 / D 4 gestrichen / ausgefallen.
[11]	j-j	Korr. nach A 17 „It arises on their basis and goes beyond – this basis."; B 6 / C 6 / D 7 gestrichen / ausgefallen.
	k-k	Korr. nach A 17 „And there is much of the past loves and hates"; B 7 / C 7 / D 7 f. „there are also past loves and hates".
[12]	l-l	Korr. nach A 19 / B 7 „and determines the will"; C 7 f. / D 8 „and is an act of the will".
[14]	m-m	Korr. nach A 22 „desires"; B 8 / C 9 / D 10 gestrichen / ausgefallen.
[16]	n-n	Korr. nach A 24 „Its character of being infinite, unconditional, ultimate. It is the ultimacy of the ultimate which carries the quality of divinity."; B 8 ist unklar; C 10 / D 11 „It is the element of the unconditional and of ultimacy. This carries the quality of divinity."

[18]	o-o	Korr. nach A 26 „There is no difference between finite realities in that which is experienced and meant as infinite."; B 9 / C 11 / D 12 gestrichen / ausgefallen.
[19]	p-p	Korr. nach A 29 / B 10 „the centered act of faith leads to a disruption of the personality"; C 12 / D 14 „the act of faith leads to a loss of the center and to a disruption of the personality".
[20]	q-q	Korr. nach A 31 „fascinosum"; B 11 / C 13 / D 15 „fascinans".
[21]	r-r	Korr. nach A 33 „is being identified"; B 12 / C 14 / D 15 „has become identified".
[22]	s-s	Korr. nach A 35 f. / B 13 „of religions and quasi religions (E. g. sacrifices of others or oneself, bodily or mentally, which are strongly ambiguous)"; C 15 / D 16 f. abgeändert in „of religions and quasi religions (sacrifices of others or one's bodily or mental self) which are strongly ambiguous".
[24]	t-t	Korr. nach A 39 „Faith, courage and doubt"; B 14 / C 16 / D 18 „courage" gestrichen / ausgefallen.
	u-u	Korr. nach A 39 „is acting"; B 14 / C16 / D 18 „participates".
	v-v	Korr. nach A 39 „Faith is certain insofar as the ultimate which is meant in the act of faith, is present in it."; B 14 / C 16 / D 18 ausgefallen.
[25]	w-w	Korr. nach A 40 „(Comp. my book ‚The Courage to Be')"; B 14 / C 17 / D 19 abgeändert in eine Fußnote „Cf. Paul Tillich, The Courage to Be. Yale University Press."
	x-x	Korr. nach A 41 „The risk to fail"; B 15 / C 17 / D 20 fälschlich gelesen als „The risk to faith".
[28]	y-y	Korr. nach A 46 „It does not expose itself to such a refutation – because"; dieser Satzteil fällt in B 17 / C 19 / D 22 aus.
[36]	z-z	Korr. nach A 62 „as e. g. the American Constitution"; B 24 / C 27 / D 31 „as in the American Constitution".
	a-a	Korr. nach A 62 / B 24 „doubt about the faith in such a basic law"; C 28 / D 31 „doubt about such a basic law".
[37]	b-b	Korr. nach A 64 „to the present pope"; B 25 / C 28 / D 32 „pope" ist ausgefallen.
	c-c	Korr. nach A 66 „even over that which lives under the sign of the Cross"; B 26 / C 29 / D 33 „and even over Christianity, though it has accepted the sign of the Cross".
[40]	d-d	Korr. nach A 71 „though never"; B 28 / C 32 / D 37 „but not".
	e-e	Korr. nach A 72 „But"; B 28 / C 32 / D 37 gestrichen / ausgefallen.
[41]	f-f	Korr. nach A 73 „which is supported by religious authorities in spite of its lack or low degree of evidence or in spite of its conflict with high degrees of scholarly evidence"; B 29 ist unklar; C 33 / D 38 „which has a low degree of evidence but is supported by religious authority".
[44]	g-g	In A 85 heißt es zwar eindeutig „Pragmatism", ebenso in B 32 / C 36 / D 42; das ist aber ein offensichtlicher Versehensfehler Tillichs. Dem ganzen Sinn entsprechend muss es hier selbstverständlich „Protestantism" heißen.
[47]	h-h	Korr. nach A 85 „Of course, feeling in this definition is not what we call so in popular psychological terms."; B 34 / C 38 / D 45 „Of course, feeling so defined does not mean in religion what it means in popular psychology."
[48]	i-i	Korr. nach A 86 „and moral education and organisation"; B 34 fälschlich gelesen als „and moral indication and organisation"; C 39 / D 45 abgeändert in „and technical organisation".

	j-j	Korr. nach A 86 / B 35 „progress"; C 39 / D 45 „activities".
[49]	k-k	Korr. nach A 87 „which could [not] and cannot accept"; B 35 / C 39 / D 46 „which could not accept".
	l-l	Korr. nach A 87 „even in those of their creations which they wanted to separate most radically from anything religious"; B 35 „even in their creations in which they wanted most radically to separate the religious"; C 40 / D 46 „even in those creations in which they wanted most radically to deny religion".
[54]	m-m	Korr. nach A 91 „for instance"; B 38 / C 42 / D 48 gestrichen / ausgefallen.
[55]	n	Korr. nach A 92 neuer Absatz; B 38 / C 42 / D 49 nicht berücksichtigt.
[57]	o-o	Korr. nach A 93 „to which I want to refer"; B 38 / C 43 / D 49 gestrichen / ausgefallen.
[58]	p-p	Korr. nach A 94 „But wherever genuine symbols appear, they all have the characteristics described. And so have the symbols of faith." B 39 / C 43 / D 50 gestrichen / ausgefallen.
[59]	q-q	Korr. nach A 95 „e. g."; B 39 / C 44 / D 50 gestrichen / ausgefallen.
	r-r	Korr. nach A 96 „If success is the ultimate concern, it is not the natural desire of actualizing one's potentialities but it is readiness"; B 39f. / C 44 / D 51 „Success as ultimate concern is not the natural desire of actualizing potentialities, but is readiness".
[60]	s-s	Korr. nach A 97 / B 40 „even if we call it God, has a symbolic character"; C 45 / D 51 „whether or not we call it God, has a symbolic meaning".
	t-t	Korr. nach A 98 „‚Only symbols?'"; B 40 / C 45 / D 52 „Only a symbol?"
[71]	u-u	Korr. nach A 114 „reactive"; B 47 / C 53 / D 61 „conscious".
	v-v	Korr. nach A 114 / B 47 „be silenced"; C 53 / D 61 „be answered".
	w-w	Korr. nach A 114 „reactive"; B 47 / C 53 / D 61 „conscious".
[73]	x-x	Korr. nach A 116 „e. g."; B 48 / C 54 / D 62 gestrichen / ausgefallen.
	y-y	Korr. nach A 117 „in which Christianity expresses itself"; B 48 / C 54 / D 62 gestrichen / ausgefallen.
	z-z	Korr. nach A 117 „of the concern about the really ultimate"; B 49 / C 54 / D 62 gestrichen / ausgefallen.
[74]	a-a	Korr. nach A 118 „of a special experience of faith with a special content of faith"; B 50 / C 55 / D 63 „of a special experience and content of faith".
	b-b	Korr. nach A 119 „But this cannot be the last word about the types of faith; they emphasize some aspects of faith in such a way that they claim ultimate validity for those aspects. In matters of ultimate concern only ultimate validity is sufficient."; B 50 „But this cannot be the last word about the types of faith; they emphasize some of its aspects in a way that claims ultimate validity for them."; C 55 / D 63 „But they also have a dynamic element. They claim ultimate validity for the special aspect of faith which they represent."
[76]	c-c	Korr. nach A 120 „One can"; B 50 / C 56 / D 64 „For example, one can".
	d-d	Korr. nach A 120 „This is the one element in man's encounter with that which concerns him ultimately, the holy."; B 51 / C 56 / D 64 gestrichen / ausgefallen.
	e-e	Korr. nach A 120 „and makes itself felt as present"; B 51 / C 56 / D 64 „and felt as present".
[78]	f-f	Korr. nach A 122 „Neither of them can be excluded from genuine faith."; B 51 / C 57 / D 65 gestrichen / ausgefallen.

g-g   Korr. nach A 122 „really"; B 52 / C 57 / D 65 gestrichen / ausgefallen.

h-h   Korr. nach A 122 „Every inadequate expression may mean missing the ultimate and being determined in one's whole existence by something that is less than ultimate although it has become a matter of ultimate concern."; B 52 / C 57 / D 65 „Man's faith is inadequate if his whole existence is determined by something that is less than ultimate."

i-i   Korr. nach A 123 „and the all embracing expression of it"; B 52 / C 57 / D 65 gestrichen / ausgefallen.

j-j   Korr. nach A 123 „in none more than in Christianity and"; B 52 / C 57 / D 66 gestrichen / ausgefallen.

[79] k-k   Korr. nach A 125 „most universal"; B 53 / C 58 / D 67 „most" gestrichen.

[80] l-l   Korr. nach A 127 „In another situation the observed may become the observer of the observer. Then he only can state that a correlation of faith is observable which may or may not be the same in which he had been observed."; B 54 / C 59 / D 67 gestrichen / ausgefallen.

m-m   Korr. nach A 127 „decided"; B 54 / C 59 / D 67 gestrichen / ausgefallen.

n-n   Korr. nach A 127 „in a special chapel of a cathedral"; B 54 / C 59 / D 67 gestrichen / ausgefallen.

o-o   Korr. nach A 127 „decided"; B 54 / C 59 / D 68 gestrichen / ausgefallen.

p-p   Korr. nach A 127 „he may go in the observed in the same act of faith"; B 54 / C 59 / D 68 „he may join the observed in the same act of faith".

[81] q-q   Korr. nach A 129 „as such"; B 55 / C 60 / D 69 ausgefallen.

r-r   Korr. nach A 129 „effective even besides the correlation of faith"; B 55 / C 60 / D 69 „effective in themselves".

s-s   Korr. nach A 130 „for faith"; B 56 / C 60 / D 69 gestrichen / ausgefallen.

[82] t-t   Korr. nach A 130 „and however else it has been called"; B 56 / C 60 / D 69 gestrichen / ausgefallen.

u-u   Korr. nach A 133 „complete"; B 57 / C 62 / D 71 gestrichen / ausgefallen.

v-v   Korr. nach A 134 „in"; B 57 / C 62 / D 71 „of".

[83] w-w   Korr. nach A 136 „the man"; B 58 / C 63 / D 72 „nor the man".

[84] x-x   Korr. nach A 140 „This is its weakness, the danger of its becoming empty, the limit of all secular humanism."; B 59 ist unklar; C 64 / D 74 „Its weakness and its danger are that it may become empty."

[85] y-y   Korr. nach A 140f. „The basic type of faith in all religions and cultures is the sacramental type, the experience of the holy here and now. Without this foundation no other type is possible, not even a secular one. But the inner tensions of this type drive beyond its limits to mysticism and ontological humanism on the one hand, to legalism and moral humanism on the other hand. There is no faith where there is no experience of the present holy. But faith transcends this basis in the two main directions we have distinguished, the ontological and the moral. We have discussed the sacramental attitude in connection with the ontological type of faith. This is necessary because the ontological affirmation of the presence of the holy is the precondition of the affirmation that the holy is also that which is demanding unconditionally and which, therefore, is infinitely removed from everything here and now, even the holiest of the holies."; B 60 / C 65 / D 74 ist dieser ganze Absatz gestrichen / ausgefallen.

[88]	z-z	„Their source is a matter of ultimate concern, the prophet; [...]." (A 143 / B 61 / C 66 / D 75) Ich beziehe hier „prophet" auf „source": „Ihre Quelle [...] ist der Prophet."
[89]	a-a	Korr. nach A 146 „religions in China, as Buddhism and Daoism"; B 62 / C 67 / D 76 f. „religions of Buddhism and Taoism".
	b-b	Korr. nach A 146 / B 62 „for the lack of religious resistance against the secular faith of communism"; C 67 / D 77 „for the easy victory of the secular faith of communism".
[92]	c-c	Korr. nach A 150 „It is fight for freedom"; B 64 / C 69 / D 79 „They fought for freedom".
	d-d	Korr. nach A 150 „which they carried on with ultimate concern"; B 64 / C 69 / D 79 gestrichen / ausgefallen.
[99]	e-e	Korr. nach A 162 „It makes the search of [...] possible"; B 69 / C 75 / D 87 „It is involved in the search of".
	f-f	Korr. nach A 162 „destroys the humanity of man, and with it itself"; B 69 / C 75 f. / D 87 „destroys itself and the humanity of man".
[100]	g-g	Korr. nach A 163 „when dealing with the universe including man himself as a piece of this universe"; B 69 / C 76 / D 87 „when dealing with the universe and with man himself".
[106]	h-h	Korr. nach A 175 „no right and"; B 73 / C81 / D 94 ausgefallen.
[107]	i-i	Korr. nach A 176 „removing from the realm of the really real quality, life, mind"; B 74 / C 82 / D 94 „denying the really real quality of life and mind".
	j-j	Korr. nach A 176 „as independent dimensions of being". Dieser Zusatz wurde zwar von Tillich selbst gestrichen, er ist aber sehr erhellend.
	k-k	Korr. nach A 177 „their"; B 74 / C 82 / D 94 gestrichen / ausgefallen.
[108]	l-l	Korr. nach A 177 „theological"; B 74 / C 83 / D 95 gestrichen / ausgefallen.
	m-m	Korr. nach A 178 „fact of"; B 75 / C 83 / D 95 gestrichen / ausgefallen.
[110]	n-n	Korr. nach A 181 „always"; B 76 / C 85 / D 97 gestrichen / ausgefallen.
	o-o	Korr. nach A 181 „very"; B 76 / C 85 / D 97 gestrichen / ausgefallen.
[112]	p-p	Korr. nach A 184 „History not only describes and explains, it also understands."; B 77 / C 86 / D 98 „History describes, explains, and understands."
	q-q	Korr. nach A 184 „and even identified"; B 77 / C 86 / D 99 gestrichen / ausgefallen.
	r-r	Korr. nach A 184 „that historical truth is a matter of faith or"; B 77 / C 86 / D 99 gestrichen / ausgefallen.
	s-s	Korr. nach A 184 „at least"; B 77 / C 86 / D 99 gestrichen / ausgefallen.
[113]	t-t	Korr. nach A 188 / B 79 „expectation"; C 88 fälschlich „exception"; D 101 verändert in „expectation".
	u-u	Korr. nach A 188 „because it answers the question of the ultimate in being and meaning"; B 79 / C 88 / D 101 „because the question of the ultimate in being and meaning is involved".
	v-v	Korr. nach A 190 „– e. g. an event in history which has transformed history for the faithful"; B 80 / C 89 / D 102 „– for example, an event in history which has transformed history – for the faithful".
[115]	w-w	Korr. nach A 193 „in which everything that is, is experienced; philosophy deals with the structure of being universally"; B 81 / C 90 / D 104 „in which being is experienced".

[118]	x-x	Korr. nach A 196 „whose manifestation in the universe they describe"; B 82 / C 93 / D 105 „whose manifestations they describe".
	y-y	Korr. nach A 197 „but it is not, what traditionally was called philosophy and what is an even more important, though more daring and more dangerous attempt of the human mind"; B 83 / C 92 / D 106 „but is not, philosophy in the traditional sense".
[119]	z-z	Korr. nach A 198 „so to speak a scientific discovery itself"; B 83 / C 93 / D 106 gestrichen / ausgefallen.
[121]	a-a	Korr. nach A 200 / B 84 „(Jaspers)"; C 94 / D 108 Fußnote „In the book of this name by Jaspers."
[125]	b-b	Korr. nach A 208 „namely Jesulatry"; B 87 fälschlich gelesen als „Jesuitry"; C 98 / D 112 ausgefallen.
	c-c	Korr. nach A 208 / B 88 „yes-and-no"; C 98 / D 112 fälschlich „yes-or-no"; MW V, 276 nach A u. B korrigiert.
[126]	d-d	Korr. nach A 209 „and [is] not ultimate itself."; B 88 / C 98 / D 113 gestrichen / ausgefallen.
	e-e	Korr. nach A 209 „as such"; B 88 / C 98 / D 113 gestrichen / ausgefallen.
[127]	f-f	Korr. nach A 210 „the experience of the life of faith"; B 89 / C 99 / D 115 gestrichen / ausgefallen.
[129]	g-g	Korr. nach A 212 „paradox"; B 90 fälschlich gelesen als „paradise" und verändert in „promise"; C 100 / D 116 „promise".
[131]	h-h	Korr. nach A 215 „very"; B 91 / C 101 / D 118 gestrichen / ausgefallen.
[132]	i-i	Korr. nach A 217 „very"; B 92 / C 102 / D 119 gestrichen / ausgefallen.
[137]	j-j	Korr. nach A 223 „That which is ultimate is one object besides others, but it is the ground of all others." Der Ausdruck „is one object" ist ein offensichtlicher Fehler Tillichs, was das daraufffolgende „but" auch deutlich macht. Es muss hier natürlich heißen „[...] is *not* one object besides others", was Tillich immer wieder betont. Der nachfolgende Satz, der in B und C gestrichen bzw. ausgefallen ist (s. die folgende Anm.), bestätigt auch meine Deutung bzw. Korrektur. B 94 / C 105f. / D 123 „The ultimate is one object beside others, and the ground of all others." Hier wurde dieser Versehensfehler Tillichs, das versehentliche Weglassen von „not", nicht erkannt, was auch daran deutlich wird, dass man aus dem „but" ein „and" gemacht hat.
	k-k	Korr. nach A 223 f. „And the state of being ultimately concerned is not the state of a special section of the human personality but it is the state of the center of the personality, in which all faculties, drives, powers of the person converge." B 94 / C 106 / D 123 gestrichen / ausgefallen.
[139]	l-l	Korr. nach A 227 „than that which concerns the mind ultimately"; B 96 / C 107 / D 124 „than the ultimate concern of the mind".
	m-m	Korr. nach A 227 „functions"; B 96 / C 107 / D 125 „function".
	n-n	Korr. nach A 228 „The ultimate gives meaning and depth to their creativity." B 96 / C 107 / D 125 ausgefallen.
	o-o	Korr. nach A 228 „Man's spiritual life in all directions, man's cultural creativity in all its variety is carried by faith, by an ultimate concern which expresses itself in the preliminary cultural concerns which gives passion and creative eros to them and makes them inexhaustible in depth and united in aim." B 96 / C 107f. / D 125 teilweise gestrichen / ausgefallen und mit Anschluss an den vorletzten Satz „which

gives passion and creative *eros* to them, making inexhaustible in depth and united in aim".

[140] p-p   Korr. nach A 229 „and essentially always does"; B 96 / C 108 / D 125 gestrichen / ausgefallen.

[144] q-q   Korr. nach A 236 „There is also the trend towards a type of integration"; B 99 / C 111 / D 129 „There is also the type of integration".

[146] r-r   Korr. nach A 239 „commanded"; B 101 / C 113 / D 131 fälschlich abgeändert in „commended".

[148] s-s   Korr. nach A 241 „with that about which he is ultimately concerned, and which, as his concern shows, belongs to him"; B 102 / C 114 / D 132 „with the content of his ultimate concern".

[149] t-t   Korr. nach A 241 „and even more conspicuously so"; B 102 / C 114 / D 132 gestrichen / ausgefallen.

[150] u-u   Korr. nach A 243 „It must overcome by repression the doubts"; B 103 / C 115 / D 133 „It must repress the doubts".

[151] v-v   Korr. nach A 244 „of what the Catholics were still dimly aware"; B 103 / C 115 / D 134 „and the Catholics were still only dimly aware of it".

       w-w   Korr. nach A 245f. „in the first case the eros-quality of love which drives […], in the second case, the agape-quality of love which drives […]."; B 103f. / C 116 / D 134 „In the first case, the *eros* quality of love drives […]. In the second case, the *agape* quality of love drives […]."

[153] x-x   Korr. nach A 248 „out of faith"; B 104 / C 117 / D 136 gestrichen / ausgefallen.

[156] y-y   Korr. nach A 252 „cultic"; B 106 / C 119 / D 138 fälschlich „cultural".

       z-z   Korr. nach A 252 „understandable"; B 106 / C 119 / D 138 „meaningful".

       a-a   Korr. nach A 252 „for a certain periode"; B 106 / C 119 / D 138 „for a while".

       b-b   Korr. nach A 253 / B 106 „This is the reason why one"; C 119 / D 138 „This is the reason one".

       c-c   Korr. nach A 253 / B 107 „to cut"; C 119 / D 138 „to deny".

[158] d-d   Korr. nach A 256 „most fundamental"; B 108 / C 121 / D 140 „most" gestrichen / ausgefallen.

       e-e   Korr. nach A 257 „a philosophy"; B 108 / C 121 / D 140 „a" übersehen / ausgefallen.

       f-f   Korr. nach A 257 „and even less by"; B 108 / C 121 / D 140 „or by".

[160] g-g   Korr. nach A 258 „like"; B 109 / C 122 / D 141 gestrichen / ausgefallen.

[164] h-h   Korr. nach A 265 „The practically most important case"; B 111 / C 124 / D 144 „A most important case".

       i-i   Korr. nach A 266 „expressions"; B 111 / C 125 / D 144 fälschlich gelesen als „expression".

[166] j-j   Korr. nach A 271 „also"; B 113 / C 127 / D 147 gestrichen / ausgefallen.

Kommentar

Einleitende Bemerkungen

Paul Tillich geht es in seinem Spätwerk, das wesentlich geprägt ist durch die [1] Aufnahme anthropologischer und existenzphilosophischer Gedanken,[1] immer wieder darum, philosophische und theologische Begriffe zu „heilen", indem er sie von „verwirrenden und verzerrenden Konnotationen" zu befreien sucht. Das trifft z. B. auf theologische Begriffe wie Mysterium, Ekstase, Wunder, Inspiration oder heilig (vgl. ST I, 132ff.) zu, aber ebenso auf philosophische Begriffe wie Metaphysik, Spekulation, Partizipation oder Liebe (vgl. EW XVI, 3ff.), und es trifft in ganz besonderem Maße auch auf den Begriff des Glaubens zu, dem diese Schrift gewidmet ist. Ähnlich drückt Tillich das auch in seiner „Systematischen Theologie" aus, wenn er hier schreibt: „In der religiösen Sprache finden sich wenige Worte, die so nach einer semantischen Reinigung schreien wie das Wort ‚Glaube'." (ST III, 155)[2]

In seinem Frühwerk, das wesentlich subjektivitäts- und sinntheoretisch orientiert ist,[3] war Tillich demgegenüber noch davon überzeugt, dass es besser sei, ganz neue Begriffe einzuführen, da die überkommenen Begriffe nicht mehr verständlich seien. So sprach er nicht von „Gott" oder der „Welt", er bediente sich lieber der von Schelling (1775–1854) entlehnten Begriffe des „Unbedingten" und des „Bedingten" (vgl. EW XIV). So heißt es in einem Beitrag über „Das Christentum und die Moderne" aus dem Jahre 1928, dass man an die christliche Verkündigung die Forderung stellen müsse, „in neuen Symbolen und, wenn Kraft und Vollmacht da wären, symbollos ihre Botschaft zu sagen", da die christlichen Symbole „weithin bis in die höchsten altheiligsten Worte und Formen einen Klang bekommen [hätten], der das in ihnen Gemeinte schlechthin unvernehmbar [mache]" (GW XIII, 127). Ähnlich heißt es auch schon in Tillichs Schrift „Kirche und Kultur" von 1924: „Die Symbole der Kirche sind unkräftig geworden. Das ‚Wort' klingt nicht mehr durch ihre Rede. Die Gesellschaft versteht sie nicht mehr." (GW IX, 45) Und in dem Aufsatz „Die religiöse und philosophische Weiterbildung des Sozialismus" aus demselben Jahr heißt es ähnlich: „Die alten großen Worte und

---

1 Vgl. dazu Werner Schüßler, Tillichs „existentialistic turn". Seine Wende von der Transzendentalphilosophie zur Existenzphilosophie in der Zeit des Übergangs von Deutschland in die USA, in: Werner Schüßler / Christian Danz (Hrsg.), Paul Tillich im Exil (= Tillich Research / Tillich-Forschungen / Recherches sur Tillich, ed. by Christian Danz / Marc Dumas / Werner Schüßler / Mary Ann Stenger / Erdmann Sturm, Vol. 12), Berlin/Boston 2017, 323–345.
2 Leichte Korr. der Übers. nach ST^e III, 130.
3 Vgl. dazu Ulrich Barth, Die sinntheoretischen Grundlagen des Religionsbegriffs. Problemgeschichtliche Hintergründe zum frühen Tillich, in: Ders., Religion in der Moderne, Tübingen 2003, 89–123.

Symbole sind intellektuell herabgedrückt und verbraucht […]. Diese Lage zwingt uns, völlig frei zu sein von der Kirche mit all ihren Worten und wäre es das Wort ‚Gott' selbst, sofern es seine Ausdruckskraft verloren hat." (GW II, 130 f.)

An dieser Stelle ist auch ein Wortwechsel erhellend, der sich 1931 zwischen Tillich und Fedor Stepun[4] anlässlich einer Tagung zum Thema „Religion und psychische Erkrankung" in Dresden ereignete und der Tillichs Anliegen in seiner Frühzeit deutlich macht. Stepun hielt hier Tillich vor: „Von den Engländern hat man gesagt, daß, wenn sie ‚Gott' sagen, sie ‚Kattun' meinen. Von Ihnen, Herr Tillich, möchte man behaupten, daß, wenn Sie ‚Kattun' sagen, Sie ‚Gott' meinen. Warum sagen Sie nicht lieber gleich Gott?" Tillich muss hierauf mit großem Ernst geantwortet haben: „Solange die Menschen das Wort ‚Gott' nicht mehr verstehen, werde ich ‚Kattun' sagen, vorausgesetzt, sie verstehen, daß ich ihnen etwas von ‚Gott' sagen will." (EW V, 173 f.)[5]

Später hat Tillich aber zugestanden, dass eine solche Methode nicht erfolgreich sein könne, da man „Urworte" wie z. B. „Gott" nicht einfach durch neue Begriffe wie „das Unbedingte" ersetzen könne, weil man Symbole nicht einfach „erfinden" könne, diese vielmehr „geboren" werden wie Lebewesen.[6] Diese Einsicht hat ihn schließlich dazu bewogen, die alten Worte und Symbole zu „reinterpretieren", also neu zu interpretieren – und das nicht zuletzt mit Hilfe der Existentialanalyse (vgl. GW V, 223–236) und der Tiefenpsychologie (vgl. GW VIII, 304–315).

---

[4] Fedor Stepun (1884–1965) war ab 1926 Professor für Soziologie an der TU Dresden und somit ein Kollege Tillichs während dessen Dresdener Jahre (1925–1929).
[5] Dieses Wort geht auf Theodor Fontane zurück. In dem Roman „Der Stechlin" vertritt Pastor Lorenzen die Meinung: „Sie sind drüben schrecklich runtergekommen, weil der Kult vor dem Goldenen Kalb beständig wächst; lauter Jobber, und die vornehme Welt obenan. Und dabei so heuchlerisch; sie sagen ‚Christus' und meinen Kattun." (Ders., Der Stechlin, Berlin 2001, 265) Kattun ist bekanntlich die Bezeichnung für einen Baumwollstoff und steht hier für die Baumwollindustrie. Fontane unterstellt mit diesem Wort der britischen Kolonialpolitik des 18. und 19. Jahrhunderts, dass sie unter dem Deckmantel christlicher Mission letztlich doch nur wirtschaftliche Interessen verfolge.
[6] Siehe dazu auch Abschnitt [57].

I Was Glaube ist

1 Glaube als „ultimate concern"

Der Abschnitt beginnt mit Tillichs bekannter Definition: „Glaube ist der Zustand [2] letztgültigen Ergriffenseins", engl.: „Faith is the state of being ultimately concerned." Im Folgenden verwendet Tillich dann für diese Definition die Kurzformel „ultimate concern".

In seinem Frühwerk, das in etwa mit seiner deutschen Zeit zusammenfällt, versteht Tillich den Glauben demgegenüber als „Richtung auf das Unbedingte" (EW XIV, 328). Das Gleiche kann er auch von der Religion sagen (EW XIV, 108). Für Gott verwendet er gerne die Formel „das, was uns unbedingt angeht" (EW XIV, 1–7).[7] In diesem Sinne versteht er die Dogmatik als „wissenschaftliche Rede von dem, was uns unbedingt angeht" (EW XIV, 1).

Auffallend ist, dass Tillich in „Dynamics of Faith" die Formulierung „unconditional concern" („unbedingtes Anliegen") oder ähnliche Verbindungen mit „unconditional" („unbedingt") nur noch recht selten verwendet. Das hat mit seiner anthropologischen und existenzphilosophischen „Wende" Ende der 1920er Jahre zu tun,[8] was auch im Titel seiner Schrift „Biblical Religion and the Search for Ultimate Reality" von 1955 zum Ausdruck kommt (vgl. MW IV, 357–388). Orientiert sich der frühe Tillich noch recht stark am subjektivitätstheoretischen Paradigma, so geht es dem späten Tillich wesentlich um eine existenzontologische Fundierung seines theologischen Denkens. Und dies kommt auch in der Bevorzugung der Begriffe „ultimate" bzw. „ultimacy" gegenüber „unconditional" zum Ausdruck. Ähnlich wie der lat. Superlativ „ultimum", der soviel meint wie „der größte, der höchste, der vorzüglichste", bedeutet auch das engl. „ultimate" soviel wie „der höchste, letztgültig, absolut, unübertrefflich". Ich habe mich für die Übersetzung „letztgültig" entschieden und dementsprechend auch „ultimacy" mit „Letztgültigkeit" übersetzt. Das engl. „concern" meint soviel wie „Anliegen, Angelegenheit, Interesse".

Den Titel der Schrift aufgreifend, spricht Tillich hier von der Dynamik des Glaubens als der Dynamik des „ultimate concern". Das englische Wort „dynamics" ist bekanntlich ein Pluraletantum, das heißt, es kann im Deutschen sowohl mit „Dynamik" (sing.) als auch mit „Dynamiken" (pl.) wiedergegeben werden. Mit diesem Begriff will Tillich zum Ausdruck bringen, dass der Glaube keineswegs statischer Natur ist, sondern dass er vielmehr entscheidend geprägt ist von ver-

---

7 Vgl. auch EW XIV, 14–19.
8 Siehe dazu oben Anm. 1.

schiedenen „Dynamiken", d. h. von Spannungen wie derjenigen zwischen Göttlichem und Dämonischem, Heiligem und Profanem, Eros und Agape, dem einzelnen Gläubigen und der Glaubensgemeinschaft, aber auch von Polaritäten wie derjenigen von Glaube und Zweifel, Gewissheit und Ungewissheit oder zwischen ontologischen und moralischen Glaubenstypen, um hier nur die wichtigsten dieser Dynamiken zu nennen.

Im weiteren Verlauf unterscheidet Tillich zwischen vitalen und geistigen Anliegen (*concerns*). Zu den vitalen Anliegen gehören u. a. Nahrung und Obdach, also alles das, was wir als Lebewesen auch mit den Tieren gemeinsam haben. Zu den geistigen zählen kognitive, ästhetische, soziale und politische Anliegen. All diese Anliegen können von einzelnen Menschen oder auch sozialen Gruppen in den Rang der Letztgültigkeit (*ultimacy*) erhoben werden. Dies ist dann immer verbunden mit „vollkommener Hingabe" und der Verheißung „vollkommener Erfüllung". Als typisches Beispiel bringt Tillich schon hier die „Nation", die im Nationalsozialismus und Faschismus in den Rang eines Absoluten erhoben wurde. Wenn es hier heißt, dass in diesen Fällen die Nation „den unbedingten Charakter eines ‚ultimate concern'" aufwies, so will Tillich damit sagen, dass hierfür alles geopfert wurde, ja man sogar für dieses Anliegen in den Tod gegangen ist – nicht anders, wie das auch hinsichtlich eines religiösen Anliegens der Fall ist bzw. sein kann. Aber Tillich macht dann auch gleich die Einschränkung: „[...] ein Gott, der sich zweifellos als ein Dämon erwies".

In einer seiner „politischen Reden", die Tillich während des Zweiten Weltkrieges über die „Stimme Amerikas" an seine deutschen Freunde gehalten hat und die am 10. Juli 1942 unter dem Titel „Die nationale Idee und der nationale Götzendienst" ausgestrahlt wurde, wird deutlich, was er hiermit genauer meint. In Bezug auf die Ereignisse in Nazi-Deutschland spricht Tillich von „der Heiligsprechung der Nation, ihrer Erhebung über alle anderen Werte, ihrer Anbetung und den unermesslichen Opfern an Menschenleben, Menschenglück und Menschenwürde, die dem Volke wie einem echten Götzen gebracht werden" (EW III, 65). Und weiter: „Die Nation beanspruchte uneingeschränkte Hingabe und damit die Anbetung, die allein dem Göttlichen gegeben werden darf. Aber in dem Augenblick, wo sie sich auf den Thron Gottes setzte und Recht, Wahrheit und Menschlichkeit sich zu unterwerfen trachtete, begann ihr Untergang. [...] *Die Nation ist nicht Gott.*" (EW III, 68)[9]

---

[9] Über die letzte Triebkraft dieses nationalen Götzendienstes schreibt Tillich: Der Sieg der nationalen Idee „ist – auf die Dauer gesehen – ein Scheinsieg. Wenn sie sich alles unterworfen hat, Religion, Kultur, das Soziale, dann entsteht die Frage, was ist sie denn selbst? Was ist ihr Inhalt? Wovon lebt sie? Was wird eigentlich angebetet, wenn die Nation angebetet wird? Menschen? Aber diese Menschen werden ihr ja geopfert! – Sprache? Aber die Sprache ist ja ein Ausdruck von

Der Inhalt eines „ultimate concern" drückt sich nach Tillich immer in Symbolen aus, seien diese nun „unbestimmt" oder „konkret".[10] In Bezug auf den nationalen Götzendienst verweist er als Beispiele für solche Symbole auf die „Größe" einer Nation oder den Begriff einer „heilbringenden Rasse". „Symbolisch" steht hier im Gegensatz zu „literalistisch", d.h. buchstäblich.[11] [3]

Wenn es hier heißt: „Ein Beispiel hierfür – und es ist mehr als nur ein Beispiel [...]", dann will Tillich damit sagen, dass es sich hinsichtlich der „Religion des Alten Testamentes" nicht um einen götzendienerischen, sondern um einen wahrhaften „ultimate concern" handelt, wenn auch der „jüdische Nationalismus" diesen zuweilen zu verfälschen versucht hat. Zum „jüdischen Nationalismus" schreibt Tillich: „Das Alte Testament enthält zwar viel jüdischen Nationalismus; er wird aber gleichzeitig aufs stärkste bekämpft. Am religiösen Nationalismus werden die falschen Propheten erkannt. Die wahren Propheten drohen Israel im Namen des gerechten Gottes, der sein Volk um seiner Ungerechtigkeit willen verwerfen kann, ohne dabei seine Macht einzubüßen. Das wäre im Polytheismus unmöglich. Der Gott der Gerechtigkeit ist universal, und jede Verletzung der Gerechtigkeit vernichtet den Anspruch seines Volkes auf ihn, auch wenn dieses Volk eine besondere Beziehung zu ihm hat. Der Begriff ‚auserwähltes Volk' ist nicht Ausdruck nationaler Anmaßung. Auserwählt sein enthält zugleich die ständige Drohung der Verwerfung und Vernichtung und die Forderung, den Untergang auf sich zu nehmen, um den ‚Bund' der Erwählung zu retten. Erwählung und Untergang sind so miteinander verbunden, daß kein endliches Wesen, keine Gruppe und kein Einzelner mehr ist als ein Medium für das Mysterium des Seins. Ertragen aber Gruppen oder Einzelne diese Spannung, so wird ihre Vernichtung ihre Erfüllung. Das ist der Sinn der prophetischen Verheißung, die über die prophetische Drohung hinausweist." (ST I, 170)[12] [4]

---

etwas! Von was? – Lebensformen? Aber diese Formen enthalten doch einen Inhalt, einen geistigen, sittlichen, sozialen! Woher diese Inhalte? – Kulturschöpfungen? Aber die sind ja gerade dadurch gekennzeichnet, daß sie in begrenzten Formen etwas Allgemeingültiges, Menschliches oder Göttliches ausdrücken! – Heimatgefühle, Erinnerungen, Vertrautheiten? Aber die sind ja an den Kreis gebunden, in dem man wirklich lebt; sie sind meistens an viel engere, manchmal an weitere Grenzen gebunden als die der Nation. Das Geheimnis des reinen Nationalismus ist, daß er keinen Inhalt hat und darum als reiner Wille zur Macht enthüllt wird. Die leere Selbstbejahung der Nation wirkt sich aus in unendlichem Streben zur Selbsterweiterung. In dem Willen zur Macht um der Macht willen ist der Sinn der nationalen Selbstanbetung ausgesprochen. [...] Es ist der leere und darum grenzenlose Wille zur Macht; und da nichts Begrenztes grenzenlos sein kann, so ist es im tiefsten Grunde Wille zum Untergang." (EW III, 66 f.)
10 Zum Symbolbegriff siehe unten die Abschnitte [51]-[73].
11 Siehe dazu unten Abschnitt [60].
12 Mit leichten Korr. der Übers. nach ST^e I, 142 f.

Tillich versteht seine formale Definition des Glaubens als „abstrakte Übersetzung des großen Gebotes" aus dem „Schma Jisrael" („Höre, Israel!"), dem ältesten Ausdruck jüdischen Selbstverständnisses, wie es in Dtn 6,4f. zum Ausdruck kommt und in Mk 12,29f. Jesus in den Mund gelegt wird. In seiner „Systematischen Theologie" heißt es dazu: „Wir haben den Ausdruck ‚ultimate concern' ohne Erklärung gebraucht. Es ist die abstrakte Übersetzung des großen Gebotes: ‚Der Herr, unser Gott, ist der einzige Herr. Darum sollst du den Herrn, deinen Gott, lieben mit ganzem Herzen und ganzer Seele und mit all deinen Gedanken und all deiner Kraft.'[13] Das religiöse Anliegen ist letztgültig; es schließt alle anderen Anliegen von letztgültiger Bedeutung aus; es macht sie vorläufig. Der ‚ultimate concern' ist unbedingt, unabhängig von allen Bedingungen des Charakters, des Verlangens oder der Lebensumstände. Der ‚ultimate concern' ist total: Kein Teil von uns oder von unserer Welt ist von ihm ausgeschlossen; hier gibt es keinen ‚Ort', an den man vor ihm fliehen kann.[14] Das totale Anliegen ist unendlich: Im Angesicht eines religiösen Anliegens, das letztgültig, unbedingt, total und unendlich ist, ist kein Augenblick der Ruhe und Erholung möglich." (ST^e I, 11f.)[15]

In seiner Schrift „My Search for Absolutes"[16] sagt Tillich, dass dieses große Gebot zwar jüdisch-christlich sei, sich aber in vielen Religionen ähnliche Ausdrucksformen für das Absolute finden würden: „Viele Religionen kennen eine absolute Drohung und eine absolute Verheißung, die beispielsweise als Hölle und Himmel versinnbildlicht werden und als Ausdruck für die psychologischen Zustände äußerster Verzweiflung und höchster Seligkeit verstanden werden können. Diese Symbole für ein Absolutes [...] stehen für zwei absolute Möglichkeiten, die von unserer Beziehung zu dem Unbedingten-Selbst abhängig sind. Im Islam, im Hinduismus, im Mahajana-Buddhismus und im Christentum und Judentum finden sich mächtige Symbole für diese Idee, in denen sich die absolute Ernsthaftigkeit unserer Beziehung zum Heiligen, zum Absoluten-Selbst ausdrückt." (EW IV, 62)

Die Bestimmung des Glaubens (und auch der Religion) als „ultimate concern", die von diesem großen Gebot abgeleitet ist, hat nach Tillich „wenig zu tun mit dem Glauben an ein höchstes Wesen, Gott genannt, und den fragwürdigen Konsequenzen aus einem solchen Glauben". Vielmehr wird hiermit „das existentielle Verständnis dessen, was Religion ist", betont (GW IX, 100).

---

13 ST^e I, 11 bezieht sich hier in Anm. 2 auf Mk 12,29; wobei es hier Mk 12,29f. heißen müsste.
14 ST^e I, 12 bezieht sich hier in Anm. 3 auf Ps 139. Vgl. dazu auch RR I, 39–50 („Flucht vor Gott").
15 Diese deutsche Übersetzung in ST I, 19 weicht z.T. recht stark vom englischen Text ab. Vgl. auch EW IV, 61f.
16 Vgl. Paul Tillich, My Search for Absolutes, ed. by Ruth Nanda Anshen, New York 1967.

In seinem Beitrag „The Struggle between Time and Space" von 1959 kommt Tillich näher auf den Zusammenhang von Universalismus und Gerechtigkeitsidee zu sprechen: „Der prophetische Monotheismus ist der Monotheismus der Gerechtigkeit. Die Götter des Raumes müssen notwendigerweise die Gerechtigkeit zerstören. Der unbegrenzte Anspruch jedes Raum-Gottes muß unvermeidlich mit dem unbegrenzten Anspruch jedes anderen Raum-Gottes in Widerstreit geraten. [...] Der Polytheismus, die Religion des Raumes, ist notwendig ungerecht. Der unbegrenzte Anspruch jedes Raum-Gottes zerstört den Universalismus, der in der Idee der Gerechtigkeit enthalten ist. Hierin und allein hierin liegt die Bedeutung des prophetischen Monotheismus. Gott ist der eine Gott, weil die Gerechtigkeit nur *eine* ist. [...] Tragik und Ungerechtigkeit kennzeichnen die Götter des Raumes; geschichtliche Erfüllung und Gerechtigkeit kennzeichnen den in der Zeit und durch die Zeit hindurch wirkenden Gott, der alles im Raum Getrennte in einem Universum der Liebe vereinigt." (GW VI, 146 f.)

„Erfolg" als der Gott vieler Menschen in der westlichen Kultur ist für Tillich [5] ein typisches „Gegenbeispiel" zu dem in Abschnitt [4] Dargelegten, wo es um den wahrhaften „ultimate concern" ging. Er verweist in diesem Zusammenhang auf den 1949 erschienenen Roman „Point of No Return" (*„Es gibt kein Zurück"*) des US-amerikanischen Journalisten und Schriftstellers John Phillips Marquand (1893–1960), der seinerzeit zu einem „New York Times Bestseller" avancierte und in dem es um die Geschichte eines jungen Bankers geht, der auf der ungewissen Suche nach Erfolg ist.

Neben dem „Erfolg" wären hier u. a. auch noch der Faschismus, der Nationalsozialismus[17] und der Kommunismus zu nennen, die Tillich zufolge auch Absolutheitsansprüche stellen (vgl. EW IV, 65), aber ebenso der Kapitalismus.[18] In der Gegenwart wäre sicherlich auch der „Islamische Staat" (IS) ein gutes Beispiel für einen götzendienerischen „ultimate concern". Der Inhalt des „ultimate concern" kann aber auch auf der privaten Ebene angesiedelt sein; das ist der Fall, wenn beispielsweise der Partner/die Partnerin zum „ultimate concern" erhoben wird, was natürlich auf eine ungesunde Beziehung hindeutet. Das Niveau kann aber auch noch weiter abgesenkt werden; so kommt es ja nicht von ungefähr, wenn vom „Fußballgott" die Rede ist.[19]

Tillich betont hier noch einmal ausdrücklich, dass die Definition des Glau- [6] bens als „ultimate concern" rein formaler Natur ist. Das bedeutet, dass sie auf alle

---

17 Siehe oben die Abschnitte [2] u. [3].
18 Vgl. dazu Fancis Ching-Wah Yip, Capitalism as Religion? A Study of Paul Tillich's Interpretation of Modernity, Cambridge (Mass.) 2010, bes. 53–56.
19 In seiner Predigt „Our Ultimate Concern" (RR II, 144–150) zählt Tillich noch weitere solcher Anliegen auf wie die Erhaltung des Lebens, soziale Anliegen, Geld und Sicherheit.

möglichen Inhalte zutrifft. Der Inhalt des „ultimate concern" ist zwar äußerst bedeutsam für die Gläubigen, aber die formale Definition des Glaubens verzichtet ganz bewusst auf eine solche inhaltliche oder materiale Festlegung. Es stellt sich spätestens hier die Frage, was mit einer solchen rein formalen Definition gewonnen ist.

Von verschiedener Seite hat man Tillich in Bezug auf sein Glaubensverständnis immer wieder vorgeworfen, es würde kaum noch eine Beziehung zum spezifisch Christlichen aufweisen. Glaube, so argumentierte man, ist doch immer „Glaube an". Auch wandte man ein: Geht nicht erst von einem personalen Gegenüber, das im Glauben erfahren wird, also von dem Anruf her, der im Glauben erlebt wird, das Ergriffensein aus, welches Tillich demgegenüber als konstitutiv für den Glauben selbst versteht?[20] Hinter diesen Anfragen steht unausgesprochen die Vermutung, Tillich würde eine Glaubensbestimmung, die vom neutestamentlichen Befund ausgeht, ablehnen.

Hierzu ist zu sagen: Tillichs formaler Glaubensbegriff ist nicht auf das Christentum beschränkt; ja er behauptet gerade, dass ein Zustand letztgültigen Ergriffenseins über die gesamte Menschheit geht. Sicherlich, dieses Ergriffensein kann nicht nur vom wahren Gott, sondern auch von Götzen ausgehen, wie wir gesehen haben. Der Übergang von dem einen zum anderen ist gerade das, was die Geschichte der Religion ausmacht.

Man kann natürlich den Begriff des Glaubens für eine bestimmte Bedeutung des griechischen Wortes *pistis* (Glaube), wie es im Neuen Testament vorkommt, reservieren. Dagegen ist grundsätzlich nichts einzuwenden. Trotzdem sollte man dann bedenken, was Tillich einmal in einer Diskussion hierzu bemerkt hat: Dann sollte man kein Theologe werden, sondern ein einfacher Christ bleiben. In dem Moment nämlich, wo jemand Theologe ist, muss er fragen, wie sich der christliche Glaubensbegriff zu dem letztgültigen Ergriffensein verhält, das in vielen Menschen überall auf der Welt zu finden ist. Soll dieses Moment gerettet werden, so ist es nach Tillich nur dadurch zu retten, dass ein universaler Glaubensbegriff verwendet wird.[21]

In dieser Frage stimmt Tillich sowohl mit Max Scheler als auch mit Karl Jaspers überein. So können wir bei Jaspers (1883–1969) lesen: „Das menschliche Bewußtsein *kann nicht umhin, etwas absolut zu setzen*, auch wenn es nicht will. Es gibt sozusagen einen unausweichlichen Ort des Absoluten für mich. Streiche ich

---

[20] So in einer Diskussion im Anschluss an Tillichs Vortrag: Der Absolutheitsanspruch des Christentums, Tübingen, 09.12.1962 (Tonbandaufzeichnung: Dt. Paul-Tillich-Archiv an der UB Marburg).
[21] Vgl. ebd.

etwas als absolut für mich, so tritt automatisch ein anderes an seine Stelle."[22] Ähnlich hat es auch Max Scheler (1874–1928) formuliert: „Keine ‚Wahl' ist dem Menschen gelassen zwischen ‚Göttern' und ‚Götzen'! Er *hat notwendig* Götzen, so er nicht Götter hat – und sei es nur den Götzen des Nichts und der Nichtigkeit wie der ‚Agnostiker', der keinen faith zu haben vermeint [...]. Der Glaube an einen Götzen aber heißt ‚Aberglaube'. Und so gilt auch: Wo Unglaube, da *notwendig* Aberglaube. Und wieder gibt es keine mögliche ‚Wahl'."[23]

In seiner „Systematischen Theologie" betont Tillich dies auch noch einmal, wenn es hier heißt: „In diesem formalen Sinne von Glauben als ‚ultimate concern' hat jeder Mensch Glauben. [...] So wertlos der konkrete Inhalt des ‚ultimate concern' auch sein mag, so kann doch niemand solch ein Anliegen gänzlich unterdrücken. Dieser formale Glaubensbegriff ist grundlegend und universal." (ST III, 155)[24] Eine solche formale Glaubensdefinition hat natürlich auch Konsequenzen für das Problem des Atheismus.[25]

Als christlicher Theologe füllt Tillich diese Definition inhaltlich wie folgt: „Glaube ist der Zustand des Ergriffenseins durch das Neue Sein, wie es in Jesus als dem Christus erschienen ist." (ST III, 156)[26]

Wenn Tillich in der „Systematischen Theologie" schreibt: „Gott ist der ‚ultimate concern' des Menschen" (ST I, 282)[27], dann widerspricht dies dem zuvor Gesagten nicht. Denn jetzt geht es um die materiale Füllung der formalen Definition des Glaubens, genauer um die Füllung durch das wahrhaft Letztgültige, also Gott. Und es muss noch einmal daran erinnert werden, dass die Formel „Glaube ist ‚ultimate concern'" eine abgekürzte Formel darstellt für: „Glaube ist der Zustand letztgültigen Ergriffenseins."[28]

---

[22] Karl Jaspers, Philosophie, Bd. I: Philosophische Weltorientierung [1932], Berlin ³1973, 250; vgl. ders., Einführung in die Philosophie, München ²⁵2003, 62: „Der Mensch kann nicht anders als etwas absolut nehmen, mag er es wollen und wissen oder nicht, mag er es zufällig und wechselnd oder entschieden und kontinuierlich tun. Für den Menschen gibt es gleichsam den Ort des Absoluten. Dieser Ort ist für ihn unumgehbar. Er muß ihn ausfüllen."
[23] Max Scheler, Schriften aus dem Nachlaß, Bd. I, hrsg. von Manfred S. Frings, Bern/München ³1986, 226.
[24] Mit leichter Korr. der Übers. nach ST^e III, 130.
[25] Siehe dazu unten Abschnitt [61].
[26] Vgl. ST II, 124–126.
[27] Mit leichter Korr. nach ST^e I, 243.
[28] Siehe oben Abschnitt [2].

2 Glaube als ein zentrierter Akt

[7] Glaube ist für Tillich ein „Akt der ganzen Personalität". Das engl. „personality" habe ich durchgängig mit „Personalität" übersetzt. Man könnte diesen Begriff auch mit „Person" übersetzen; früher hat man „Persönlichkeit" dazu gesagt. Da „Persönlichkeit" aber doppeldeutig ist, zieht man heute „Person" oder „Personalität" vor. Ein bekannter Satz besagt: Person ist man, Persönlichkeit wird man. Dieser Satz will sagen, dass jeder Mensch als Mensch immer schon eine Person ist, d.h. Personalität besitzt, unabhängig davon, ob diese aktuell vorhanden ist oder auch nur potentiell bzw. latent da ist wie beim Kleinkind, bei geistig Behinderten oder bei dementen oder komatösen Patienten, wo sich diese noch nicht bzw. nicht mehr zum Ausdruck bringen kann.

Personalität kommt nur dem Menschen zu. Tiere sind zwar auch Individuen, also unteilbar, im Gegensatz zu Pflanzen, die teilbar sind, was sich in der Möglichkeit der Pfropfung oder der Bildung von Stecklingen zeigt. Allerdings besitzen Tiere keine Personalität. Personalität ist nämlich untrennbar verbunden mit dem Geist, d.h. mit Vernunft, Freiheit und Verantwortlichkeit.

Glaube ist keine besondere Funktion des menschlichen Geistes: Er ist weder mit der theoretischen noch mit der praktischen, noch mit der gefühlsmäßigen Funktion identisch.[29] Er umfasst aber alle diese Funktionen und wirkt auch auf diese zurück.

[8] In seiner amerikanischen Zeit entdeckt Tillich auch immer mehr die Bedeutung der Tiefenpsychologie für die Theologie.[30] So hat er in seinen Kollegs immer wieder betont, dass die Tiefenpsychologie geradezu ein Glücksfall für die Theologie sei, da sie helfe, alte theologische Begriffe in die Sprache der Gegenwart zu übersetzen (vgl. GW VIII, 304–315). Dabei scheint er sein Wissen über die Tiefenpsychologie u.a. der bekannten Schrift von Gregroy Zilboorg: A History of Medical Psychology (New York 1941) zu verdanken, wie sein Beitrag über „The Relation of Religion and Health. Historical Considerations and Theoretical Questions" von 1946 deutlich macht (vgl. GW IX, 246–286).

In unserem Zusammenhang unterscheidet Tillich aber zwischen der Analytischen Psychologie einerseits, die bekanntlich auf C. G. Jung (1875–1961) zurückgeht, und der Psychoanalyse Sigmund Freuds (1856–1939) andererseits, wobei er mit den „jüngsten Entwicklungen der Analytischen Psychologie" wohl

---

29 Siehe dazu unten die Abschnitte [38]-[50].
30 Tillich gebraucht in der Regel die Begriffe „Tiefenpsychologie" oder auch „psychotherapeutische Psychologie", die er in einem möglichst weiten Sinne verwendet (vgl. EW XVI, 222f.).

an Karen Horney (1885–1952) und Erich Fromm (1900–1980) denkt (vgl. GW IX, 274).[31]

Mit Jung verbindet Tillich die Überzeugung, dass „Personalität" der allgemein anerkannte Begriff für die Einheit und Ganzheit des menschlichen Seins darstellt (vgl. GW IX, 280), wobei dieser Einheit ein dynamischer Charakter zukommt (GW IX, 285). In der auf C. G. Jung zurückgehenden Analytischen Psychologie geht es vornehmlich um die Polarität zwischen dem Unbewussten und dem Bewussten, die Tillich zufolge auch einen entscheidenden Einfluss auf das Glaubensleben hat, da der Glaube ein Akt der ganzen Personalität ist. Im Zusammenhang des Symbolbegriffs wird dies noch einmal besonders deutlich.[32]

Der Rekurs auf das Unbewusste stellt so manche Überlegungen im Bereich der Analytischen Philosophie in Frage, denen zufolge die Entscheidung für einen bestimmten Glauben nur eine Sache von Argumenten ist. Ebenso bedeutet dies eine klare Absage an jede Form von „natürlicher Religion", der zufolge in der Religion alles das auszuscheiden ist, was die Vernunft übersteigt – wie die klassischen Mysterien der Trinität, Inkarnation und Eucharistie.

Wenn jedoch unbewusste Kräfte den Glauben beherrschen, dann handelt es sich Tillich zufolge nicht mehr um Glauben, sondern um Zwang. Demgegenüber ist der Glaube wesentlich ein Akt der Freiheit. Dabei versteht Tillich unter der Freiheit „nicht die Freiheit einer Funktion (des ‚Willens'), sondern des Menschen", das heißt, „die selbstzentrierte Person [...] reagiert als ein Ganzes" (ST I, 216). Wenn Glaube als ein Akt der Personalität als Ganzer verstanden wird, dann wird auch Tillichs Identifizierung von Freiheit und Glaube verständlich. Wenn demgegenüber Karl Jaspers den religiösen Glauben als einen Akt des Gehorsams und der Unterwerfung deutet, der angeblich die menschliche Freiheit vernichtet, so ist damit Tillichs Glaubensverständnis nicht getroffen.[33]

Tillich greift nicht nur auf Jungs Polarität von Bewusstem und Unbewusstem [9] zurück, sondern auch auf Freuds Polarität von Ich und Über-Ich, wie dieser sie vornehmlich in seiner kulturkritischen Schrift „Das Unbehagen in der Kultur" von 1930 entwickelt hat.[34] Hier geht es um den Gegensatz von Kultur und Triebregungen (Libido). Einerseits ist die Kultur zwar hiernach auf der Versagung von Triebregungen aufgebaut, andererseits führt dies aber gleichzeitig zur Entwicklung eines wachsenden Unbehagens, was im schlimmsten Fall sogar zur Bildung

---

31 Vgl. auch EW XVI, 225 u. 228.
32 Siehe dazu unten Abschnitt [56].
33 Vgl. Karl Jaspers, Philosophie, Bd. I (s. Anm. 22), 294–317.
34 In GW VIII, 115 findet sich sogar innerhalb der sehr freien Übersetzung ein Hinweis auf diese Schrift Freuds, allerdings mit dem fehlerhaften Titel „Unbehagen an [!] der Kultur".

von Neurosen führen kann. Tillich drückt diese Ambivalenz in „Dynamics of Faith" so aus: „Das Konzept des Über-Ich ist sehr zweideutig."[35]

In seinem Beitrag „Das religiöse Symbol" von 1930 nimmt Tillich explizit Stellung zu Freuds Deutung religiöser Symbole, wenn es hier heißt: „Alle Symbole werden als Sublimierungen vitaler, in ihrer Wirkung gehemmter Triebimpulse gedeutet" (GW V, 199), d. h. als Ergebnis des Kultur-Über-Ich. Und in Bezug auf das „Vatersymbol" führt er hier aus: „Wenn die Psychoanalyse z. B. die Anwendung des Vatersymbols auf Gott als Ausdruck des analytischen Vaterkomplexes wertet (wie etwa die Soziologie als Ausdruck der Männerherrschaft), so ist zu fragen, wie weit die Bedeutung dieser Erklärung reicht. Offenbar nicht weiter als ihre nächste Aussage: daß die Symbolwahl durch den Vaterkomplex zu erklären ist, nicht aber, daß die Setzung eines religiösen Symbols überhaupt durch Komplexe bedingt ist. Das heißt: nicht eine Theorie des religiösen Symbols ist gegeben, sondern eine Theorie der religiösen *Symbolwahl*." (GW V, 200)

Werden aber Normen und Prinzipien verneint, wie das bei Freuds Naturalismus der Fall ist (vgl. EW XVI, 224f.), dann wird das Über-Ich zwangsläufig zu einem „unterdrückenden Tyrannen", da Erstere dann nur noch heteronom verstanden werden, die die Autonomie des Menschen einschränken und gefährden. Die Konsequenzen, die sich daraus für den Gottesgedanken ergeben, wenn dieser als Projektion des Vaterbildes gedeutet wird, werden in Nietzsches bekanntem Satz „Gott ist tot" im Sinne „eines äußersten Ausdrucks einer antiautoritären Auflehnung gegen Gott" nur überdeutlich sichtbar (GW VIII, 69).

Es sei an dieser Stelle kurz erwähnt, dass Tillich den Begriff der Neurose allerdings in einem anderen Sinn deutet als Freud, nämlich „ontologisch": „Neurose ist der Weg, Nichtsein zu vermeiden dadurch, dass man Sein vermeidet. Sein vermeiden heißt, die volle Realität, die Potentialitäten, die in einem selbst sind und in seiner Welt sind, zu reduzieren, eine geringere Basis der Existenz zu schaffen, um überhaupt am Sein festhalten zu können. Das Sein wird reduziert, damit man dem Nichtsein entgeht." (EW XVI, 230)

[10] In Bezug auf die „rationale Struktur der menschlichen Personalität" unterscheidet Tillich zwei Formen der Vernunft (*reason*):[36] die technische und die ontologische Vernunft (vgl. ST I, 87–91). Während es die technische Vernunft wesentlich mit der Fähigkeit des Analysierens, Berechnens und Argumentierens sowie mit der Entdeckung von Mitteln für Ziele zu tun hat (vgl. ST I, 89), weshalb Tillich diese auch mit dem Verstand identifizieren kann, versteht er unter der

---

35 Vgl. dazu auch EW XVI, 222f.
36 Vgl. dazu Werner Schüßler, Die Vernunft und die Frage nach der Offenbarung, in: Christian Danz (Hrsg.), Paul Tillichs „Systematische Theologie". Ein werk- und problemgeschichtlicher Kommentar, Berlin/Boston 2017, 35–64.

ontologischen Vernunft die „universale Vernunft", die er auch als „Logos-Vernunft" bezeichnet (EW XIX, 39 f.). Diese ermöglicht es dem Menschen, die Wirklichkeit zu ergreifen und umzugestalten. Ihr geht es, platonisch gesprochen, um das Wahre, Gute, Schöne und Gerechte. An diesen Begriffen zeigt sich auch schon die Bedeutung der Sprache für den Menschen, da diese „Allgemeinbegriffe" (ST I, 202) nur aufgrund des „Welt-Habens" des Menschen möglich sind – im Gegensatz zur Umweltgebundenheit des Tieres. Wirkliche, d. h. sinnvolle Sprache, die etwas „be-sagt" und „be-deutet", wie wir sie beim Menschen vorfinden, hat immer den „Charakter des Universalen" (EW XVI, 32) und ist somit nur einem Wesen möglich, das im Besitz des Geistes ist.

Bekanntlich heißt die klassische Definition des Menschen: „Homo animal rationale est" („Der Mensch ist das vernünftige Lebewesen"). Aber diese Definition geht auf die griechische Bestimmung des Menschen als „zoon logon echon" zurück, also als „das Lebewesen, das den ‚Logos' besitzt". Wenn auch der Logos das Wahre, Gute, Schöne und Gerechte immer schon mit einschließt und nicht auf den Begriff der „Rationalität" reduziert werden darf, so ist diese Definition Tillich aber immer noch zu eng hinsichtlich der essentiellen Natur des Menschen. Wenn er hier von der „essentiellen Natur des Menschen" spricht, so meint er aber nicht den Gegensatz zur „existentiellen Natur des Menschen", sondern einfach das, was den Menschen zum Menschen macht.

Nicht der Geist ist es nach Tillich, der das Wesen des Menschen ausmacht, auch wenn dieser gegenüber den Tieren ohne Zweifel ein entscheidendes Wesensmerkmal darstellt, sondern das „Selbst, das Zentrum seiner Selbst-Bezüglichkeit, in dem alle Elemente seines Seins vereint sind". In der „Systematischen Theologie" erläutert er den Begriff des Selbst wie folgt: „Der Ausdruck ‚Selbst' ist umfassender als der Ausdruck ‚Ich'. Er schließt die unterbewußte und die unbewußte Basis des seiner selbst bewußten Ich als auch das Selbstbewußtsein (*cogitatio* im cartesianischen Sinn) mit ein." (ST I, 200)[37] Dieses Selbst, das will Tillich also sagen, ist es, das sich „für oder gegen die Vernunft" entscheiden kann. Und Glaube ist in diesem Sinne ein Akt der Selbsttranszendenz (vgl. ST III, 43). Es stellt sich hier allerdings die Frage, ob nicht selbst in dem Fall, wenn sich der Mensch gegen die Vernunft entscheidet, letztlich doch noch Vernunft am Werk ist.

Da die Glaubenserkenntnis einen notwendig existentiellen Charakter besitzt, sollten wir nach Tillich das „Organ", mit dem wir die Inhalte des Glaubens aufnehmen, „selbsttranszendierende" oder „ekstatische" Vernunft nennen, womit deutlich wird, dass die Vernunft nicht in der Lage ist, die Inhalte des Glaubens zu erzeugen. „Ekstatische Vernunft ist Vernunft, die von einem ‚ultimate concern' [11]

---

[37] Mit leichter Korr. nach ST^e I, 169.

ergriffen ist. Die Vernunft wird durch den ‚ultimate concern' überwältigt, überfallen und erschüttert." (ST^e I, 53)[38]

Im Zusammenhang der Offenbarungserkenntnis erläutert Tillich sein Verständnis von Offenbarung noch einmal näher, wenn er hier diesen Begriff von seinen entstellenden Verzerrungen zu befreien sucht: „‚Ekstase' (‚außerhalb seines Selbst stehen') weist auf einen Bewußtseinszustand hin, der außergewöhnlich ist in dem Sinne, daß das Bewußtsein seinen gewohnten Zustand transzendiert. Ekstase ist keine Negation der Vernunft. Sie ist der Bewußtseinszustand, in dem die Vernunft jenseits ihrer selbst ist, d. h. jenseits ihrer Subjekt-Objekt-Struktur. Wenn die Vernunft jenseits ihrer selbst ist, so bedeutet das nicht, daß sie sich verneint. ‚Ekstatische Vernunft' bleibt Vernunft; sie empfängt nichts Irrationales oder Antirationales – was nicht ohne Selbstzerstörung möglich wäre –, aber sie transzendiert die Grundbedingung der endlichen Rationalität, die Subjekt-Objekt-Struktur." (ST I, 135)[39]

Der Begriff der Ekstase spielt bekanntlich auch im Rahmen der Mystik eine wichtige Rolle. Auch hier geht es um die Überwindung der Subjekt-Objekt-Spaltung. Tillich wird später noch einmal an diese Überlegungen anknüpfen, wenn er sagt, dass ein götzendienerischer „ultimate concern" demgegenüber nicht in der Lage ist, die Subjekt-Objekt-Struktur zu überwinden.[40]

Mit diesem Verständnis setzt Tillich den Begriff der Ekstase sowohl von demjenigen des Enthusiasmus als auch von seiner Verwendung im Zusammenhang mit „ekstatischen Bewegungen" ab. Während der Begriff „Enthusiasmus" heute in der Regel die religiöse Bedeutung eingebüßt hat (vgl. ST I, 136), stehen „ekstatische Bewegungen" in der ständigen Gefahr, „religiöse Überreizung", die „mit psychologischen Begriffen vollständig umschrieben werden kann", mit der Gegenwart des göttlichen Geistes zu verwechseln (ST I, 137).

Wenn Tillich davon spricht, dass der Glaube immer auch „ein Bewusstsein von Wahrheit und sittlichen Werten" mit umfasst, dann deutet das auf die der Ekstase immer auch inhärente rationale Struktur hin.

[12] Glaube schließt immer eine kognitive Zustimmung mit ein, und ebenso gehören auch der Wille und das Gefühl zum Glauben. Aber er ist auf keine dieser Funktionen zu reduzieren. Zwar kann der Glaube von einem dieser Elemente dominiert werden, er kann aber nicht von ihnen erzeugt werden. Im zweiten Teil der Schrift wird dies noch einmal ausführlich erörtert.[41]

---

[38] ST I, 66 ist an dieser Stelle etwas unklar.
[39] Mit leichter Korr. nach ST^e I, 111 f.
[40] Siehe dazu unten Abschnitt [19].
[41] Siehe dazu unten die Abschnitte [38]-[50].

Als personaler Akt kann der Glaube natürlich auch zum Thema der Psychologie gemacht werden. Während im angloamerikanischen Bereich u. a. der Begriff „psychology of faith" begegnet, spricht man hierzulande in der Regel von „Religionspsychologie". Während Fragen der Religionspsychologie ohne Zweifel ein berechtigtes Anliegen sind, ist aber eine Relativierung oder Funktionalisierung des Glaubens von Seiten der Psychologie abzulehnen, denn hierbei wird der Glaube bzw. die Religion nicht als eine selbständige Größe aufgefasst, sondern als etwas, das von einer anderen Größe abhängt. Damit wird der Glaube aber seiner Unabhängigkeit beraubt, und er wird so zur Funktion einer anderen Sphäre gemacht. Auf diese Weise wurden schon im Altertum Furcht und Hoffnung als Quelle religiöser Überzeugungen und Praktiken angesehen.[42] [13]

Ein solcher Psychologismus ist Tillich zufolge aber selbst nur ein Glaube und nicht das Resultat wissenschaftlicher Erkenntnis, da er immer schon mehr behauptet, als die wissenschaftlichen Fakten verbürgen. Solche Reduktionismen entlarven sich in der Regel durch die Formulierung „nichts weiter als".

3 Die Quelle des Glaubens

Der Mensch ist das Wesen, das nicht nur über die Fähigkeit der Selbst-Distanzierung verfügt, sondern gleichzeitig auch über die Fähigkeit der Selbst-Transzendierung. Das heißt, dass der Mensch sich als Geistwesen immer schon von sich als Leibwesen distanzieren kann; hierin gründet seine Freiheit, die ein Akt der Selbst-Distanzierung ist, ein Sich-Verhalten zu seinen biologischen, psychologischen und soziologischen Bedingungen. Nicht weniger zeichnet den Menschen als Geistwesen aber auch die Fähigkeit der Selbst-Transzendierung aus. Das bedeutet, dass der Mensch nicht in der Umwelt-Struktur gefangen ist wie das Tier, sondern weltoffen ist, womit das, was Max Scheler „Sachlichkeit" nennt, verbunden ist. Der Mensch kann alles zur Sache machen, d. h. vergegenständlichen; er ist nicht mehr an die reine Bedürfnisstruktur gebunden. Wissenschaft, Philosophie, Kunst, Religion sind solche Akte der Selbst-Transzendierung. Dabei kommt der religiösen Dimension, dem „ultimate concern", eine ganz besondere Bedeutung zu, geht es hier doch um das Letztgültige, Unbedingte, Absolute, Unendliche. [14]

Glaube ist für Tillich eine menschliche Möglichkeit, weil der Mensch in der Lage ist, „in einem unmittelbaren, personalen und zentralen Akt die Bedeutung des Letztgültigen [...] zu verstehen". Dieses Wort Tillichs erinnert an ähnliche

---

42 Vgl. Petronius, Fragment 22; Statius, Thebais 3, 661.

Gedanken bei Max Scheler, der davon spricht, dass Selbst-, Welt- und Gottesbewusstsein in einem Akt erfasst werden,[43] oder bei Karl Jaspers, dem zufolge die Existenz immer schon auf Transzendenz bezogen ist.[44]

Tillich lehnt zwar die „natürliche Theologie" ab, die er auf die sog. „Gottesbeweise" zu reduzieren scheint, aber er nimmt ein „unmittelbares Gewahrwerden" Gottes im Selbst an (vgl. GW V, 122 ff.). Im weiteren Sinne handelt es sich dabei aber auch um eine Form natürlicher Theologie. In Abschnitt [61] kommt Tillich im Zusammenhang der beiden Elemente in Bezug auf den Gottesgedanken auf diesen Aspekt noch einmal zu sprechen.

[15] Der Begriff der „Unruhe des Herzens" geht auf den berühmten Satz aus Augustins „Confessiones/Bekenntnisse" zurück, wo es in I,1,1 heißt: „Auf dich hin hast du [sc. Gott] uns erschaffen, und unruhig ist unser Herz, bis es ruht in dir."

Augustinus geht davon aus, dass der Mensch immer auf der Suche nach Erfüllung seines Strebens ist. Das Streben selbst ist nicht in das Belieben des Menschen gestellt, da es ein Wesensmerkmal von ihm ist. Allerdings kann das Ziel dieses Strebens, auf das sich der Mensch als auf sein höchstes Gut richtet, um Ruhe finden zu können, sehr verschieden aussehen. Dies kann z. B. materieller Besitz oder auch Ruhm sein. Aber alle diese endlichen Dinge lassen das menschliche Herz nicht zur Ruhe kommen, da die unendliche Sehnsucht des Menschen nicht durch Endliches zu stillen ist. Implizit verfügt jeder Mensch nach Augustin über ein Wissen um Gott, das diese Unruhe des Herzens bewirkt, und dieses Wissen gilt es aufzuspüren.[45]

Dieses Motiv Augustins wird immer wieder aufgenommen bis hin zur Existenzphilosophie eines Peter Wust[46] (1884–1940) oder im Motiv des „unbewussten Gottes" bei Viktor E. Frankl (1905–1997).[47]

[16] Der Begriff der „unendlichen Leidenschaft"[48] geht auf Sören Kierkegaard (1813–1855) zurück.[49] In der Religionsgeschichte hat fast alles einmal Letztgül-

---

43 Vgl. Max Scheler, Die Stellung des Menschen im Kosmos, Bonn [12]1991, 89.
44 Vgl. z. B. Karl Jaspers, Einführung in die Philosophie (s. Anm. 22), 37.
45 Vgl. dazu Walter Andreas Euler, „Unruhig ist unser Herz" (Conf. 1,1,1). Zur Wirkungsgeschichte eines augustinischen Motivs, in: Michael Fiedrowicz (Hrsg.), Unruhig ist unser Herz. Interpretationen zu Augustins Confessiones, Trier 2004, 9–24.
46 Vgl. Werner Schüßler / Marc Röbel (Hrsg.), „Die Unruhe des Menschenherzens." Einblicke in das Werk Peter Wusts (= Edition Peter Wust. Schriftenreihe der Peter-Wust-Gesellschaft, hrsg. von Herbert Hoffmann u. Werner Schüßler, Bd. 5), Berlin 2013.
47 Vgl. Viktor E. Frankl, Der unbewußte Gott, München [2]1994.
48 Vgl. ST[e] I, 12: „It [sc. that which is ultimate] is a matter of infinite passion and interest (Kierkegaard)". ST I, 19 übersetzt hier ungenau: „Es ist das Objekt ‚unendlichen Interesses' (Kierkegaard)".
49 Vgl. Sören Kierkegaard, Abschließende unwissenschaftliche Nachschrift, Tl. I, in: Ders., Gesammelte Werke, hrsg. von Emanuel Hirsch, Bd. 16, Gütersloh [3]1994, 194.

tigkeit erlangt.⁵⁰ Das „kritische Prinzip" erörtert Tillich später unter dem Stichwort „protestantisches Prinzip".⁵¹

Die Unterscheidung zwischen *fides qua creditur* und *fides quae creditur*, [17] zwischen Akt und Inhalt des Glaubens, geht auf Augustinus zurück.⁵² Beide Seiten gehören untrennbar zusammen und dürfen nicht auseinandergerissen werden. Das heißt, die *fides quae* darf nicht nur sachhaft als *depositum* von Satzwahrheiten und die *fides qua* darf nicht als rein subjektiver Vollzug verstanden werden. Tillich drückt dies so aus: „Es gibt keinen Glauben ohne Inhalt, auf den dieser gerichtet ist. [...] Und es ist nicht möglich, abgesehen vom Akt des Glaubens über den Inhalt des Glaubens zu verfügen."

Ob aber mit Tillichs Satz: „Alles Reden über göttliche Dinge, das nicht im Zustand des ‚ultimate concern' geschieht, ist bedeutungslos" auch schon die Unterscheidung von natürlicher und übernatürlicher Offenbarung (vgl. GW VIII, 37) überwunden ist und damit 2.500 Jahre philosophischer Denkbemühungen um den Gottesgedanken – von Platon bis Jaspers – hinfällig geworden sind, wage ich zu bezweifeln.⁵³

Die untrennbare Einheit von *fides qua* und *fides quae* sucht Tillich mit dem [18] Hinweis auf die Mystik zu untermauern. So können wir bei Plotin (204/5–270) lesen, dass die Seele Gott, der das Licht ist, nur kraft dieses Lichtes, von dem sie erfüllt wird, zu schauen vermag. Es ist daher dasselbe: das Medium, durch welches sie schaut, und derjenige, den sie schaut. Man sieht ja auch, merkt Plotin an, die Sonne nicht in einem fremden Licht.⁵⁴ Auf dieses Motiv spielt Tillich auch selbst an in seinem Beitrag „Two Types of Philosophy of Religion" von 1946, wenn es hier unter der Überschrift „Die Augustinische Lösung" heißt: „Wir sehen es [sc. das Sein-Selbst] immer, aber wir bemerken es nicht immer, wie wir alles im Licht sehen, ohne immer das Licht selbst zu sehen." (GW V, 125) Tillich fasst diese Position in dem Satz zusammen: „Gott ist die Voraussetzung der Frage nach Gott." (GW V, 124) Und er verortet sich selbst auch in dieser Tradition (vgl. GW V, 131–137).⁵⁵

---

50 Siehe dazu unten Abschnitt [79].
51 Siehe dazu unten Abschnitt [37].
52 Vgl. Augustinus, De trinitate XIII, 2,5.
53 Vgl. dazu Werner Schüßler, Protestantisches Prinzip versus natürliche Theologie? Zu Paul Tillichs Problemen mit einer natürlichen Theologie, in: Ders., „Was uns unbedingt angeht." Studien zur Theologie und Philosophie Paul Tillichs (= Tillich-Studien, hrsg. von Werner Schüßler u. Erdmann Sturm, Bd. 1), Berlin ⁴2015, 161–173.
54 Vgl. Plotin, Enneade V 3,17,28–38; vgl. ebd., V 5,7,31–35.
55 Vgl. dazu auch EW I, 130.

In Bezug auf die für den Menschen logisch unvermeidliche Subjekt-Objekt-Struktur schreibt Tillich: „Das, was dem Subjekt und Objekt vorangeht, kann nicht zum Objekt werden, zu dem sich der Mensch als Subjekt denkend und handelnd verhält. Gott ist kein Objekt für uns als Subjekte. Er ist das, was dieser Trennung vorausliegt. Und doch sprechen wir über ihn und können es nicht vermeiden, da alles, was wirklich für uns wird, in die Subjekt-Objekt-Beziehung eintritt." (GW V, 133)[56]

Mit Bezug auf 1 Kor 13,12 („Jetzt erkenne ich unvollkommen, dann aber werde ich durch und durch erkennen, so wie ich auch durch und durch erkannt worden bin.") will Tillich sagen, dass Gott selbst dann, wenn er zum logischen Objekt wird, Subjekt bleibt (vgl. ST I, 203 f.).[57] Karl Jaspers drückt das mit dem Begriff des „Umgreifenden" sehr schön aus: Die Transzendenz ist das, was Subjekt wie Objekt immer schon umgreift.[58]

Das hat natürlich auch Konsequenzen für das Verständnis des Gebets, dessen Gefahr es ist, magisch missverstanden zu werden. Tillich spricht im Anschluss an Röm 8,26 („Denn wir wissen nicht, worum wir in rechter Weise beten sollen; der Geist selber tritt jedoch für uns ein mit Seufzen, das wir nicht in Worte fassen können.") darum auch vom „Paradox des Gebets" (ST III, 222 f.)[59]

[19]   Hier bietet Tillich ein Kriterium für die Unterscheidung von wahrer und falscher Letztgültigkeit: Wenn der „ultimate concern" etwas Endliches, Bedingtes ist, dann wird das Subjekt-Objekt-Schema nicht transzendiert. Denken wir noch einmal daran, dass der „ultimate concern" recht hoch angesiedelt sein kann (Bsp. „Nation"), aber auch sehr niedrig (Bsp. „Fußballgott"), so wird verständlich, wenn „nationalistische Ekstase" dazu führen kann, dass das Subjekt regelrecht in das Objekt verschlungen wird. Und trotzdem führt nach Tillich ein falscher „ultimate concern" letztlich zu einer „existentiellen Enttäuschung". Um das noch einmal mit Augustinus auszudrücken: Die unendliche Sehnsucht des Menschen kann dauerhaft nicht durch etwas Endliches gestillt werden.

Da götzendienerischer Glaube aber auch „der zentrierte Akt einer Personalität" ist, der zentrierende Punkt aber in diesem Fall „mehr oder weniger an der Peripherie" liegt, führt dies nach Tillich auf Dauer „zu einer Zerrissenheit der Personalität". In seiner „Systematischen Theologie" erläutert er dazu: „Im Zustand dämonischer Besessenheit ist der Geist nicht wirklich ‚außer sich', sondern er befindet sich vielmehr in der Macht von Elementen seiner selbst, die bestrebt

---

56 Vgl. auch ST I, 202–205.
57 Vgl. dazu auch EW XVI, 44.
58 Vgl. Karl Jaspers, Einführung in die Philosophie (s. Anm. 22), 24–31.
59 Vgl. dazu Werner Schüßler, Das Paradox des Gebetes. Zu Paul Tillichs theonomer Gebetstheologie, in: Ders., „Was uns unbedingt angeht" (s. Anm. 53), 79–86.

sind, den ganzen Geist zu vereinnahmen, was dann das Zentrum des rationalen Selbst ergreift und es zerstört. Es gibt jedoch einen Punkt, in dem Ekstase und Besessenheit übereinstimmen. In beiden Fällen wird die normale Subjekt-Objekt-Struktur des Geistes außer Kraft gesetzt. Aber die göttliche Ekstase verletzt nicht die Ganzheit des rationalen Geistes, während die dämonische Besessenheit sie schwächt oder zerstört." (ST I, 138)[60]

4 Glaube und die Dynamik des Heiligen

In diesem und den beiden folgenden Abschnitten bezieht sich Tillich auf die bekannte Schrift von Rudolf Otto (1869–1937) über „Das Heilige" von 1917,[61] und er stellt hier eine Verbindung her zwischen seinem Begriff des „ultimate concern" und Ottos Verwendung des Begriffs „heilig", wenn es heißt: „Was einen letztgültig angeht, wird heilig." In seiner „Systematischen Theologie" schreibt Tillich: „Heiligkeit ist ein Phänomen der Erfahrung; sie ist phänomenologischer Beschreibung zugänglich. Darum ist sie ein sehr wichtiges kognitives ‚Eingangstor', um das Wesen der Religion zu verstehen." (ST I, 251)[62]

Das Gewahrwerden des Heiligen, das trotz seiner Gegenwart immer Geheimnis bleibt, wird besonders im Alten Testament deutlich, was Otto im 12. Kapitel seiner Schrift an exemplarischen Beispielen verdeutlicht. Das Heilige tritt nach Otto dem Menschen gegenüber als das Mysterium;[63] dieses umfasst immer zwei Momente: das Moment des *tremendum* und das Moment des *fascinans*.[64] Wo immer der Mensch dem Göttlichen oder Heiligen begegnet, wird dieses in einer Kontrastharmonie von etwas „Unheimlich-furchtbaren"[65] einerseits und „etwas eigentümlich *Anziehendem*, Bestrickendem, *Faszinierendem*"[66] andererseits erlebt. Diese drei entscheidenden Momente des Heiligen kann man in die bekannte

[20]

---

60 Mit leichten Korr. nach STᵉ I, 114.
61 Vgl. dazu Werner Schüßler, „My very highly esteemed friend Rudolf Otto." Die Bedeutung Rudolf Ottos für das religionsphilosophische Denken Paul Tillichs, in: Christian Danz / Marc Dumas / Werner Schüßler / Mary Ann Stenger / Erdmann Sturm (Hrsg.), Interpretation of History (= International Yearbook for Tillich Research / Internationales Jahrbuch für die Tillich-Forschung / Annales internationales de recherches sur Tillich, Vol. 8/2013), Berlin/Boston 2013, 153–174.
62 Mit leichten Korr. nach STᵉ I, 215.
63 Vgl. Rudolf Otto, Das Heilige. Über das Irrationale in der Idee des Göttlichen und sein Verhältnis zum Rationalen, Sonderausgabe, München 1971, 28–37.
64 Vgl. ebd., 13–28 u. 42–52.
65 Ebd., 19.
66 Ebd., 42.

Formel fassen: *mysterium tremendum et fascinosum*. Tillich deutet diese Formel wie folgt: „Das *tremendum* ist der äußerste Schrecken darüber, daß wir unsere Erfüllung verfehlen können, das *fascinosum* ist das äußerste Verlangen, sie zu erreichen." (EW IV, 62 f.)

[21]   Nach Otto gebrauchen wir gewöhnlich das Wort „heilig" in einem übertragenen Sinne und verstehen es dann „als das absolut *sittliche* Prädikat, als vollendet *gut*".[67] Das ist aber nicht sein ursprünglicher Sinn. „Heilig schließt zwar alles dieses mit ein, enthält aber [...] einen deutlichen Überschuß", und das Wort „heilig" meint „zunächst und vorwiegend *nur* diesen Überschuß [...] und das Moment des Moralischen überhaupt nicht oder nicht von vornherein und niemals ausschließlich"[68], was ein Blick auf die semitische, lateinische, griechische und andere alte Sprachen Otto zufolge deutlich macht. Und hierfür gebraucht Otto das Wort „das Numinöse".[69]

Mit Otto versteht auch Tillich die Gleichsetzung von „heilig" mit „moralischer Vollkommenheit" als eine Verzerrung des ursprünglichen Begriffs (vgl. ST I, 252).

Das griech. *hagios*, lat. *sanctus* (abgel. von *sancire*: umschließen, umgrenzen) deutet bekanntlich auf einen abgegrenzten Bereich hin, wodurch alles „vor" diesem Bezirk *pro-fanus* ist (*pro:* vor; *fanum:* Heiligtum, Tempel, geweihter Ort). Dieselbe Herkunft hat auch das hebr. *qados* für heilig, dessen Wurzel „scheiden, absondern" bedeutet.

Mit Otto bezeichnet Tillich das Heilige auch als das „ganz Andere".[70] Der Begriff des „ganz Anderen" wurde auch von Karl Barth (1886–1968) übernommen. Wenn Gott aber der „ganz Andere" ist, führt dies dann nicht notwendig zur Ablehnung der „analogia entis", die Tillich aber wiederum bejaht?[71] Cusanus (1401–1464) hat bekanntlich von Gott als dem *non aliud*, dem „Nicht-Anderen", gesprochen, womit er auf die Ähnlichkeit der Schöpfung mit dem Schöpfer hinweisen will.[72]

Wenn Tillich schreibt: „Es gibt keinen bedingten Weg, um das Unbedingte zu erreichen", so kann er sich auch hier auf Otto beziehen, dem zufolge das Göttliche

---

67 Ebd., 5.
68 Ebd., 5 f.
69 Ebd., 6.
70 Vgl. ebd., 28–37.
71 Vgl. dazu Werner Schüßler, „Meine katholischen Freunde verstehen mich besser als meine protestantischen." Wie katholisch ist Paul Tillich?, in: Aufgeklärte Religion und ihre Probleme. Schleiermacher – Troeltsch – Tillich, hrsg. von Ulrich Barth, Christian Danz, Wilhelm Gräb u. Friedrich Wilhelm Graf (= Theologische Bibliothek Töpelmann, Bd. 165), Berlin/Boston 2013, 311–329, bes. 315–319.
72 Vgl. Nikolaus von Kues, De non aliud (1461/62).

nicht erfasst werden kann „von dem *theoretischen Erkennen* der Welt und der Weltzusammenhänge"[73], also im Sinne der sog. „Gottesbeweise".

Beide Momente des Heiligen, das *tremendum* wie auch das *fascinosum*, [22] können nach Tillich einen schöpferischen wie auch einen zerstörerischen Charakter bekommen. Er verweist in diesem Zusammenhang u. a. auf die indischen Gottheiten Kali und Shiva, wobei Erstere als Göttin des Todes und der Zerstörung gilt, Letzterer als Gott der Schöpfung und des Neubeginns.[74] Tillich nennt diese Zweideutigkeit in der Idee des Göttlichen „göttlich-dämonisch". Sie findet sich nicht nur in den Religionen,[75] sondern auch in den sog. Quasi-Religionen wie dem Nationalsozialismus, dem Faschismus und dem Kommunismus (vgl. EW IV, 65 f.).[76]

Im Prophetismus des Alten Testaments sieht Tillich den Kampf gegen das dämonisch-zerstörerische Element des Heiligen am eindrücklichsten durchgeführt. „Göttliche und dämonische Heiligkeit waren nicht unterschieden, bis sie unter der Einwirkung der prophetischen Kritik in radikalen Gegensatz traten." (ST I, 253) Das hatte aber auch zur Folge, dass Heiligkeit nun zu Gerechtigkeit und Wahrheit wurde, was schließlich die „Gleichsetzung von Heiligkeit mit moralischer Vollkommenheit" bewirkte. In seiner „Systematischen Theologie" heißt es dazu: „In dem Maße, in dem der antidämonische Kampf geschichtlich siegreich war, [wurde] der Sinn von heilig verwandelt [...]. Das Heilige wurde das Gerechte, das moralisch Gute, gewöhnlich mit asketischer Nebenbedeutung. Das göttliche

---

73 Rudolf Otto, Das Heilige (s. Anm. 63), 175.
74 Allerdings ist diese Zuschreibung hinsichtlich der „hinduistischen Trinität" (Trimurti) komplizierter, wonach es drei Aspekte des Göttlichen gibt: Brahma als Schöpfer, Vishnu als Bewahrer und Shiva als Prinzip der Zerstörung. Aber außerhalb dieser „Trinität" verkörpert Shiva eben auch Schöpfung und Neubeginn.
75 Hier ist sicherlich auch an die Opferung Isaaks zu denken (Gen 22,1–19).
76 Vgl. auch GW V, 53–55 u. 58–64. Zum Begriff der „Quasi-Religion" schreibt Tillich: „Gelegentlich wird das, was ich ‚Quasi-Religion' nenne, als ‚Pseudo-Religion' bezeichnet. Aber das ist ungenau und unzutreffend. ‚pseudo' bezieht sich auf eine beabsichtigte, vorgetäuschte Ähnlichkeit, ‚quasi' dagegen auf eine unbeabsichtigte, tatsächlich vorhandene Ähnlichkeit auf Grund bestimmter, gemeinsamer Züge." (GW V, 53) In einem Vortrag mit dem Titel „Der Absolutheitsanspruch des Christentums und die Weltreligionen", den Tillich 1963 in Tübingen gehalten hat, sagt er, dass er den Begriff „quasi" im Sinne von „als ob" gebraucht, und auch hier präzisiert er: „Man soll sie [sc. die Quasi-Religionen] nicht Pseudo-Religionen nennen. Das griechische Wort *pseudo* [griech.: *pseudes*] heißt ja falsch. Aber diese Religionen beanspruchen nicht, Religionen zu sein. Das viel Wichtigere ist, daß sie es sind gegen ihren eigenen Anspruch. Daß sie nämlich etwas unbedingt ernst nehmen, daß sie die Frage des Sinns des Lebens beantworten für Millionen und Hunderte von Millionen von Menschen und daß sie unbedingte Hingabe fordern." (Paul Tillich, Der Absolutheitsanspruch des Christentums und die Weltreligionen [dt.-frz.], in: Jean-Marc Aveline, Paul Tillich [= Artisans du dialogue], Marseille 2007, 80 u. 82)

Gebot, heilig zu sein, wie Gott heilig ist, wurde als eine Forderung moralischer Vollkommenheit interpretiert." (ST I, 252) Dadurch verliert aber der Begriff „heilig" seine ursprüngliche Bedeutung, wie sie Otto wieder aufgedeckt hat. Bei Ottos Analyse, das muss an dieser Stelle betont werden, um Missverständnisse zu vermeiden, handelt es sich um eine phänomenologische Beschreibung des Heiligen und nicht um eine ontologische Qualifizierung Gottes. Das wird auch noch einmal durch den nächsten Abschnitt bestätigt.

[23]　Unter der Zweideutigkeit der Religion versteht Tillich die beiden Gefahren der Profanisierung und der Dämonisierung. „Man kann sagen, daß sich die Religion immer zwischen den beiden Gefahrenpunkten – Profanisierung und Dämonisierung – bewegt. In jedem religiösen Akt sind beide stets gegenwärtig – offen oder versteckt." (ST III, 120)[77]

Um mögliche Missverständnisse zu vermeiden, muss an dieser Stelle aber noch einmal ausdrücklich betont werden, dass das Dämonische nach Tillich nicht in Gott selbst liegt (vgl. GW VIII, 98). Im Gegensatz zu Schelling – und hier ist an dessen bekannte „Freiheitsschrift"[78] zu denken – vertritt Tillich keinen Dualismus in Gott selbst.

5 Glaube, Mut und Zweifel

[24]　In diesem und dem folgenden Abschnitt wird ein Thema aufgegriffen, das Tillich in seiner bekanntesten Schrift „The Courage to Be" von 1952 (vgl. GW XI, 13–139), auf die er hier auch selbst verweist, breit erörtert hat.[79] Es geht hier um die beiden Elemente des Glaubens, die Tillich hinsichtlich des Glaubensaktes unterscheidet, die aber untrennbar zusammengehören: Das eine ist das unmittelbare Gewahrwerden des Letztgültigen, dem Tillich zufolge Gewissheit zukommt, das andere ist die Ungewissheit in Bezug auf den konkreten Inhalt des „ultimate concern", der immer ein Wagnis bedeutet und folglich „einen Akt des Mutes" mit einschließt.

---

[77] Tillichs gesamte Theologie ist letztlich eine Antwort auf das Problem der Profanisierung oder Säkularisierung. Vgl. dazu Werner Schüßler, Paul Tillich zum Problem der Säkularisierung, in: Ders., „Was uns unbedingt angeht" (s. Anm. 53), 15–31. Zum Problem des Dämonischen vgl. Christian Danz / Werner Schüßler (Hrsg.), Das Dämonische. Kontextuelle Studien zu einer Schlüsselkategorie Paul Tillichs (= Tillich Research [s. Anm. 1], Vol. 15), Berlin/München/Boston 2018.
[78] Vgl. Friedrich Wilhelm Joseph Schelling, Philosophische Untersuchungen über das Wesen der menschlichen Freiheit [1809], in: Sämmtliche Werke, hrsg. von Karl Friedrich August Schelling, Stuttgart/Augsburg 1858–1861, Bd. I/7, 331–416.
[79] Von daher ist auch Tillichs Überschrift „Faith, courage and doubt" (nach A) plausibler als diejenige in B/C/D, wo „courage" gestrichen wurde bzw. ausgefallen ist.

Wenn Tillich hier im Anschluss an „The Courage to Be" von Mut spricht, dann [25] versteht er diesen ontologisch als „das Wagen der Selbst-Bejahung des eigenen Seins trotz der Mächte des ‚Nichtseins'".[80] Diese Mächte des Nichtseins, so führt er in „The Courage to Be" aus, drücken sich auf dreierlei Weise aus: erstens in der Angst vor Schicksal und Tod, zweitens in der Angst vor Schuld und Verdammung sowie drittens in der Angst vor Leere und Sinnlosigkeit (vgl. GW XI, 119).

Wenn Tillich hier schreibt, dass die Letztgültigkeit als Letztgültigkeit „ebenso unmittelbar und jenseits des Zweifels" ist, „wie es das Selbst dem Selbst ist", dann erinnert das an recht frühe Formulierungen; beispielhaft soll hier nur an den Beitrag „Die Überwindung des Religionsbegriffs in der Religionsphilosophie" von 1922 erinnert werden, wo es heißt: „Gottesgewißheit ist die in der Selbstgewißheit des Ich enthaltene und sie begründende Gewißheit des Unbedingten." (GW I, 378) Dieses Element des Glaubens korrespondiert dem, was der frühe Tillich in seinem Beitrag über „Rechtfertigung und Zweifel" von 1924 mit dem Begriff der Grundoffenbarung – im Gegensatz zur Heilsoffenbarung – zum Ausdruck bringt (vgl. GW VIII, 91–100).[81]

Stellt sich ein konkreter „ultimate concern" als Fehlschlag heraus, wie das bei dem nationalen Götzendienst zwangsläufig der Fall ist, dann bricht der Sinn des Lebens zusammen, was schließlich zur Verzweiflung führen kann.[82]

Wenn es im Text heißt: „Ein Gott verschwindet, die Gottheit bleibt. Glaube wagt das Verschwinden des konkreten Gottes, an den er glaubt", so scheint das fast wie eine Paraphrase des bekannten Schlusssatzes aus „The Courage to Be", der immer gerne zitiert, aber so gut wie nie weiter erläutert wird: *„Der Mut zum Sein gründet in dem Gott, der erscheint, wenn Gott in der Angst des Zweifels untergegangen ist."* (GW XI, 139) Diesen Gott nennt Tillich in dieser Schrift den „Gott über Gott" (vgl. GW XI, 137–139), und dieser korrespondiert dort dem „absoluten Glauben" (vgl. GW XI, 130–139). Diese sehr einseitig zugespitzten Formulierungen werden meist so verstanden, als würde Tillich hier einen Glaubensbegriff vertreten, der auf einen konkreten Inhalt verzichten könnte. Aber das ist hier gar nicht Tillichs Intention, wie „Dynamics of Faith" deutlich macht, wo es heißt: „Und jeder Glaube enthält ein konkretes Element. Es geht ihn etwas oder jemand an." In seiner Schrift „The Courage to Be" geht es Tillich demgegenüber mit den Begriffen „Gott über Gott" und „absoluter Glaube" seinen eigenen Selbstaussagen nach nicht um systematische, sondern um dialogische Formeln, sollen diese doch

---

80 Vgl. die ähnliche Formulierung in GW XI, 117.
81 Vgl. auch EW XIV, 37–41; dazu Werner Schüßler, Jenseits von Religion und Nicht-Religion. Der Religionsbegriff im Werk Paul Tillichs (= Athenäums Monographien – Theologie, Bd. 4), Frankfurt/M. 1989, 32–39.
82 Siehe dazu oben Abschnitt [19], wo Tillich von „existentieller Enttäuschung" spricht.

für Menschen, die sich in einer Situation extremen Zweifels befinden, eine gewisse tröstliche Funktion haben.[83]

[26] Die englische Sprache kennt – im Gegensatz zur deutschen – zwei Begriffe für „Glaube", „faith" und „belief", wobei in der Regel „faith" den religiösen Glauben meint, „belief" im Deutschen zuweilen besser mit „Für-wahr-Halten" wiederzugeben ist.[84] Ähnlich ist es auch im Französischen: Hier deutet „foi" mehr auf den lebendigen Glauben hin, wohingegen „croyance" eher den Glauben an eine Lehre meint.

Aufgrund der Äquivokation im deutschen Begriff „Glaube" bzw. „glauben" ist es daher wenig hilfreich, sondern eher kontraproduktiv, wenn Theologen gerne im Zusammenhang der modernen Glaubenskrise daran erinnern, dass Menschen ja alles mögliche „glauben" – warum also dann eigentlich nicht an Gott glauben? Hierbei wird aber übersehen, dass „Glaube" im Sinne des „Für-wahr-Haltens" etwas ganz Anderes meint als Glaube im Sinne eines existentiellen Aktes, was eine entscheidende Stoßrichtung von „Dynamics of Faith" ist. Da aber das Glaubensverständnis nicht selten im Sinne eines Für-wahr-Haltens von Satzwahrheiten verstanden wurde und zum Teil immer auch noch so verstanden wird, wird die Verwirrung in Bezug auf den Begriff des Glaubens verständlich. Glaube und Zweifel, das ist hier und in den folgenden Abschnitten die zentrale Aussage, sind nur dann unvereinbar, wenn Glaube als Für-wahr-Halten verstanden wird.

Innerhalb der katholischen Theologie finden sich bis in die jüngste Vergangenheit hinein Aussagen, die den Glaubenszweifel in die Nähe der Sünde und des Unglaubens rücken.[85]

[27] Der Zweifel, der zum religiösen Glauben notwendig dazugehört, ist erstens zu unterscheiden vom „methodologischen Zweifel" der Wissenschaft. Wissenschaftliche Erkenntnis hat zwar einen allgemeingültigen Charakter, sie ist aber, worauf Karl Jaspers immer wieder zu Recht hingewiesen hat, nur hypothetisch zwingend gewiss, das heißt, sie besitzt eine große Wahrscheinlichkeit, ist also nie absolut zwingend gewiss,[86] wie das noch René Descartes (1596–1650) oder Gottfried Wilhelm Leibniz (1646–1716) gemeint haben. Karl Popper (1902–1994) hat darum auch zu Recht gegenüber dem Logischen Positivismus betont, dass

---

83 Vgl. dazu Werner Schüßler, Paul Tillichs Schrift „The Courage to Be" – ein missverstandener Bestseller. Eine kritische Analyse der Begriffe „Theismus", „absoluter Glaube" und „Gott über Gott", in: C. Danz / M. Dumas / W. Schüßler / B. Wagoner (Hrsg.), The Courage to Be (= International Yearbook for Tillich Research [s. Anm. 61], Vol. 13/2018), Berlin/Boston 2018, 109–131.
84 Zuweilen muss „belief" aber auch mit „Glauben" übersetzt werden; in diesem Fall habe ich den engl. Begriff in Klammern immer hinzugefügt.
85 Vgl. Katechismus der Katholischen Kirche, München 1993, Nrn. 2088–2089.
86 Vgl. Karl Jaspers, Vom Ursprung und Ziel der Geschichte, München ⁹1988, 111.

wissenschaftliche Theorien nicht verifiziert, sondern immer nur falsifiziert werden können.[87] Tillich spricht hier von einer „pragmatischen Gewissheit [...], die für das Handeln ausreicht", und er denkt dabei sicherlich an die technische Umsetzung wissenschaftlicher Erkenntnisse. Ein Beispiel dazu soll hier genügen: Die Newtonsche Mechanik wurde zwar durch Einsteins Relativitätstheorie überholt, aber im Bereich kleiner Geschwindigkeiten und für die Praxis reicht Erstere immer noch aus.

Zweitens ist der Zweifel, der zum religiösen Glauben notwendig dazugehört, [28] vom skeptischen Zweifel zu unterscheiden. Tillich macht hier zu Recht darauf aufmerksam, dass dieser mehr „eine Haltung gegenüber allen Überzeugungen des Menschen" sei und weniger eine theoretische Behauptung, denn als eine solche wäre er selbstwidersprüchlich und könnte so rein formal widerlegt werden. Eine solche formale Widerlegung würde dann so aussehen: Der Skeptiker behauptet, dass es keine Wahrheit gibt; für diese Behauptung beansprucht er aber Wahrheit. Hierauf hat schon René Descartes aufmerksam gemacht, der aber keinen skeptischen, sondern einen methodischen Zweifel vertrat, um auf diesem Wege zu einer absoluten Gewissheit, dem „cogito sum" („Ich denke, ich bin") zu gelangen, mit dem er den Skeptizismus material zu überwinden suchte.

In Tillichs Predigt „Our Ultimate Concern", die in dem Predigtband „The New Being" von 1955 erschienen ist, heißt es zum Skeptizismus: „Daß uns nichts angeht oder daß uns etwas unbedingt angeht – das ist die Alternative. Aber auch der Zyniker ist noch an *einer* Sache leidenschaftlich interessiert, nämlich daran, daß ihn *nichts* mehr interessiert. Das ist sein innerer Widerspruch. Das zeigt, daß seine Haltung nicht die Lösung ist." (RR II, 149)

Tillich nennt den Zweifel, der zum religiösen Glauben notwendig dazugehört, [29] den existentiellen Zweifel. In der Existenzphilosophie eines Karl Jaspers oder Peter Wust spielt dieser Aspekt auch eine wichtige Rolle. Wo es um existentielle Wahrheit geht, wie das in der Religion oder der Philosophie der Fall ist, das heißt, wo es also um Bekenntnis und nicht nur um Erkenntnis geht, dort hat auch immer der existentielle Zweifel seinen Ort. In diesem Sinne sind Glaube, ob philosophischer (Jaspers) oder religiöser (Tillich), und existentieller Zweifel polar aufeinander bezogen.[88] „Glaube wäre nicht Glaube, sondern mystische Vereinigung", schreibt Tillich in der „Systematischen Theologie", „wenn ihm das Element des Zweifels fehlen würde." (ST III, 275)[89]

---

87 Vgl. Karl Popper, Logik der Forschung, Tübingen [10]1994.
88 Vgl. dazu Werner Schüßler, Glaube und existentieller Zweifel als Pole des Menschseins, in: Hans-Georg Gradl / Mirijam Schaeidt / Johannes Schelhas / Werner Schüßler, Glaube und Zweifel. Das Dilemma des Menschseins, Würzburg 2016, 11–54.
89 Mit leichter Korr. nach ST[e] III, 239.

Der Begriff der „Ungesichertheit" (lat.: *insecuritas*) spielt im Denken des christlichen Existenzphilosophen Peter Wust eine entscheidende Rolle. Der Mensch ist hiernach das *animal insecurum*, das ungesicherte Lebewesen, im Gegensatz zum Tier, das ein *animal securum*, ein gesichertes Lebewesen ist.[90]

[30] Tillich macht hier auf ein Missverständnis aufmerksam, das in diesem Zusammenhang nicht selten begegnet: Die beschriebene Dynamik von Glaube und Zweifel beruht auf einer Strukturanalyse des Glaubens, seiner subjektiven und objektiven Seite, und sie ist keine Zustandsbeschreibung. Das heißt, der Zweifel ist „als ein Element innerhalb der Struktur des Glaubens [...] stets gegenwärtig", wenn er auch nur unter bestimmten individuellen oder sozialen Bedingungen auftritt.[91] Zweifel muss also nicht als eine permanente Bedrohung des Glaubens erlebt werden, was aber sicherlich immer auch eine Frage des psychologischen Typus ist. So mag es sehr wohl glaubensstarke Persönlichkeiten geben, die kaum Anfechtungen kennen. Aber inwieweit das „echt" ist oder mit der Unterdrückung des Zweifels erkauft ist, steht auf einem anderen Blatt.[92] Tillich sucht das am Begriff der Angst zu verdeutlichen: Angst ist für Tillich „ein ontologischer Begriff": „Angst ist ein anderes Wort für Endlichkeit." (GW VI, 161) In diesem Sinne ist man zwar „nicht immer in Angst, aber die Angst ist immer da" (GW VI, 162).

Von unmittelbarer Evidenz kann man Tillich zufolge demgegenüber nur in Bezug auf die Sinnlichkeit und die Logik sprechen; hier wäre auch noch die Mathematik zu nennen.[93] Wenn ich z. B. einen Baum sehe, dann habe ich diese „cogitatio" (im Sinne Descartes'), unabhängig davon, ob es diesen Baum in der extramentalen Welt gibt oder nicht. Und der logischen Prinzipien und Gesetzen bediene ich mich selbst dann, wenn ich sie zu widerlegen suche; sie fließen immer – bewusst oder unbewusst, implizit oder explizit – in mein Denken mit ein.

Tillich betont immer wieder, dass im Glauben ein Element des „Dennoch" enthalten ist;[94] unter christlichem Vorzeichen bedeutet dies: „Es ist der Mut, die Botschaft zu akzeptieren, daß man trotz der Entfremdung versöhnt ist." (ST II, 56)[95]

---

90 Vgl. Peter Wust, Ungewißheit und Wagnis, neu hrsg. im Auftrag der Peter-Wust-Gesellschaft von Werner Schüßler u. F. Werner Veauthier. Einleitung und Anmerkungen von Werner Schüßler (= Edition Peter Wust [s. Anm. 46], Bd. 1), Berlin ⁴2014.
91 Mit Blick auf Hiob wird deutlich, dass es nur eine Frage der Massivität von Leid ist, bis Zweifel auftreten.
92 Zum Fanatismus siehe unten die Abschnitte [34] u. [131].
93 Siehe dazu unten Abschnitt [42].
94 Vgl. Ps 73 u. Joh 20,29.
95 Vgl. dazu auch Tillichs Predigt mit dem deutschen Titel „Dennoch bejaht" (RR I, 144–153). Das englische Original trägt den Titel: „You Are Accepted."

Theologen und Pfarrer haben immer wieder bekannt, dass sie nicht hätten [31] Theologen oder Pfarrer werden bzw. bleiben können, wenn sie Tillich nicht begegnet wären.

Bekanntlich wurde ja auch Mutter Teresa im hohen Alter von furchtbaren Glaubenszweifeln geplagt.[96] Und auch Papst Franziskus hat einmal beim Besuch eines römischen Studienkollegs im Juni 2016 offen über seine Glaubenszweifel gesprochen, die er immer wieder gehabt habe – als Jugendlicher, als Seminarist, als Priester, als Ordensmann, als Bischof und selbst als Papst.

6 Glaube und Gemeinschaft

Dieser und die folgenden Abschnitte beschäftigen sich mit der Frage, ob ein [32] solcher dynamischer Glaubensbegriff, in dem der Zweifel als immanentes Element des Glaubens angesehen wird, überhaupt vereinbar ist mit einer „Gemeinschaft des Glaubens".

In der „Systematischen Theologie" bezeichnet Tillich es als eine Selbsttäu- [33] schung zu meinen, dass man auf eine religiöse Gemeinschaft verzichten könne, und er begründet dies so: „Da der Mensch nur in der Begegnung mit der anderen Person Person werden kann und da die Sprache der Religion – selbst wenn sie lautlose Sprache ist – von der Gemeinschaft abhängig ist, bleibt alle ‚subjektive Religiosität' ein Reflex der Gemeinschafts-Tradition, die sich verflüchtigt, wenn sie nicht ständig durch das Leben in der Gemeinschaft des Glaubens und der Liebe genährt wird. Es gibt nichts derartiges wie ‚private Religion', aber es gibt persönliche Reaktionen auf das Leben in der religiösen Gemeinschaft, und diese Reaktionen können einen schöpferisch revolutionären wie zerstörerischen Einfluß auf die Gemeinschaft haben. Der Prophet geht in die Wüste, um zur Gemeinschaft zurückzukehren, und der Eremit lebt von dem, was er aus den Traditionen der Gemeinschaft mitgenommen hat." (ST III, 241) Und: „Wer in der Einsamkeit betet, betet in den Worten der religiösen Tradition, die ihm die Sprache gegeben hat." (ST III, 271)

Dass die religiöse Sprache von einer Außenperspektive her nicht völlig verstanden werden kann, hat auch Ludwig Wittgenstein (1889–1951) dazu veranlasst, vom „religiösen Sprachspiel" zu sprechen. Damit will er zum Ausdruck bringen, dass man die religiöse Sprache erlernen muss, wie man auch die Regeln

---

96 Vgl. Mutter Teresa, Komm, sei mein Licht, hrsg. u. kommentiert von Brian Kolodiejchuk, München 2010.

eines Spiels erlernen muss, um mitspielen zu können – darum auch der Begriff „Sprachspiel".[97]

[34] In diesem und dem folgenden Abschnitt geht es um die Frage, ob es notwendig ist, dass die Glaubensgrundlagen einer Religion formuliert und verteidigt werden müssen, und das sowohl nach außen als auch nach innen. Es fällt auf, dass die Argumentation von Tillich hier recht „theologisch" wirkt, was daran deutlich wird, dass er sich bei diesen Ausführungen sehr stark an der christlichen Religion orientiert und auch den Begriff „Kirche" verwendet.[98]

[35] Auf Tillichs Ausführungen zum Begriff der Häresie trifft auch das oben in Abschnitt [34] Gesagte zu.[99] Was Tillich hier in Bezug auf den „Glauben der Liberalen" sagt, hat im weiteren Sinne für jeden „ultimate concern" Geltung: Jeder „ultimate concern" hat eine eigene Sprache und benutzt besondere Symbole.

[36] Für weltliche Autoritäten hat Tillich zufolge das Neutralitätsgebot zu gelten. Interessant ist hier die Feststellung, dass die geistige Substanz einer sozialen Gruppe, die durch den gemeinsamen Nenner der verschiedenen Gruppen und ihre gemeinsame Tradition bestimmt wird, Tillich zufolge immer das Ergebnis eines Glaubens ist, sei dieser profaner oder religiöser Natur. In diesem Sinne versteht er selbst die amerikanische Verfassung als Ausdruck eines solchen Glaubens.

[37] Schließlich münden diese Überlegungen in die Frage, ob und, wenn ja, wie das dynamische Verständnis des Glaubens, das den Zweifel immer mit einschließt, mit den bekenntnishaften Ausdrucksformen einer Glaubensgemeinschaft zu vereinbaren ist. Tillich lehnt in diesem Zusammenhang den Begriff der „Unfehlbarkeit" ab, den er in einem weiteren Sinne deutet – ganz gleich, ob man ihn auf ein Konzil, einen Bischof oder ein Buch (wie beispielsweise die Bibel oder den Koran) bezieht[100] –, wird doch auf diese Weise der Glaube „statisch", indem er Unterwerfung unter eine Autorität fordert.

Die Lösung sieht Tillich darin, dass die bekenntnishaften Darlegungen einer Glaubensgemeinschaft immer schon ein selbstkritisches Element mit einschließen müssen. Darin kommt das zum Ausdruck, was er als „protestantisches Prinzip" bezeichnet. Dieses ist nicht identisch mit dem Protestantismus (vgl. GW VII, 22). Zwar versteht Tillich den Protestantismus als eine „besondere geschichtliche Verkörperung" dieses Prinzips, doch ist der Protestantismus auch

---

[97] Vgl. Ludwig Wittgenstein, Vorlesungen über den religiösen Glauben, in: Werner Schüßler (Hrsg.), Religionsphilosophie (= Alber – Texte – Philosophie, hrsg. von Karl-Heinz Lembeck, Bd. 12), Freiburg/Br. 2000, 195–217.
[98] Vgl. dazu seine diesbzgl. Ausführungen in ST III, 204–206.
[99] Vgl. dazu auch ST III, 206f.
[100] An anderer Stelle wendet er sich explizit gegen das Unfehlbarkeitsdogma des Vaticanum I (vgl. ST III, 433).

diesem „ewigen protestantischen Prinzip" unterworfen (GW VII, 12). Das heißt, das „protestantische Prinzip" steht „jenseits jeder seiner Verwirklichungen" (GW VII, 85).[101] Es handelt sich hierbei um eine Kritik, die im Namen Gottes auftritt gegenüber der Religion. „Das protestantische Prinzip [...] ist der Wächter gegen die Versuche des Endlichen und Bedingten, sowohl im Denken als auch im Handeln, sich zur Würde des Unbedingten zu erheben. Es ist das prophetische Gericht über religiösen Stolz, kirchliche Arroganz und diesseitige Selbstgenügsamkeit mit ihren zerstörerischen Konsequenzen." (GW VII, 86)

An anderer Stelle stellt Tillich dem „protestantischen Prinzip" die „katholische Substanz" zur Seite, wobei er beide Elemente typologisch verstanden wissen möchte.[102] Das heißt, auch wenn der Katholizismus eine starke Tendenz zur „katholischen Substanz" hin aufweist, womit die sakramentale Vergegenwärtigung des Göttlichen gemeint ist, und der Protestantismus zum „protestantischen Prinzip", so finden sich doch auch in beiden Konfessionen Anteile am jeweils anderen Element. Dieses Thema wird später noch einmal in einem größeren Rahmen aufgegriffen, wenn es um die Wesenselemente der konkreten Religion geht.[103]

---

101 Vgl. dazu Erdmann Sturm, Protestantismus und protestantisches Prinzip in der philosophischen Theologie Paul Tillichs, in: Theologische Revue 102/6 (2006) 443–458.
102 Vgl. dazu GW XIII, 92–95; GW VII, 124–132 u. 151–158.
103 Siehe dazu unten die Abschnitte [95] u. [96].

II Was Glaube nicht ist

1 Die intellektualistische Verzerrung der Bedeutung des Glaubens

[38] Mit dem Verständnis des Glaubens als „ultimate concern" ist gleichzeitig die Zurückweisung von verschiedenen Verzerrrungen verbunden, die „seit Beginn des wissenschaftlichen Zeitalters", d. h. seit Beginn der Neuzeit, mit der Ablehnung der Religion verbunden sind.

[39]   Solche Verzerrungen beruhen darauf, dass eine einzelne Funktion des Geistes (Verstand, Wille, Gefühl) mit dem Glauben gleichgesetzt wird, dieser aber ein Akt der ganzen Personalität darstellt.

[40]   Der Glaube ist kein Erkenntnisakt mit einem „geringen Grad von Evidenz". Tillich gebraucht in der Regel hierfür im Englischen den Begriff „belief", der in diesem Zusammenhang am besten mit „Für-wahr-Halten" wiedergegeben wird. Im alltäglichen Leben spielt ein solcher „Glaube" im Sinne eines „Für-wahr-Haltens" eine recht große Rolle, da sehr viele unserer Meinungen und Handlungen hierauf beruhen. Ein typisches Beispiel ist die Bezugnahme auf zuverlässige Autoritäten: In diesem Sinne „glauben" wir den Eltern, den Lehrern, den Experten, den Politikern, den Wissenschaftlern usw. Und wir „glauben" ihnen, weil wir ihnen letztlich vertrauen. Ohne ein solches Vertrauen wäre unsere Welt recht klein und eng.

Tillich zufolge ist es nicht sinnvoll, hierfür den Begriff „faith" zu gebrauchen, da ein solcher „Glaube" im Sinne eines „Für-wahr-Haltens" wesentlich anderer Natur ist als der religiöse Glaube im Sinne des „ultimate concern". Dadurch, dass wir im Deutschen diese Unterscheidung sprachlich nur schwer zum Ausdruck bringen können, kommt natürlich eine gewisse Äquivokation ins Spiel. Man kann sich natürlich damit helfen, den Begriff des Glaubens in diesem Sinne mit dem Begriff „Für-wahr-Halten" zum Ausdruck zu bringen, doch ist das sprachlich in manchen Fällen unschön: So kann man kaum sagen, dass man die Autoritäten „für wahr hält", sondern man wird hier immer sagen: Man glaubt oder vertraut den Autoritäten.

Vertrauen spielt Tillich zufolge zwar auch immer beim religiösen Glauben mit hinein, aber er ist nicht darauf zu reduzieren. Glaube ist „mehr als Vertrauen selbst in die heiligste Autorität". Glaube „bedeutet Partizipation mit dem ganzen Sein am Gegenstand des ‚ultimate concern'". Das heißt, alle Funktionen des Geistes haben am Glauben teil.[104]

---

104 Siehe dazu oben Abschnitt [4].

1 Die intellektualistische Verzerrung der Bedeutung des Glaubens — **137**

Damit grenzt sich Tillich auch bewusst gegen „einige frühe Theologen" ab, die „die unbedingte Autorität der biblischen Schriftsteller" dadurch zu beweisen suchten, „dass sie ihre Vertrauenswürdigkeit als Zeugen aufzeigten". Hier ist an Origenes[105], Arnobius[106] oder auch Augustinus[107] zu denken.

Hier macht Tillich auf den Unterschied von Glaube und (vor-)wissenschaft- [41] licher Erkenntnis aufmerksam. Wenn er sagt, dass die Erkenntnis unserer Welt keine Sache des Glaubens ist, dann bedeutet das, dass Glaube und Wissenschaft prinzipiell nicht in Konflikt geraten können. Wenn das aber faktisch geschieht, dann wird entweder der Glaube im Sinne des Für-wahr-Haltens verstanden oder die Wissenschaft überschreitet ihre Grenzen und vertritt das, was Karl Jaspers „Wissenschaftsaberglauben" nennt.[108] Glaube kann immer nur mit Glaube in Konflikt geraten. Dieses Thema wird unten noch breiter erörtert, und hier besonders hinsichtlich des Verhältnisses von Glaube und Naturwissenschaft, Geschichtswissenschaft sowie Psychologie.[109]

Tillich greift hier das wieder auf, was er auch schon in Abschnitt [30] ange- [42] sprochen hat. Absolute Gewissheit bietet nur die unmittelbare Evidenz der Sinneswahrnehmung sowie die Logik und Mathematik. Allerdings ist das Beispiel mit der grünen Farbe nicht so überzeugend, da es sich bei der Farbe um eine sekundäre Sinnesqualität handelt, die nicht zu definieren ist. Es geht hier Tillich um das prinzipielle Problem, dass sinnliche Daten im Sinne von „cogitationes", also Bewusstseinsinhalten, zwar absolut gewiss sind; dies sagt aber noch nichts darüber aus, ob diesen „cogitationes" in der extramentalen Wirklichkeit auch etwas entspricht, wie das René Descartes deutlich gemacht hat. Auch im Falle der Logik und Mathematik ist noch nichts über die Wirklichkeit ausgesagt, sind doch beide Wissenschaften rein formalen Charakters.

Wenn Tillich sagt, dass keine Wahrheit möglich sei ohne das Material der Sinnesdaten und ohne die Form logischer und mathematischer Regeln, dann könnte man das im weiteren Sinne als kantischen Standpunkt bezeichnen – im Gegensatz zu einem Standpunkt, wie ihn beispielsweise Platon oder – in der Neuzeit – Leibniz vertreten haben, die von sog. „eingeborenen" oder apriorischen Ideen und Wahrheiten ausgehen.

Wenn Tillich hier davon spricht, dass der Erkennntnisprozess unendlich ist, [43] so erinnert das an die Schrift „De coniecturis" (entst. 1440–1444) des Nikolaus

---

105 Vgl. Origenes, Contra Celsum 3,23–24; 4,53.
106 Vgl. Arnobius, Adversus nationes 1,54.
107 Vgl. Augustinus, De consensu evangelistarum 1,1.
108 Vgl. Karl Jaspers, Vernunft und Widervernunft in unserer Zeit. Drei Gastvorlesungen [1950], München ³1990, 9–29.
109 Siehe dazu unten die Abschnitte [104]-[113].

von Kues, in der dieser das menschliche Erkennen als unendlichen Annäherungsprozess an die Wahrheit deutet. Diesen Gedanken hat Karl Raimund Popper auch in seinem Werk „Conjectures and Refutations. The Growth of Scientific Knowledge" (London 1963) unter modernem Vorzeichen vertreten.

Wenn Tillich schreibt, dass unsere Erkenntnis immer nur „den Charakter größerer oder geringerer Wahrscheinlichkeit" besitze, die für praktische Zwecke ausreicht, dann knüpft er hier an das bereits oben in Abschnitt [27] Gesagte an.

Die Gewissheit des Glaubens hat demgegenüber einen ganz anderen Charakter, der auch nicht mit der formalen Evidenz der Logik und Mathematik vergleichbar ist; die Gewissheit des Glaubens ist „existentiell", das heißt, dass die ganze Existenz des Menschen daran partizipiert.

Tillich kommt in diesem Zusammenhang auch noch einmal auf die beiden Elemente des Glaubens zu sprechen, die er schon oben in den Abschnitten [24] und [25] ausführlich behandelt hat. Mit Bezug auf ein bekanntes Wort aus Shakespears „Hamlet" („To be, or not to be, that is the question.") unterstreicht Tillich hier noch einmal ausdrücklich die Bedeutung des existentiellen Charakters des Glaubensaktes.

Die Frage, wo eine solche intellektuelle Verzerrung des Glaubens historisch zu verorten ist, ist nicht so einfach zu beantworten. In der mittelalterlichen Theologie wird der Glaubensakt zwar in der Regel dem Verstand zugeordnet. So heißt es beispielsweise bei Thomas von Aquin (1225–1274): „Credere est immediate actus intellectus."[110] Aber auch Immanuel Kants (1724–1804) Bestimmung des Glaubens als subjektiv zureichendes, zugleich aber objektiv unzureichendes „Fürwahrhalten", das zwischen Meinen und Wissen angesiedelt ist, dürfte das ihrige zur intellektualistischen Verzerrung beigetragen haben.[111]

2 Die voluntaristische Verzerrung der Bedeutung des Glaubens

[44] Tillich unterscheidet hier einen katholischen und einen protestantischen Typ. Für Ersteren bezieht er sich zu Recht auf Thomas von Aquin, dem zufolge dem Willen aufgrund der kognitiven Defizienz des Glaubens in Bezug auf die Inhalte eine die

---

110 Vgl. Thomas von Aquin, Summa theologiae, II/II, 4,2 („Der Glaube ist unmittelbar ein Akt des Verstandes.").
111 Vgl. Immanuel Kant, Kritik der reinen Vernunft, B 850.

intellektuelle Zustimmung bewirkende Rolle zukommt,[112] wobei die göttliche Gnade wiederum den Willen bewegt. An der Position des Thomas von Aquin wird somit zweierlei deutlich: zum einen, dass die Kritik an der intellektualistischen Verzerrung des Glaubens gleichzeitig auch eine Kritik an der voluntaristischen Verzerrung impliziert (vgl. ST III, 157), und zum anderen, dass der Wille zu glauben zur Willkür wird, wenn das Moment der Gnade abgelehnt wird.

Den protestantischen Typ macht Tillich an dem Wort Paulus' zum Glaubensgehorsam (Röm 1,5) fest. Bedeutet Glaubensgehorsam die Hingabe, die zum „ultimate concern" immer schon dazugehört, dann ist dieser Begriff unproblematisch. In diesem Fall setzt nämlich der Glaubensgehorsam immer schon Glauben voraus und bewirkt ihn nicht. Meint Glaubensgehorsam hingegen „die Unterwerfung unter das Gebot zu glauben", dann ist dieses Wort in dem Fall problematisch, wenn Zweifel an dem zu Glaubenden aufkommen, denn dann wird er zu einem „willkürlichen ‚Willen zu glauben'". [45]

Tillich fasst die bisherigen Überlegungen in dem Satz zusammen: „Glaube kann weder durch Argumente im Sinne des Für-wahr-Haltens noch durch den Willen zu glauben erzeugt werden." Das folgt aus dem existentiellen Charakter des Glaubens. Die Bedeutung dieses Glaubensverständnisses für die Bereiche der religiösen Erziehung, Lebensberatung und Verkündigung liegen auf der Hand. [46]

3 Die emotionale Verzerrung der Bedeutung des Glaubens

Tillich stellt hier zu Recht fest, dass Friedrich Daniel Ernst Schleiermacher (1768– 1834) nicht der „Gefühlstheologe" ist, für den man ihn lange gehalten hat.[113] So bestimmt dieser in seiner „Glaubenslehre" die Religion als „schlechthinniges Abhängigkeitsgefühl"[114]. Mit Gefühl ist hier aber keine subjektive Empfindung oder Emotion gemeint, sondern eine vernunftmäßige Erkenntnisweise, die von der begrifflichen Erkenntnis zu unterscheiden ist. Tillich deutet den Begriff des Gefühls in diesem Sinne als „unmittelbares Bewußtsein von etwas Unbedingtem im Sinne der augustinisch-franziskanischen Tradition" (ST I, 52). Allein schon der Begriff „schlechthinnig" macht nach Tillich deutlich, dass damit das Psycholo- [47]

---

112 Vgl. Thomas von Aquin, Summa theologiae, II/II, 4,2. Auf dieses thomanische Glaubensverständnis bezieht man sich katholischerseits bis in die jüngste Vergangenheit hinein. Vgl. z. B. den Katechismus der Katholischen Kirche (s. Anm. 85), Nr. 155.
113 Der frühe Tillich scheint das aber noch anders zu sehen (vgl. GW IX, 16; GW I, 369f.).
114 Friedrich Daniel Ernst Schleiermacher, Der christliche Glaube nach den Grundsätzen der evangelischen Kirche im Zusammenhange dargestellt, hrsg. von Martin Redeker, 2 Bde., Berlin ²1960, § 4,2.3.4.

gische transzendiert ist, da jede Art von Gefühl im rein psychologischen Sinne bedingt ist (vgl. EW II, 78).

[48] Die folgende Ausführung aus Tillichs „Vorlesungen über die Geschichte des christlichen Denkens" ist eine gute Interpretation zu dem hier Dargelegten: „Wenn ich mit anti-theologisch eingestellten Kollegen über Theologie spreche, sind sie immer froh, wenn sie einen Theologen zitieren können, der die Religion in das dunkle Reich des Gefühls verbannt; dort ist die Religion nicht mehr gefährlich. Man kann seine wissenschaftlichen und politischen Aufgaben, seine ethischen und logischen Analysen verfolgen ohne Rücksicht auf Religion und Kirche, die nur noch eine untergeordnete Rolle spielen. Man braucht sie nicht ernst zu nehmen, denn sie haben es ja nur mit subjektiven Gefühlen zu tun. Menschen, für die diese wichtig sind, können in die Kirche gehen, aber den Gelehrten gehen sie nichts an. In dem Augenblick jedoch, in dem diesen Menschen eine Theologie entgegentritt, die – nicht von außen, sondern von innen – in ihr Leben, in die Wissenschaft, die Politik und die Ethik eingreift und die zu zeigen versucht, daß es auf allen Gebieten um einen ‚ultimate concern' geht, wie ich es nenne, oder um eine ‚schlechthinnige Abhängigkeit', wie Schleiermacher es nannte, dann setzen diese Menschen sich zur Wehr und versuchen, die Religion wieder in die Sphäre des Gefühls zu verbannen. Wenn die Theologie oder die Religion ihnen das erlaubt, dann tut sie sich selbst einen schlechten Dienst." (EW II, 79)

[49] Anhand des Beispiels der „Wissenschaftler, Künstler und Moralisten" sucht Tillich deutlich zu machen, dass man selbst bei jenen, die die Religion bekämpfen, anhand ihrer Werke aufzeigen kann, wie viel „ultimate concern" sich darin immer noch ausdrückt. Damit wird wiederum deutlich, dass Glaube immer nur mit Glaube in Konflikt geraten kann.

[50] Zusammenfassend kann man feststellen: Der „ultimate concern" betrifft alle Dimensionen unseres Seins. In diesem Sinne ist er immer auch eine Sache unseres Verstandes, denn es geht dabei um Wahrheit. Er ist aber auch eine Sache des Willens, denn er treibt zum Handeln an. Und das Gefühl spielt immer auch mit hinein; aber der Glaube ist nicht mit dem Gefühl identisch. Wäre er auf ein bloßes Gefühl reduzierbar, dann ginge es nur um ein „ästhetisches Vergnügen ohne innere Partizipation" (EW II, 80).

Der Glaube ist also weder mit einer der Geistesfunktionen identisch, noch kann er aus einer von ihnen abgeleitet oder erzeugt werden. Vielmehr umfasst und eint er alle Geistesfunktionen (vgl. ST III, 158).

III Symbole des Glaubens

1 Die Bedeutung des Symbols

Es ist das besondere Verdienst Tillichs, dass er den Begriff des Symbols (vgl. GW V, 187–244) wieder in die evangelische Theologie eingeführt hat. In Tillichs Theorie des Symbols fließen ganz unterschiedliche Traditionsstränge zusammen. So sind Gemeinsamkeiten mit der sog. Negativen Theologie ganz offensichtlich, aber es finden sich auch Aspekte, die an die mittelalterliche Analogielehre erinnern, wie sie von Thomas von Aquin vertreten wurde. Wesentliche Impulse hat Tillich darüber hinaus der Mythen- und Symboldeutung Schellings und Ernst Cassirers (1874–1945) zu verdanken, worauf er auch selbst aufmerksam macht, ebenso Rudolf Ottos Begriff des Ideogramms sowie dem Symbolverständnis von C. G. Jung. Schließlich spielt auch die Begegnung mit der Kunst für die Entwicklung des Symbolbegriffs in Tillichs Denken eine wesentliche Rolle.[115]

[51]

Da der Symbolbegriff in den verschiedensten Bereichen Verwendung findet, muss derjenige, der ihn benutzt, sagen, was genau er darunter versteht. Und das betrifft besonders auch das Verhältnis von Zeichen und Symbol, da hier oft nicht genügend differenziert wird.

So ist es nur konsequent, wenn Tillich in einem ersten Schritt das Gemeinsame von Symbol und Zeichen erläutert, das darin besteht, dass beide über sich selbst hinaus auf etwas anderes hinweisen. Als typische Beispiele für Zeichen nennt Tillich hier das Rot der Verkehrsampel oder auch mathematische Zeichen. Solche künstlichen Zeichen, bei denen keine wesensmäßige Beziehung hinsichtlich der bezeichneten Sache besteht,[116] beruhen auf Zweckmäßigkeit oder Konvention, und aus diesem Grund können sie auch problemlos ausgetauscht werden. Das ist nach Tillich bei echten Symbolen nicht möglich, da diese an der Wirklichkeit dessen partizipieren, worauf sie hinweisen.

[52]

Damit ist auch schon das zweite Merkmal des Symbols angesprochen. Als Beispiel verweist Tillich hier auf die Flagge einer Nation, die diese immer auch repräsentiert und an deren Macht und Würde sie partizipiert. Sie besitzt damit immer auch eine Identität stiftende Funktion. Denken wir an die Flaggenver-

[53]

---

115 Vgl. dazu Werner Schüßler, Das Symbol als Sprache der Religion. Paul Tillichs Programm einer „Deliteralisierung" religiöser Sprache, in: Ders. (Hrsg.), Wie läßt sich über Gott sprechen? Von der negativen Theologie Plotins bis zum religiösen Sprachspiel Wittgensteins, Darmstadt 2008, 169–186.
116 Bei natürlichen Zeichen, auf die Tillich hier aber nicht zu sprechen kommt, besteht in der Regel eine solche wesensmäßige Beziehung; denken wir an die nasse Straße nach einem Regen.

brennungen feindlicher Nationen, dann wird deutlich, was Tillich hier mit dem Begriff der Partizipation zum Ausdruck bringen will.

[54]   Symbole eröffnen Dimensionen der Wirklichkeit, die uns auf keine andere Weise zugänglich wären. Tillich bringt hier als Beispiel die Künste. So können dichterische Symbole nicht durch philosophische oder wissenschaftliche Begriffe ersetzt werden. Auch präsentative Symbole, wie sie in der Malerei oder in der „nichtdarstellenden" Musik begegnen, können nicht durch diskursive Symbole, wie sie in der Sprache verwendet werden, vermittelt werden.

[55]   Symbole wirken immer auf zweifache Weise: Sie eröffnen nicht nur Dimensionen der Wirklichkeit, sondern auch gleichzeitig die entsprechenden „verborgenen Tiefen unseres eigenen Seins", die diesen entsprechen und die uns auch auf keine andere Weise zugänglich sind. Tillich bringt hier als Beispiel das Theater und die Musik. Nur aufgrund dieser Korrespondenz von äußerer und innerer Wirklichkeit sagen uns solche Symbole etwas.

[56]   Da Symbole nicht wie Zeichen auf Zweckmäßigkeit oder Konvention beruhen, können sie auch nicht willkürlich erfunden oder hergestellt werden. Woher aber stammen sie dann? Tillich verweist hier auf das Unbewusste. In Bezug auf politische oder religiöse Symbole wäre aber weniger an das individuelle, als vielmehr an das „kollektive Unbewusste" zu denken, das bei C. G. Jung eine wichtige Rolle spielt (vgl. GW XII, 316–319).

[57]   Wenn Tillich davon spricht, dass Symbole heranwachsen und sterben wie Lebewesen, dann will er mit diesem Bild sagen, dass ein Symbol immer nur dann entstehen und lebendig bleiben kann, wenn es von einer Gemeinschaft anerkannt wird, die in ihm ihr eigenes Sein wiedererkennt. Verschwindet diese Anerkennung, dann sinkt das Symbol zu einer Metapher ab. Dieser Prozess, der im Einzelnen nur sehr schwer aufhellbar ist, lässt sich Tillich zufolge am Beispiel des Polytheismus verdeutlichen: „Die Symbole des Polytheismus [...] waren in einer Situation geboren, die später nicht mehr bestand. Deshalb mußten sie sterben. In diesen Vorgängen spielt absichtliche Erfindung keine Rolle." (GW V, 216)

[58]   Tillich zufolge finden sich echte Symbole nur im Bereich der Künste (Bsp. Gemälde oder Dichtung), in der Politik (Bsp. Flagge), in der Geschichte (Bsp. historische Persönlichkeiten wie Kennedy) und in der Religion (vgl. GW V, 237).

2 Religiöse Symbole

[59] Dass wir nur symbolisch (und nicht eigentlich oder buchstäblich) über Gott sprechen können, leuchtet ein. Nach Tillich gilt das aber für jeden „ultimate concern" des Menschen, also auch für götzendienerische wie die Nation, den Erfolg oder das Geld. Denn auch hier werden gewöhnliche Begriffe in einer Weise verwendet, die die

Wirklichkeit, auf die sie normalerweise hinweisen, weit übersteigen, bekommt doch auf diese Weise beispielsweise die Nation geradezu heilige Qualität.[117]

Allerdings würde ich hier doch einen Unterschied sehen wollen. Denn in Bezug auf das wahrhaft Letztgültige ist die Notwendigkeit der symbolischen Sprache in der Sache selbst begründet, da Gott seinem Sein nach alles Endliche unendlich transzendiert. In Bezug auf einen götzendienerischen „ultimate concern" fehlt aber diese ontologische Grundlage der Symbolsprache. Zwar wird zuweilen auch über die Nation in einer Weise gesprochen, die die Sprache des Alltags hinter sich lässt, indem diese quasi mystifiziert und zu einer „transzendenten" Größe hypostasiert wird, die sie aber nicht ist. Ich würde von daher eher dazu neigen, von einer „quasi"-symbolischen Redeweise in Bezug auf einen götzendienerischen „ultimate concern" zu sprechen – in Analogie zu Tillichs Begriff der „Quasi-Religionen".[118]

„Gott transzendiert seinen eigenen Namen." Dieser paradox klingende Satz [60] lässt sich mit Hilfe einer Unterscheidung, wie sie von Meister Eckhart (1260–1328) her bekannt ist, so erläutern: Gott (*Deus*) ist die Form, in der der transzendente Gott (*Deitas*) für den Menschen fasslich wird. Das heißt, mit dem Namen „Gott" (*Deus*) verbinden wir immer eine ganze Reihe bestimmter Symbole; Gott selbst (*Deitas*) transzendiert aber diese Symbole.

Zu einer Blasphemie führt die Verwendung des Namens „Gott" dann, wenn wir unsymbolisch von ihm sprechen, denn auf diese Weise verendlichen wir ihn, machen wir ihn zu etwas Bedingtem.

Wer die Frage stellt: Geht es im Glauben nur um Symbole?, der zeigt nach Tillich damit, dass er die Sache nicht verstanden hat. Zum einen mag das ein Hinweis dafür sein, dass der so Fragende den Unterschied zwischen Zeichen und Symbolen nicht verstanden hat; zum anderen mag er erwarten, dass die direkte und eigentliche, d.h. die buchstäbliche Sprache in Bezug auf das Göttliche angemessener sei als die symbolische, was aber ein Missverständnis ist. „Buchstäblich ist nicht mehr, sondern weniger als symbolisch. [...] Man kann sagen ‚nur ein Zeichen', aber nicht ‚nur ein Symbol'." (GW V, 220)[119]

„Gott" ist für Tillich das grundlegende Symbol des „ultimate concern". Und er [61] behauptet hier, dass dieses selbst dann im Glaubensakt gegenwärtig ist, wenn Gott verneint wird. Das führt schließlich zu dem paradox klingenden Satz: „Wo es einen ‚ultimate concern' gibt, kann Gott nur im Namen Gottes verneint werden."

---

117 Siehe dazu oben Abschnitt [2].
118 Es fällt auf, dass Tillich diesen Aspekt in seinen Symbolaufsätzen (vgl. GW V, 187–244) nicht anspricht.
119 Vgl. auch ST I, 158.

Mit Rekurs auf die Unterscheidung zwischen den beiden Elementen im Glaubensakt[120] kann diese Paradoxie wie folgt aufgelöst werden: Die Letztgültigkeit als Letztgültigkeit kann selbst der Leugner Gottes nicht verneinen; die Leugnung Gottes kann sich immer nur auf die Objektivationsform, d. h. auf das konkrete Element beziehen. Der kryptisch klingende Satz „Gott ist Symbol für Gott" will auch auf diese beiden Elemente im Glaubensakt aufmerksam machen, die es zu unterscheiden gilt. Für das konkrete Element bringt Tillich hier recht instruktive Beispiele aus der Religionsgeschichte, die gleichzeitig eine qualitative Steigerung darstellen: ein heiliger Baum – Apollon – Jahwe.

Wirklicher Atheismus wäre demnach nur denkbar, wenn den Menschen die Frage nach dem Sinn seiner Existenz unberührt ließe. In diesem Falle, so heißt es in Tillichs Predigt „The Divine Name", hat er sich aber „seiner eigentlichen Menschlichkeit begeben" (RR III, 97).

[62] Tillich behauptet hier recht apodiktisch („Es ist klar ..."), dass mit diesen Überlegungen die Frage der natürlichen Theologie, d. h. der philosophischen Gotteslehre, im Sinne der sog. „Gottesbeweise" erledigt sei, da sie als sinnlos erwiesen wäre. Zum einen behauptet er, dass die Letztgültigkeit als Letztgültigkeit absolut gewiss sei – ein Gedanke, den man von anderen Voraussetzungen her sicherlich auch bestreiten kann, der aber selbst auch eine Form natürlicher Theologie darstellt –, zum anderen hat die Behauptung, dass kein göttliches Wesen „existiere", weil der Begriff der Existenz sich notwendig auf etwas beziehe, was „im Ganzen der Wirklichkeit" gefunden werden kann, einen leicht sophistischen Beigeschmack. Ähnlich drückt sich Tillich auch in seiner „Systematischen Theologie" aus, wenn es hier heißt: „Gott existiert nicht. Er ist das Sein-Selbst jenseits von Essenz und Existenz. Deshalb: Beweisen wollen, daß Gott existiert, heißt – ihn leugnen." (ST I, 239)

Diese Sätze, die in der Literatur immer gerne zitiert werden, werden dem Anliegen der natürlichen Theologie aber in keiner Weise gerecht. Tillich relativiert diesen Einwand auch selbst etwas, wenn er meint, dass die Scholastiker, wenn sie von der „Existenz" Gottes gesprochen hätten, eigentlich „die Realität, die Gültigkeit, die Wahrheit der Gottesidee" gemeint hätten (ebd.) – und doch bleibt er bei seiner Behauptung.

Es ist natürlich klar, dass Gott – als das Sein-Selbst – nicht so „ist" bzw. „existiert" wie ein Stein, ein Baum oder ein Mensch, d. h. wie etwas „Bedingtes". Das war aber auch immer allen prominenten Vertretern der natürlichen Theologie bewusst. Von daher ist es auch übertrieben spitzfindig, wenn Tillich meint, dass der Ausdruck „Existenz Gottes" „schon in sich selbst eine unmögliche Kombi-

---

[120] Siehe oben die Abschnitte [24] u. [25].

nation von Worten" darstelle. Eine solche Formulierung mag wohl die protestantische Atmosphäre treffen (Stichwort: Werk in Bezug auf das Erkennen), nicht aber das berechtigte Anliegen der natürlichen oder philosophischen Theologie spätestens seit Platon.

Neben dem Wort „Gott" sind nach Tillich auch die Eigenschaften Gottes [63] symbolisch zu verstehen, da sie unseren endlichen Erfahrungen entstammen. Tillich nennt hier „Macht, Liebe und Gerechtigkeit", in Anlehnung an seine Schrift „Love, Power, and Justice" von 1954 (vgl. GW XI, 143–225). In dieser Schrift erläutert er, was das in Bezug auf diese drei Begriffe heißt (vgl. GW XI, 214–218). Hinsichtlich der Macht schreibt er dazu: „Wir erleben Macht in physischem Geschehen, ebenso aber auch in der Fähigkeit, unseren Willen gegen einen fremden Willen durchzusetzen. Auf diese Erfahrung stützen wir uns, wenn wir von der göttlichen Macht sprechen. Wir sprechen von seiner Allmacht und rufen ihn als den Allmächtigen an. Im wörtlichen Sinne würde das bedeuten, daß Gott das höchste Wesen ist, der tun kann, was ihm gefällt, was zugleich besagt, daß es eine Menge Dinge gibt, die er nicht tun will, eine Vorstellung, die uns in einen Nebel absurder Hirngespinste führt. Der wahre Sinn der Allmacht liegt darin, daß Gott die Macht des Seins in allem ist, was ist. Diese Macht geht über jede andere Macht unendlich hinaus, ist aber zugleich ihr schöpferischer Grund." (GW XI, 215) Analoges gilt auch für die Rede von der Personalität Gottes (vgl. ST I, 283).[121]

Aber nicht nur die Eigenschaften Gottes sind symbolisch zu verstehen, sondern ebenso die ihm zugeschriebenen Handlungen, wie: dass er die Welt geschaffen hat, dass er seinen Sohn gesandt hat oder dass er die Welt vollenden wird. Tillich erläutert das in Bezug auf den Satz „Gott hat seinen Sohn gesandt" folgendermaßen: „Das Wort ‚hat' impliziert Zeitlichkeit. Gott aber ist über unserer Zeitlichkeit, obwohl er nicht über jeder Zeitlichkeit ist. Der Satz enthält auch eine Metapher des Raumes. ‚Jemanden senden' heißt, ihn von einem Ort zum andern bewegen. Auch das ist symbolische Ausdrucksweise, obwohl Räumlichkeit ein Element in Gottes schöpferischem Grund ist. Sagt man weiter, er ‚hat gesandt', so bedeutet das, wörtlich genommen, daß er etwas verursacht hat. Gott ist dadurch der Kategorie der Kausalität unterworfen. Und wenn wir schließlich von ‚ihm und seinem Sohn' sprechen, so sprechen wir von zwei verschiedenen Wesen und wenden damit die Kategorie der Substanz auf ihn an. Dies alles ist sinnlos, wenn wir es wörtlich auffassen. Wenn es dagegen symbolisch genommen wird, ist es ein tiefer Ausdruck der christlichen Erfahrung, ja der höchsten christlichen Erfahrung im Hinblick auf das Verhältnis von Gott und Mensch." (GW V, 219) Auch hier

---

[121] Vgl. auch ST II, 18.

würde ein buchstäbliches Verständnis Gott in die Welt des Bedingten einreihen, was zu absurden Vorstellungen führen würde.

[64] In seinem Beitrag „The Nature of Religious Language" von 1959 spricht Tillich in Bezug auf das Wort „Gott" sowie in Bezug auf die Eigenschaften und Handlungen Gottes von der „transzendenten Schicht" religiöser Symbole, womit er zum Ausdruck bringen möchte, dass diese über die empirische Wirklichkeit hinausgeht. Hiervon ist die „immanente Schicht" religiöser Symbole zu unterscheiden, die wir innerhalb der uns begegnenden Welt vorfinden (vgl. GW V, 218). Bei Letzterer geht es um die „Manifestationen des Göttlichen" in Raum und Zeit; Tillich spricht hier auch von den „Inkarnationen des Göttlichen" (GW V, 219). Das können Dinge und Ereignisse, Personen und Gemeinschaften, Worte und Schriften sein.

Von diesen eigentlichen religiösen Symbolen sind die sog. „Hinweissymbole", wie kultische Gebärden oder bildhafte Symbole wie das Kreuz, zu unterscheiden, die auf die Ersteren hinweisen (GW V, 209).

3 Symbole und Mythen

[65] Bei Mythen (das griech. Wort *mythos* meint soviel wie Rede, Erzählung) handelt es sich Tillich zufolge um Symbole des Glaubens, die zu (Götter-)Geschichten miteinander verbunden sind. Entscheidend ist hierbei, „daß die Götter als handelnd und erleidend in Raum und Zeit vorgestellt werden" (GW V, 187).

[66] Die Religion bekämpft zu Recht „die im Mythos enthaltene Vergegenständlichung des Göttlichen in Raum, Zeit und Menschenbildlichkeit" (GW V, 189).

[67] Jedoch sind die mythischen Stoffe selbst in der antimythischen Religion lebendig, wenn auch in einer neuen Wendung: „Das Göttliche ist erfaßt als das Unbedingte, Seins-Jenseitige; es geht nicht ein in Raum und Zeit. Aber es ist nur anschaubar in Symbolen, die raum-zeitlichen Charakter haben. Der Mythos ist überwunden, aber die mythische Substanz ist geblieben." (Ebd.)

[68] Bekanntlich geht das „Programm der Entmythologisierung" auf Rudolf Bultmann (1884–1976) zurück.[122] Wenn man unter Entmythologisierung den Kampf um die literalistische Missdeutung von Symbolen und Mythen versteht, so ist dies ganz im Sinne Tillichs. Versteht man aber darunter die Ausscheidung des Mythos als Form religiöser Aussage und seinen Ersatz durch Wissenschaft und Moral,

---

[122] Vgl. dazu Erdmann Sturm, Rudolf Bultmanns Programm der Entmythologisierung und existentialen Interpretation, in: Werner Schüßler (Hrsg.), Wie läßt sich über Gott sprechen (s. Anm. 115), 133–148.

so lehnt Tillich dies strikt ab, da damit die Religion ihrer Sprache beraubt würde. Tillich zufolge sollte es darum nicht um eine Entmythologisierung im Sinne Bultmanns gehen, sondern um eine „Deliteralisierung", d. h. eine „Ent-Buchstäblichung", also weg vom Buchstabenglauben.[123]

Der Mythos ist also nach Tillich nicht jenes primitive Weltbild, mit dem Bultmann ihn identifiziert, sondern die notwendige und angemessene Ausdrucksform des Glaubens. Eine Entmythologisierung, die den Mythos gänzlich eliminiert, kann es somit nicht geben.

Durch das „Bewusstsein um die unbedingte Transzendenz des Göttlichen" wird der Mythos zwar „gebrochen", aber er verschwindet dadurch nicht, sondern ist eine bleibende Kategorie der Religion (GW V, 190). Um das Wesen des Mythos zu verstehen, darf man also nach Tillich nicht nur auf die Periode des „vollentwickelten und ungebrochenen Mythos" schauen, sondern man muss auch den „*gebrochenen* Mythos" mit einbeziehen (GW V, 187). [69]

Tillich gibt verschiedene Beispiele für eine literalistische Missdeutung religiöser Symbole. In Bezug auf den Sündenfall Adams macht er in der „Systematischen Theologie" deutlich, dass selbst dann, wenn hierfür der Ausdruck „Übergang von der Essenz in die Existenz" gebraucht wird, keine vollständige Entmythologisierung vorliegt. „Denn der Ausdruck ‚Übergang von der Essenz in die Existenz' enthält noch ein zeitliches Element. Und wenn wir in zeitlichen Begriffen über das Göttliche sprechen, sprechen wir immer noch in mythisch Begriffen, selbst wenn solch abstrakte Begriff wie ‚Essenz' und ‚Existenz' an die Stelle mythischer Zustände und Gestalten treten." (ST II, 36)[124] Tillich sagt darum in Bezug auf den von ihm verwendeten Ausdruck „Übergang von der Essenz in die Existenz": „Er ist sozusagen eine ‚halbe Entmythologisierung' des Mythos vom Fall." (Ebd.) [70]

Tillich unterscheidet das natürliche Stadium des Buchstabenglaubens vom reaktiven. Das natürliche ist identisch mit dem Stadium des ungebrochenen Mythos. Wird dieses in Frage gestellt, dann ergeben sich zwei Möglichkeiten. Der einzig sinnvolle und konsequente Weg besteht nun darin, den ungebrochenen durch den gebrochenen Mythos zu ersetzen. Da dieser Schritt aber immer auch mit einer gewissen Ungewissheit verbunden ist, unterdrücken manche Menschen lieber die aufbrechenden Fragen, wodurch sie aber in „das zweite, reaktive Stadium des Buchstabenglaubens" geraten. Mag ein solches Stadium bei einem wenig ausgeprägten kritischen Bewusstsein eventuell noch gerechtfertigt sein, so [71]

---

123 Vgl. dazu Werner Schüßler, Das Symbol als Sprache der Religion (s. Anm. 115), 179–181.
124 Mit leichter Korr. nach ST^e II, 29.

darf das autonome Denken bei „einem mündigen Geist" nicht durch religiöse Autorität unterdrückt oder bekämpft werden.

Wir können heute dieses hier von Tillich beschriebene Phänomen in Bezug auf fundamentalistische Tendenzen auch innerhalb des Christentums wieder vermehrt beobachten.

[72]   Dem Bemühen der Wissenschaft, das mythische Element völlig in den Hintergrund zu drängen, ist nach Tillich „eine absolute Grenze gesetzt": „In jedem Ding ist ein Element ‚Sein', ein Unauflösliches, Urgegebenes, eine Mächtigkeit, die auch in der rationalsten Durchdringung noch aufleuchtet, die den mythischen Hintergrund des Erkennens zeigt und die Verbindung mit dem mythischen Element der Religion ermöglicht." (GW V, 191) So haben nach Tillich selbst Begriffe wie „Entwicklung" oder „Leben", die in der Wissenschaft Verwendung finden, immer auch einen „mythischen Charakter" (GW V, 204).

[73]   Wenn man das von Tillich vertretene Verständnis des Mythos teilt, dann gibt es natürlich nicht nur Naturmythen, sondern auch Geschichtsmythen. In diesem Sinne spricht selbst das Christentum „die mythologische Sprache" – natürlich im Sinne eines gebrochenen Mythos.

Damit hier aber keine Missverständnisse aufkommen, sei noch einmal Tillich zitiert: „Entschließt man sich, nur das ungebrochene mythische Bewußtsein mythisch zu nennen, so findet in der Religion eine Überwindung des Mythos statt, und der Mythos ist als nicht wesenhaft erwiesen. Nennt man dagegen jede Anschauung des Transzendenten mythisch, so gibt es keine unmythische Geisteslage, und der Mythos ist wesenhaft." (GW V, 203) Letzteres ist Tillichs Position in dieser Frage: *„Das mythische Bewußtsein kann also ungebrochen sein oder gebrochen, es schwindet jedenfalls nicht."* (Ebd.)

IV Typen des Glaubens

1 Elemente des Glaubens und ihre Dynamik

Tillich knüpft hier an das an, was Max Weber als „Idealtypus" bezeichnet.[125] In der Wirklichkeit sind solche Typen nirgends empirisch vorfindbar; ihnen kommt die Bedeutung eines „rein idealen Grenzbegriffes" zu, mit dem „die Wirklichkeit zur Verdeutlichung bestimmter bedeutsamer Bestandteile ihres empirischen Gehaltes" verglichen wird.[126]

[74]

Mit Hilfe einer solchen Typologie des Glaubens wird nicht nur die Dynamik innerhalb einer bestimmten Religion/Konfession verständlich, sondern auch diejenige zwischen den (großen) Religionen/Konfessionen untereinander und nicht zuletzt auch diejenige in Bezug auf den einzelnen Gläubigen.[127]

„Reine Typen" kommen in der Wirklichkeit nicht vor, diese ist vielmehr durch eine Mischung verschiedener Typen gekennzeichnet, wobei aber immer einer dieser Typen vorherrscht.

[75]

Tillich unterscheidet in jeder Erfahrung des Heiligen zwei wesentliche Elemente, die er im weiteren Verlauf dann noch einmal unterteilt. Das erste und entscheidende Element ist „die Gegenwart des Heiligen im Hier und Jetzt". Wenn dieses Element fehlt, ist keine Erfahrung des Heiligen möglich. Tillich nennt dieses Element auch „die Heiligkeit des Seins" oder den „ontologischen Typ" des Glaubens.

[76]

Das zweite Element drückt sich in der Forderung von Gerechtigkeit und Liebe aus. Tillich bezeichnet dieses Element auch „die Heiligkeit des Sollens" oder den „moralischen Typ" des Glaubens.

[77]

Diese beiden genannten Typen sind in jedem Akt des Glaubens gegenwärtig. Da eine vollkommene Balance aber höchstens punktuell zu erreichen ist, überwiegt in der Regel einer der beiden Typen. Die Vorherrschaft eines Typs ist aber nicht ein für allemal festgelegt, da es sich hierbei um einen dynamischen und nicht um einen statischen Prozess handelt – und das betrifft sowohl die Religions-/Konfessionsgeschichte als auch das personale Glaubensleben.

[78]

---

125 Vgl. Paul Tillich, The Encounter of Religions and Quasi-Religions, ed. by Terence Thomas, Lewiston 1990, 26.
126 Max Weber, Die ‚Objektivität' sozialwissenschaftlicher und sozialpolitischer Erkenntnis [1904], in: Gesammelte Aufsätze zur Wissenschaftslehre [1922], hrsg. von Johannes Winckelmann, Tübingen ⁵1982, 146–214, bes. 190–194, hier 194.
127 Siehe dazu unten Abschnitt [78].

Tillich hat sich in seinen Schriften kaum zum Begriff der Toleranz geäußert. In seinem Beitrag „Freedom and the Ultimate Concern" von 1958 heißt es dazu: „Was ist Toleranz? Sie kann vielerlei bedeuten. Ist sie Mangel an Überzeugung? Ist sie Gleichgültigkeit gegenüber einem bestimmten Problem? Ist sie Nächstenliebe? Oder ist sie gar selbst eine religiöse Überzeugung, und, falls das zutreffen sollte, wie ist Toleranz möglich, wenn Religion ihrem Wesen nach auf das Unbedingte gerichtet ist?" (GW X, 305) Tillich belässt es hier aber bei diesen Fragen.

Auch in „Dynamics of Faith" gibt Tillich auf die Frage, was unter Toleranz näherhin zu verstehen ist, keine Antwort, sondern er weist auf die „unendliche Spannung" hin, die zwischen der Relativität des Glaubens auf der einen Seite und der absoluten Gewissheit des Letztgültigen auf der anderen besteht. Damit rekurriert er auf die beiden Elemente des „ultimate concern".[128] In der Spannung dieser beiden Elemente sieht er die Toleranz angesiedelt. Wird das erste Element überbetont, dann führt das in den Relativismus, wird das zweite überbetont, dann führt das in die Intoleranz. Der Begriff der Toleranz, so wird hier deutlich, hat somit immer auch Anteil an der Dynamik des Glaubens.

2 Ontologische Glaubenstypen

[79] „Sakramental" (abgel. vom lat. *sacer*) meint soviel wie „heilig". Heiligkeitsqualität können Gegenstände, Personen und Ereignisse erhalten; hiervon ist prinzipiell kein Teil der Wirklichkeit ausgeschlossen. Alles besitzt die Möglichkeit, für das Göttliche transparent zu sein, da alles in ihm seinen Grund hat und somit auf es verweisen kann.[129] Tillich bezeichnet den sakramentalen Glaubenstyp als den „universalsten", da er in jeder Religion gegenwärtig ist; ohne ihn würde der Glaube „leer und abstrakt" werden.

[80] Allerdings geht es bei der Feststellung, dass ein Ding, ein Ereignis oder eine Person Heiligkeitsqualität besitzt, nicht um ein allgemeingültiges theoretisches Urteil im Sinne einer wissenschaftlichen Erkenntnis. Eine solche Feststellung hat nur für den Gläubigen Bedeutung, der in der „Glaubenskorrelation" steht. Das heißt, dass ein außenstehender Beobachter immer nur eine Glaubenskorrelation feststellen kann, er aber nichts über deren Gültigkeit sagen kann.

---

128 Siehe dazu oben Abschnitt [25].
129 Vgl. dazu ST I, 142–151, wo es um die Offenbarungskorrelation (*revelatory correlation*) geht (vgl. ST^e I, 118–126). Wenn nach der ersten Verwendung des Begriffs dann sowohl im deutschen als auch im englischen Text immer nur noch von „Offenbarungskonstellation (*revelatory constellation*)" gesprochen wird, scheint mir das ein Versehensfehler des englischen Erstdrucks zu sein.

Wenn Tillich hier von Korrelation spricht, dann meint er nicht die sog. „Methode der Korrelation" von philosophischen Fragen und theologischen Antworten (vgl. ST I, 73–80), auf der seine „Systematische Theologie" aufgebaut ist, sondern es geht ihm darum, deutlich zu machen, „daß jeder religiöse Akt auf einen religiösen Gegenstand bezogen ist und religiöser Gegenstand nur das im religiösen Akt Gemeinte ist" (GW V, 189).[130]

Was Tillich in der „Systematischen Theologie" über die „Offenbarungserkenntnis" sagt, gilt auch entsprechend für die Glaubenserfahrung: „Offenbarungserkenntnis kann nur in der Offenbarungssituation empfangen werden, und sie kann – im Gegensatz zur gewöhnlichen Erkenntnis – nur denen vermittelt werden, die an dieser Situation partizipieren. Für diejenigen, die außerhalb dieser Situation stehen, haben die gleichen Worte einen anderen Klang." (ST I, 155)[131]

Die Gültigkeit einer Glaubenskorrelation kann nicht von außerhalb beurteilt werden, da die Glaubenserfahrung nicht aus der Glaubenskorrelation herausgelöst werden kann. Das hat mit dem notwendig existentiellen Charakter der Glaubenserfahrung zu tun, bei der der *ganze* Mensch in die religiöse Situation einbezogen ist. So bewirkt beispielsweise Apollo bei einem Christen oder die Jungfrau Maria bei einem „entschiedenen Protestanten" keine Glaubenserfahrung (vgl. ST I, 154). Das heißt aber nicht, dass es überhaupt kein Kriterium für eine Glaubenserfahrung gibt. Dieses besteht Tillich zufolge darin, dass man sich fragen muss, ob das Medium, durch das hindurch der „ultimate concern" erfahren wird, auch wirklich Letztgültigkeit ausdrückt.[132]

Die Gefahr des sakramentalen Glaubenstyps besteht nach Tillich darin, dass [81] der heilige Gegenstand mit dem Letztgültigen selbst gleichgesetzt wird. In einem solchen Fall ginge aber die „Transparenz des Glaubens" verloren, und der sakramentale Gegenstand würde als „in sich selbst heilig" angesehen. Hinsichtlich der katholischen Transsubstantiationslehre sieht Tillich diese Gefahr als gegeben an (vgl. ST III, 147), was ihm zufolge in Bezug auf die Frömmigkeitspraxis auch seine Bestätigung findet. Dass man die konsekrierten Hostien nach katholischem Verständnis in einem Hostienschrein, dem sog. Tabernakel, aufbewahren kann, deutet nämlich nach Tillich auf einen unexistentiellen Charakter des Glaubensbegriffs hin, dem zufolge hier ein heiliges Sein auch außerhalb der Glaubenskorrelation als feststellbar angesehen wird. Demgegenüber gibt es für Tillich kein Sakrament „abgesehen von der Korrelation Glaube – Sakrament" (GW VII, 120).

---

130 Vgl. ST I, 151–158.
131 Mit leichter Korr. nach ST^e I, 129.
132 Siehe dazu unten Abschnitt [125].

[82]   Die Grenze des sakramentalen Glaubenstyps besteht darin, dass er immer an ein konkretes Symbol gebunden ist, das auf das Göttliche hinweist. Seine Gefahr ist es, dass etwas Bedingtem der Charakter des Letztgültigen beigemessen wird, was Tillich als Dämonisierung bezeichnet. Die Mystik unterliegt demgegenüber weder dieser Grenze noch dieser Gefahr, da sie alles Bedingte zu transzendieren sucht, wobei das letzte Ziel die *unio mystica* oder *exstatica* ist. Tillich nennt in diesem Zusammenhang zwar keine Namen, allerdings legt der Kontext nahe, dass er an Plotin als Vertreter der westlichen und an Nagarjuna (2. Jh.) als Vertreter der östlichen Mystik denkt. So ist Plotin ein Vertreter der sog. „Negativen Theologie"[133], und auch Nagarjuna geht es darum, das Nichtsagbare zu sagen.[134] Bei Plotin baut die Mystik auf der Metaphysik als ihrer Voraussetzung auf, ist also keineswegs „irrational", worauf Tillich auch eigens aufmerksam macht. Zu Recht verweist er auch auf „die Tiefe der menschlichen Seele" als den Ort, „wo sich das Endliche und das Unendliche berühren", wobei der Mensch sich „aller endlichen Inhalte seines alltäglichen Lebens entledigen [muß]", um dahin zu gelangen. Der Begriff des Berührens taucht bei Plotin in diesem Zusammenhang häufig auf.[135] Und auf die Frage, wie man dorthin gelangt, antwortet auch Plotin mit der Aufforderung: „Tu alles fort!"[136]

Nun hat es zwar auch eine protestantische Mystik gegeben, erinnert sei in diesem Zusammenhang nur an den frühen Martin Luther (1483–1546), Jakob Böhme (1575–1624) oder den Pietismus eines Gerhard Tersteegen (1697–1769), wobei sich mystische Elemente sicherlich auch bei Schleiermacher und Rudolf Otto ausmachen lassen. Aber es darf nicht übersehen werden, dass diese von führenden Theologen des 19. und 20. Jahrhunderts, wie Albrecht Ritschl (1822–1889), Adolf von Harnack (1851–1930), Karl Heim (1874–1958), Karl Barth, Paul Althaus (1888–1966) oder Emil Brunner (1889–1966), entschieden bekämpft und als etwas typisch Katholisches apostrophiert, damit aber diskreditiert wurden.[137] Tillich hat hier demgegenüber keinerlei Berührungsängste, deutet er die klassische Mystik doch nicht im Sinne einer Selbst-Erlösung, was einem „Werk" in Bezug auf das Erkennen gleichkäme, sondern er deutet sie als „eine Gabe, die

---

133 Vgl. dazu Klaus Kremer, Plotins negative Theologie. „Wir sagen, was Es nicht ist. Was Es aber ist, das sagen wir nicht.", in: Werner Schüßler (Hrsg.), Wie läßt sich über Gott sprechen (s. Anm. 115), 9–27.
134 Vgl. dazu Karl-Heinz Pohl, Das Unsagbare sagen. Das *Dao* bei Laozi und Zhuangzi und die „Leere" bei Nagarjuna, in: Ebd., 301–322.
135 Vgl. Plotin, Enneade V 6,6,36; V 3,17,25 f.34.
136 Ebd., V 3,17,38.
137 Vgl. dazu Werner Schüßler, „Meine katholischen Freunde verstehen mich besser als meine protestantischen" (s. Anm. 71), 328 f.

ausbleiben kann" (ST II, 93). Und auch seine Hinweise darauf, dass der Geist in der *unio mystica* nicht vollständig mit dem Grund des Seins verschmelze und mystische Erfahrungen doch ausgesprochen selten seien, treffen ohne Zweifel auf Plotin zu.

Für den Humanismus ist der Mensch Inhalt des „ultimate concern", allerdings [83] nicht der konkrete Mensch, sondern der „wahre Mensch". Es handelt sich beim Humanismus aber um einen „säkularen" oder profanen (abgel. vom lat. *pro fano:* vor dem heiligen Bezirk liegend) Glauben, da hier Welt und Mensch nicht transzendiert werden.[138]

Dass Tillich an dieser Stelle dem humanistischen Glauben eine relativ große Bedeutung beimisst, hat verschiedene Gründe. Das mag einmal daran liegen, dass es der Humanismus war, der ihn nach seinen eigenen Angaben auf den „Begriff der Latenz" gebracht hat (ST III, 181), ein Begriff, der im Zusammenhang seiner Unterscheidung zwischen einer latenten und manifesten Geistgemeinschaft von Bedeutung ist.[139] Von daher wird auch der letzte Satz dieses Abschnitts verständlich, wenn es hier heißt, dass Vertreter des humanistischen Glaubens nicht aus der Gemeinschaft der Glaubenden ausgeschlossen sind; wobei für ein besseres Verständnis zu ergänzen wäre: nicht aus der *latenten Geist*gemeinschaft der Glaubenden.

Zwar hat das „politisch-kulturelle System" des (liberalen) Humanismus für Tillich ohne Zweifel „quasi-religiösen" Charakter (EW IV, 66), er stellt diesen aber doch nicht in eine Reihe mit dem Faschismus, Nationalsozialismus und Kommunismus (vgl. EW IV, 65).[140] Wenn Tillich auch selbst dem Kommunismus zugesteht, „teleologisch" auf die Geistgemeinschaft bezogen zu sein (ST III, 182), so gesteht er dem Humanismus hier doch eine Sonderrolle zu, und das nicht nur hinsichtlich seines eigenen apologetischen Interesses, sondern auch in Bezug auf dessen moralische Ausrichtung.[141]

Hinzu kommt, dass Tillich das Positive des Humanismus auch darin sieht, dass dieser immer gegen religiöse Dämonien angekämpft hat (vgl. GW II, 179). Zudem versteht er den nachchristlichen Humanismus als „eine Entwicklungsform des Christentums: er ist die spezifisch christliche und darum erst vollkommene Durchführung der Autonomie". Von daher hält Tillich es auch für verfehlt, „wenn man dem

---

138 Vgl. GW II, 179: *„Humanismus ist der Versuch des Menschen, sich auf sich selbst zu stellen, in seinem eigenen Sein die Erfüllung seines Sinnes zu finden."*
139 Vgl. ST III, 179–182. Wobei diese Unterscheidung nicht mit der klassischen Unterscheidung zwischen einer sichtbaren und einer unsichtbaren Kirche zu verwechseln ist (vgl. ST III, 180).
140 Vgl. auch GW V, 55f.
141 Siehe dazu unten Abschnitt [92].

christlichen Humanismus gegenüber von ‚modernem Heidentum' spricht" (GW II, 180).

[84]   Tillich unterscheidet den Humanismus in einen romantisch-konservativen und einen progressiv-utopischen Typ.[142] Ersteren versteht er als „säkularisierten sakramentalen Glauben". Dadurch, dass der Humanismus aber die vertikale Dimension ausblendet, steht er in der Gefahr, „leer" zu werden. In diesem Sinne ist Tillichs gesamtes Denken darauf ausgerichtet, die Religion als die Substanz der Kultur aufzuweisen. Seine Analyse geht in diesem Punkt wesentlich tiefer als diejenige von Jürgen Habermas, der der Religion in diesem Zusammenhang nur unter dem Aspekt ihrer Funktionalität eine Bedeutung beimisst.[143]

3 Moralische Glaubenstypen

[85] Eine gewisse Unausgewogenheit[144] entsteht in diesem Abschnitt dadurch, dass Tillich die Mystik zum ontologischen Glaubenstyp zählt. Aber indem sie gleichzeitig auch den sakramentalen Glaubenstyp transzendiert, besitzt die Mystik diesem gegenüber immer auch schon eine kritische Funktion und weist damit eine gewisse Nähe zum prophetischen Element auf.[145] Diese Unausgewogenheit hat Tillich in späteren Schriften beseitigt. So unterscheidet er in seinem bekannten letzten Vortrag mit dem Titel „The Significance of the History of Religion for the Systematic Theologian", den er nur wenige Tage vor seinem Tod gehalten hat, typologisch drei verschiedene Elemente der Religion: erstens „die sakramentale Grundlage", zweitens „den kritischen Widerstand gegen die Dämonisierung des Sakramentalen", und hier nennt er exemplarisch „die mystische Bewegung", sowie drittens „das moralische oder prophetische Element", das das Sakramentale auch wegen seiner dämonischen Konsequenzen kritisiert (EW IV, 149 f.).[146]

---

142 Siehe dazu auch unten die Abschnitte [91] u. [92].
143 Vgl. Jürgen Habermas, Glauben und Wissen, Frankfurt/M. 2001.
144 Das mag eventuell auch der Grund dafür gewesen sein, weshalb dieser ganze Abschnitt im Typoskript gestrichen wurde und im Druck dann ausgefallen ist, da die Argumentation wohl nicht durchschaut wurde. Ich halte diese Ausführungen aber trotzdem für wichtig.
145 Siehe unten Abschnitt [90].
146 Tillich nennt hier die „Einheit dieser drei Elemente in einer Religion die *Religion des konkreten Geistes*" (EW IV, 151). Vgl. dazu Werner Schüßler, Das kopernikanische Prinzip und die Theologie der Religionen. Zu Paul Tillichs religionsphilosophischem Beitrag zum interreligiösen Dialog, in: Ders., „Was uns unbedingt angeht" (s. Anm. 53), 87–105.

Dem ontologischen Glaubenstyp steht der moralische gegenüber, für den der [86]
Gesetzesgedanke wesentlich ist. Nun ist das Ganze aber doch wesentlich komplizierter, da bei Ersterem der Gesetzesgedanke auch mit hineinspielt, aber nicht so sehr im Sinne moralischer, sondern mehr im Sinne ritueller und asketischer Vorschriften. Trotz dieser Verschränktheit der beiden Glaubenstypen ist Tillich doch der Auffassung, dass deren grundsätzliche Unterscheidung „das Aufkommen der verschiedenen großen Religionen" verständlich machen kann.

Wie den ontologischen Glaubenstyp, so unterteilt Tillich auch den morali- [87]
schen in verschiedene Ausprägungen. Mit dem Talmud ist in der Regel der Babylonische Talmud gemeint, der selbst keine biblischen Gesetzestexte enthält, sondern verdeutlicht, wie diese in Praxis und Alltag zu verstehen sind.

In der „Systematischen Theologie" ist Tillichs Urteil hinsichtlich des Islam [88]
etwas differenzierter, wenn es hier heißt, dass der Islam „mit Ausnahme des Sufismus" (ST III, 418) eine Gesetzesreligion sei.

Wichtig sind Tillichs Darlegungen gegen Ende dieses Abschnitts, wo er noch einmal betont, dass der Konflikt zwischen verschiedenen Religionen „kein Konflikt zwischen verschiedenen Formen des Für-wahr-Haltens" sei, sondern dass es sich hier um einen „Konflikt zwischen verschiedenen Ausdrucksformen" des „ultimate concern" handele. Es geht somit in dieser Frage um existentielle und nicht um theoretische Entscheidungen.

Den Grund für den Erfolg des „säkularen Glaubens des Kommunismus" in [89]
China sieht Tillich in Folgendem: Zum einen fehlte es dem Taoismus und Buddhismus an prophetischer Kritik und ebenso an Selbstkritik „gegenüber der eigenen Entartung zu Formalismus und Aberglauben", zum anderen begegnete der Kommunismus im Konfuzianismus einem System, „das trotz seiner kosmisch-religiösen Basis in erster Linie sozialen und ethischen Charakter hatte. Diese Züge waren aber durch den Verfall der Beamtenhierarchie und durch die gleichzeitige Auflösung der Großfamilien, auf denen das soziale Zusammengehörigkeitsgefühl beruht hatte, verloren gegangen." (GW V, 60)

Wenn Tillich von „prophetischer Kritik" spricht, dann hat er das Adjektiv [90]
„prophetisch", wie er selbst sagt, „von der einmaligen Erscheinung der israelitischen Prophetie abstrahiert" (GW VII, 29 Anm. 1). Diese prophetische Kritik ist ihm zufolge im „protestantischen Prinzip"[147] enthalten (GW VII, 139), weshalb er auch vom „prophetisch-protestantischen Prinzip" sprechen kann (GW V, 135).

Tillich schließt hier an das oben in Abschnitt [84] Gesagte an, wo er den [91]
Humanismus in einen romantisch-konservativen und einen progressiv-utopischen Typ unterteilt hat.

---

147 Siehe dazu oben Abschnitt [37].

[92]   In seiner Schrift „Christianity and the Encounter of the World Religions" von 1963 stellt Tillich die Frage, „ob die geschichtliche Menschheit die Freiheit [...] einer humanistischen Quasi-Religion auf die Dauer ertragen kann", da es sich beim liberalen Humanismus und seiner demokratischen Ausprägung um „fragile (leicht zerstörbare) Lebensformen" handelt, „die in der Geschichte selten sind und leicht von innen her untergraben oder von außen her zerstört werden". Seine Antwort darauf lautet: „Die eindeutige Antwort der Geschichte ist, daß sie es nicht kann. Die Gefahr ist nicht, daß die [...] humanistische Quasi-Religion von weniger labilen Religionen oder Quasi-Religionen verdrängt [... wird], sondern daß die Selbstverteidigung sie dazu zwingt, ihr eigenes Wesen zu vergewaltigen und sich der Natur ihrer Angreifer anzugleichen. In dieser Gefahr leben wir heute." (GW V, 56)

4 Die Einheit der Glaubenstypen

[93] Präzise müsste es hier heißen: In einer *authentischen* religiösen Erfahrung sind das ontologische und das moralische Element wesensmäßig vereint, d. h. in einer vollkommenen Balance, die aber immer nur punktuell zu erreichen ist.[148] Das Glaubensleben ist demgegenüber durch die Dynamik dieser beiden Elemente bestimmt, das heißt, in der Praxis herrscht in der Regel immer ein Typ vor, was zu Konflikten und bei einer zu starken Überbetonung eines der beiden Typen sogar zum Verlust des anderen führen kann. Wenn dieser Punkt erreicht ist, „hört jede echte religiöse Erfahrung auf. Sie wird zur Magie, wenn die sakramentale Seite alles andere verdrängt, oder zur bloßen Moral, wenn das Ethische alles bestimmt" (GW VIII, 300).

[94]   Die Geschichte des Glaubens ist nach Tillich umfassender als die Religionsgeschichte, da zur ersteren auch die sog. Quasi-Religionen gehören. Während sich also in der Religionsgeschichte die verschiedenen Religionen begegnen, miteinander in Konflikt geraten, sich gegenseitig bekämpfen und zerstören können, betrifft das in der Geschichte des Glaubens darüber hinaus auch die Begegnung der Religionen mit den Quasi-Religionen und ebenso diejenige der Quasi-Religionen untereinander (vgl. GW V, 51–64).

Wir haben gesehen, dass „das stets gegenwärtige Problem aller Religionen [...] ein ausgewogenes Verhältnis von sakramentalen und ethischen Elementen" (GW VIII, 300) ist. Tillich sieht darin das innere Ziel, das *telos* der Religionsgeschichte. Als *christlicher* Theologe ist er der Überzeugung, dass dieses *telos* im

---

148 Siehe dazu oben Abschnitt [78].

Christentum im Prinzip erreicht ist (vgl. EW IV, 149–153).[149] Allerdings kann man nicht bei einer solchen Behauptung stehen bleiben, sondern man muss hierfür auch „objektive Gründe" nennen.

Als *protestantisch*-christlicher Theologe ist Tillich davon überzeugt, dass der Katholizismus das sakramentale Element zu sehr betont, was dazu führen kann, dass der Glaube statisch wird, womit immer auch die Gefahr der Dämonisierung verbunden ist. [95]

In Paulus' Lehre vom Geist sieht Tillich „ein hervorragendes Beispiel" für ein ausgewogenes Verhältnis von sakramentalen und ethischen Elementen (vgl. EW IV, 150).[150] In seinem Beitrag „The Prophetic Element in the Christian Message and the Authoritarian Personality" von 1963 erklärt Tillich dazu: „In der Geistlehre des Paulus sind tatsächliche Autorität und persönliche Freiheit auf eine Art vereint, die man als Lösung des Problems von Autorität und Kritik bezeichnen könnte. [...] Paulus verwirft in seiner Lehre vom Geist alle sakramental geheiligten Autoritäten. Die Persönlichkeit, die vom Geist ergriffen wird, ist das Gegenteil einer autoritären oder autoritätsgläubigen Persönlichkeit. Allerdings ist selbst Paulus nicht immer seiner tiefen Einsicht gefolgt, und die Kirchen haben sie allmählich vergessen und den Geist durch das Amt ersetzt, d. h. durch die etablierte Autorität." (EW IV, 106)

Tillich ist aber auch selbstkritisch genug, um zu sehen, dass der Protestantismus dazu neigt, das prophetische Element oder das protestantische Prinzip zu sehr zu betonen,[151] was letztlich zum Verlust der Substanz führen kann. Dass der Protestantismus der Gefahr der Profanisierung mehr ausgesetzt ist als der Katholizismus, macht das nur überdeutlich. [96]

Wenn Tillich hier von der Einheit des Ekstatischen und Personalen, des Sakramentalen und Moralischen, des Mystischen und Rationalen spricht, dann steht die erste Seite für den ontologischen Glaubenstyp, die zweite für den moralischen.

Wenn Tillich in einem kleinen Beitrag aus dem Jahre 1930 über „Neue Formen christlicher Verkündigung" den Begriff der „evangelischen Katholizität" einführt (vgl. GW XIII, 92–95)[152] und er ebenso in einem Aufsatz mit dem Titel „The End of the Protestant Era" von 1937 einen „evangelischen Katholizismus" fordert (GW VII, 157), so ist hier nicht eine Verschmelzung oder Vermengung der beiden großen christlichen Konfessionen gemeint, sondern es geht hier um eine „ideale

---

149 Vgl. dazu auch GW V, 64–76.
150 Siehe dazu oben Abschnitt [85].
151 Der Protestantismus ist ja, wie wir gesehen haben, nicht mit dem „protestantischen Prinzip" identisch. Siehe dazu oben Abschnitt [37].
152 Vgl. dazu Andreas Rössler, Paul Tillichs Programm einer evangelischen Katholizität, in: Ökumenische Rundschau 35 (1986) 415–427.

Synthesis" der beiden angesprochenen Elemente in Bezug auf das Christentum; aber eine ideale Synthesis hat keine Existenz, die Spannung bleibt in der Realität letztlich unüberwindlich.[153]

---

[153] Siehe oben Abschnitt [37].

V Die Wahrheit des Glaubens

1 Glaube und Vernunft

Im dritten Teil der Schrift hat Tillich die vielfältigen Symbole des Glaubens erörtert und im vierten die verschiedenen Glaubenstypen. Das könnte dazu verleiten, ihm zu unterstellen, er vertrete religionstheologisch einen pluralistischen Standpunkt, wenn nicht sogar einen relativistischen. Das wäre aber ein Missverständnis. Ohne Frage ist Tillich als Theologe vom Absolutheitsanspruch des Christentums überzeugt, den er allerdings nicht exklusivistisch, sondern inklusivistisch deutet.[154] Aber darüber hinaus ist er auch davon überzeugt, dass es selbst auf der religionsphilosophischen Ebene Kriterien für den Wahrheitsanspruch von Glaubenssymbolen und Glaubenstypen gibt. Das führt zu der Frage, was „Wahrheit" hinsichtlich des Glaubens bedeutet. [97]

Gewöhnlich wird dieses Problem unter der Überschrift „Glaube und Vernunft" behandelt. Bekannt ist in diesem Zusammenhang auch das Wort von Anselm von Canterbury *Fides quaerens intellectum* („Der Glaube, der nach Einsicht sucht").[155] Dahinter steht die Auffassung, dass der Glaube der Vernunft nicht widerstreiten darf, da dies zum Problem einer „doppelten Wahrheit" führen würde, was den Menschen aber mit sich selbst entzweien würde. Ein klassischer Lösungsansatz hierzu findet sich bei Thomas von Aquin,[156] den selbst noch Leibniz in dem seiner *Théodicée* vorangestellten *Discours de la conformité de la foi avec la raison* vertritt.[157] Leibniz schreibt dazu: „Da aber die Vernunft ebenso gut eine Gabe Gottes wie der Glaube ist, würde ihr Kampf also ein Kampf Gottes gegen Gott sein; und wenn die Einwände der Vernunft gegen irgendeinen Glaubensartikel unauflöslich sind, so muss dieser vermeintliche Glaubensartikel als falsch und nicht als geoffenbart betrachtet werden: Er wäre dann ein Hirngespinst des menschlichen Geistes."[158] [98]

Entscheidend ist in diesem Zusammenhang die Frage, was unter „Vernunft" verstanden wird. Im Englischen steht hier „reason". Das Lateinische kennt zwei [99]

---

154 Vgl. Paul Tillich, Der Absolutheitsanspruch des Christentums und die Weltreligionen (s. Anm. 76).
155 Vgl. Anselm von Canterbury, Proslogion (Vorrede).
156 Vgl. Thomas von Aquin, Summa contra Gentiles, I 1–9.
157 Vgl. dazu Werner Schüßler, Zum Verhältnis von Wissen und Glauben bei Thomas von Aquin und Gottfried Wilhelm Leibniz, in: Trierer Theologische Zeitschrift 104/3 (1995) 204–222.
158 Gottfried Wilhelm Leibniz, Discours de la conformité de la foi avec la raison, § 39, in: Ders., Die philosophischen Schriften, hrsg. von C. I. Gerhardt, 7 Bde., Berlin 1875–1890 (ND Hildesheim/New York 1978), Bd. VI, 73.

Begriffe: *ratio* (griech. *dianoia*) und *intellectus* (griech. *logos* bzw. *nous*), wobei Letzterer das höhere Vermögen ist, das zumeist mit „eingeborenen Ideen", platonisch gesprochen: mit dem Wahren, Schönen und Guten assoziiert wird, wohingegen Ersterer in der Regel das diskursive Vermögen meint. Tillich unterscheidet zwischen zwei Formen der Vernunft: der technischen Vernunft und der ontologischen Vernunft (vgl. ST I, 87–91).[159] Hat es die technische Vernunft mit „wissenschaftlicher Methode, logischer Strenge und technischer Berechnung" zu tun, so wird die ontologische Vernunft auf „Sinn, Normen und Prinzipien" bezogen. Technische Vernunft bestimmt die Zivilisation, ontologische Vernunft dagegen die Kultur.

Nach Tillich ist es die ontologische Vernunft, die den Menschen zum Menschen macht. Mit diesem Verständnis geht er der Frage aus dem Weg, ob höhere Tiere nicht auch schon in einer rudimentären Form so etwas wie technische Vernunft (Werkzeug*erfindung* und nicht nur Werkzeug*findung*) besitzen. Ohne Frage kommt ihnen weder Sprache (im Sinne der Symbolisierungsfunktion nach Susanne K. Langer[160] [1895–1985] oder des Abstraktionsvermögens nach Kurt Goldstein[161] [1878–1965]) noch Freiheit (im Sinne der Selbst-Distanzierung und Selbst-Transzendenz nach Viktor E. Frankl[162]), noch Kreativität (im Sinne von Rollo May[163] [1909–1994]) zu. Hier haben wir ohne Zweifel den „Rubikon der Hominisation" zu suchen und damit nicht nur einen graduellen, sondern einen qualitativen Unterschied des Menschen zum Tier. Da das Wahre, Schöne und Gute nur geistbegabten Wesen zugänglich und folglich den Tieren verschlossen ist, kann Tillich auch sagen, dass die Vernunft „die Suche nach Erkenntnis, das Kunsterleben und die Verwirklichung moralischer Gebote" ermöglicht.

Von Martin Buber (1878–1965) stammt der Satz: „Auch der Gorilla ist ein Individuum, auch der Termitenstaat ist ein Kollektiv, aber Ich und Du gibt es in unserer Welt nur, weil es den Menschen gibt, und zwar das Ich erst vom Verhältnis zum Du aus."[164] Das heißt, nur Personen sind zu einer wirklichen Gemeinschaft fähig, da sie nicht in der Masse untergehen. Hier spielt die für Tillich höchst bedeutsame ontologische Polarität von Individualisation und Partizipation eine entscheidende Rolle (vgl. ST I, 206–210).[165]

---

159 Vgl. dazu Werner Schüßler, Die Vernunft und die Frage nach der Offenbarung (s. Anm. 36).
160 Vgl. Susannne K. Langer, Philosophie auf neuem Wege. Das Symbol im Denken, im Ritus und in der Kunst, Frankfurt/M. 1965.
161 Vgl. Kurt Goldstein, Human Nature in the Light of Psychopathology, Cambridge (Mass.) 1947.
162 Vgl. Viktor E. Frankl, Logotherapie und Existenzanalyse, München 1987.
163 Vgl. Rollo May, Der Mut zur Kreativität, Paderborn 1987.
164 Martin Buber, Das Problem des Menschen [1942], Heidelberg 1961, 168.
165 Vgl. auch EW XVI, 48–58.

Dass ein Glaube, der die Vernunft zerstört, letztlich auch „das Menschsein des Menschen" zerstört, lässt sich an religiösen Sekten und totalitären Regimes beobachten. Wenn Tillich schreibt, dass Vernunft im ontologischen Sinne sowohl die sinnvolle Struktur des Geistes als auch der Wirklichkeit ist, dann drückt sich darin sein idealistischer Ansatz aus.

Im vorausgehenden Abschnitt wurde deutlich, dass nur ein vernunftbegabtes [100] Wesen einen „ultimate concern" besitzen kann. Das ist der eine Aspekt des Verhältnisses von Glaube und Vernunft nach Tillich. Der andere wird am ekstatischen Charakter des Glaubens deutlich. Indem sich der Mensch seiner Endlichkeit bewusst wird, ist er immer auch schon über diese hinaus. Ekstase, so haben wir Tillich in diesem Zusammenhang schon oben[166] zitiert, bedeutet „keine Negation der Vernunft. Sie ist der Bewußtseinszustand, in dem die Vernunft jenseits ihrer selbst ist, d. h. jenseits ihrer Subjekt-Objekt-Struktur. Wenn die Vernunft jenseits ihrer selbst ist, so bedeutet das nicht, daß sie sich verneint. ‚Ekstatische Vernunft' bleibt Vernunft; sie empfängt nichts Irrationales oder Antirationales – was nicht ohne Selbstzerstörung möglich wäre –, aber sie transzendiert die Grundbedingung der endlichen Rationalität, die Subjekt-Objekt-Struktur." (ST I, 135) Tillich präzisiert hier, dass Ekstase „erfüllte [...] Rationalität" ist. Diese Ausführungen erinnern wieder an das von uns schon genannte Wort Augustins[167] aus den „Confessiones/Bekenntnisse" (I,1,1), wo es heißt: „Auf dich hin hast du [sc. Gott] uns erschaffen, und unruhig ist unser Herz, bis es ruht in dir." Das heißt, Erfüllung kann kein endliches Anliegen bieten. Wenn Tillich davon spricht, dass dies letztlich dazu führt, dass der Mensch von irrationalen oder dämonischen Inhalten besetzt und zerstört wird, schließt das an das oben Gesagte an; als Beispiele kann man hier wiederum auf religiöse Sekten und totalitäre Regimes verweisen. Dabei ist die „glaubenslose Vernunft" Tillich zufolge nur eine Übergangserscheinung, da dieses Vakuum immer gefüllt wird.

Damit ist das grundsätzliche Verhältnis von Glaube und Vernunft geklärt: [101] „Zwischen der Natur des Glaubens und der Natur der Vernunft gibt es keinen Konflikt." Wenn Tillich davon spricht, dass die Vernunft auch der Entfremdung des Menschen von sich selbst unterworfen ist, so deutet sich hier die protestantische Reserve hinsichtlich der Möglichkeit einer natürlichen Theologie im Sinne der sogenannten „Gottesbeweise" an, die gerne reformatorisch als „Werk im Erkennen" gedeutet wird. Dabei ist aber zu bedenken, dass die natürliche Theologie nicht auf die sogenannte Gottesbeweisproblematik zu reduzieren ist. In diesem

---

166 Siehe dazu oben Abschnitt [11].
167 Siehe dazu oben Abschnitt [15].

Sinne ist z. B. Jaspers' Aufweis Gottes aus dem Freiheitsbewusstsein auch eine Form natürlicher Theologie.[168]

[102]   Das grundsätzliche Verhältnis sagt aber noch nichts über die faktisch aufgetretenen und immer wieder auftretenden Konflikte zwischen Glaube und Vernunft aus, was daran liegt, dass Glaube oder Vernunft oder gar beide unter den Bedingungen der menschlichen Existenz verzerrt sind.

[103]   Nach Tillich kann die Entfremdung des Glaubens und der Vernunft letztlich nur durch eine Offenbarungserfahrung überwunden werden. Was er hier in aller Kürze in einem einzigen Abschnitt andeutet – seine Argumentation in „Dynamics of Faith" ist ja vornehmlich religionsphilosophischer und weniger theologischer Natur –, findet in seiner „Systematischen Theologie" eine breite Entfaltung (vgl. ST I, 129–189).[169]

Tillich lehnt jede „unexistentielle Auffassung der Offenbarung" ab, der zufolge es hierbei um theoretische Informationen geht, die auf außergewöhnliche Weise vermittelt werden (ST I, 153). Auf diese Weise kann nur eine irrationale oder totale Autorität entstehen, da göttliche Heteronomie die autonome Selbstbejahung des Menschen zerstört (vgl. GW VIII, 63). Ein begründetes Reden von Offenbarung gibt es demgegenüber Tillich zufolge nur in der Offenbarungskorrelation (vgl. GW VIII, 45). Das heißt, die Offenbarungserkenntnis kann nicht aus der Offenbarungssituation herausgelöst werden (vgl. ST I, 155).[170]

Wenn Tillich davon spricht, dass die Offenbarung ein Ereignis ist, „in dem das Letztgültige in einem ‚ultimate concern' offenbar wird und dabei die gegebene Situation in Religion und Kultur erschüttert und umwandelt", so greift er hier einen Gedanken auf, den er in seiner Dogmatik-Vorlesung (Dresden 1925–1927) in § 5 ausführlich erörtert hat (vgl. EW XIV, 19–28). In dem einleitenden „Satz" heißt es dazu: „Offenbarung ist Durchbruch des Unbedingten in das Bedingte. Sie ist weder Verwirklichung noch Zerstörung der bedingten Formen, sondern ihre Erschütterung und Umwendung." (EW XIV, 19)

Nur eine „letztgültige Offenbarung" kann nach Tillich sowohl die Korruption des Glaubens als auch diejenige der Vernunft überwinden. Er formuliert hier sehr vorsichtig im Konjunktiv: „und die siegreiche Schlacht wäre eine letztgültige Offenbarung". Als Religionsphilosoph muss er es natürlich offen lassen, ob sich eine solche bereits ereignet hat. Als Theologe kann er demgegenüber sagen: „Das Christentum erhebt den Anspruch, auf eine solche Offenbarung gegründet zu sein." „Letztgültige Offenbarung" meint nach Tillich „die entscheidende, erfül-

---

168 Vgl. Karl Jaspers, Einführung in die Philosophie (s. Anm. 22), 37.
169 Vgl. auch GW VIII, 31–81.
170 Siehe dazu oben die Abschnitte [80] u. [81].

lende, unüberholbare Offenbarung, das, was das Kriterium aller anderen Offenbarungen ist, daher sie auch *normgebende* Offenbarung genannt werden kann." (ST I, 159)

Was es näherhin bedeutet, dass die Offenbarung die Konflikte der Vernunft in der Existenz überwindet, entfaltet Tillich in seiner „Systematischen Theologie" ausführlich. Dabei handelt es sich um die Konflikte zwischen Autonomie und Heteronomie, Absolutismus und Relativismus sowie Formalismus und Emotionalismus (vgl. ST I, 175–184).

2 Die Wahrheit des Glaubens und die naturwissenschaftliche Wahrheit

Indem sich Tillich im zweiten Teil seiner Schrift u. a. gegen die intellektualistische Verzerrung des Glaubens gewendet hat, wurde schon ein grundsätzlicher Konflikt zwischen Glaube und Vernunft aus dem Weg geräumt. In diesem und den folgenden Kapiteln geht es nun um die konkrete Beziehung des Glaubens zur naturwissenschaftlichen, historischen und philosophischen Erkenntnis. Letztlich geht es um die Frage, „was Wahrheit in Bezug auf den Glauben bedeutet, was ihre Kriterien sind und wie sie sich zu den anderen Formen der Wahrheit mit andersartigen Kriterien verhält". [104]

Eine naturwissenschaftliche Erkenntnis beruht auf Experimenten, die nachprüfbar sind. Trotzdem hat sie immer nur einen vorläufigen Charakter. Man könnte das, was Tillich hier beschreibt, mit Jaspers in den vier folgenden Punkten zusammenfassen: Wissenschaftliche Wahrheit ist methodische Erkenntnis, allgemeingültig, hypothetisch – und nicht absolut – zwingend gewiss sowie notwendig partikular.[171] [105]

Kreationisten machen auch heute noch gerne geltend, dass die Evolutionstheorie ja „nur" eine Hypothese sei. Dabei übersehen sie, dass diese eine der am besten belegten naturwissenschaftlichen Hypothesen ist und dass alle naturwissenschaftlichen Erkenntnisse immer nur hypothetischen oder vorläufigen Charakter haben, da sie nicht verifiziert, sondern höchstens falsifiziert werden können (Karl Popper).[172] [106]

Mit seinem Theologieverständnis kämpft Tillich u. a. gegen die – wie er selbst sagt – „Escape"-Theologie (vgl. GW XIII, 25)[173] der letzten zweihundert Jahre, die

---

171 Siehe dazu oben Abschnitt [27].
172 Siehe dazu ebd.
173 Vgl. auch EW II, 130.

eine schließlich unhaltbare Stellung verteidigte und eine Position nach der anderen aufzugeben gezwungen war, wenn der wissenschaftliche Fortschritt den Bereich der Ungewissheit weiter einschränkte. Hier ist die Einsicht entscheidend, dass die naturwissenschaftliche Wahrheit und die Wahrheit des Glaubens verschiedenen Sinndimensionen angehören und eine Vermischung dieser Dimensionen einem Kategorienfehler gleichkommt. Glaube kann immer nur mit Glaube und Wissenschaft immer nur mit Wissenschaft in Konflikt geraten.

[107] Konflikte zwischen Glaube und Wissenschaft entstehen immer dann, wenn eine der beiden Bereiche unzulässigerweise ihre Grenze überschreitet. Waren es früher eher Grenzüberschreitungen von Seiten des Glaubens bzw. der Religion/Theologie, so sind es heute eher Grenzüberschreitungen von Seiten der Wissenschaft. Der Fall Galilei ist ein typisches Beispiel für Ersteres, während ein sogenannter Physikalismus, also eine Position, die selbst Leben und Geist letztlich auf Mechanik reduziert, ein gutes Beispiel für Letzteres ist. Dass eine solche Position vertreten wird, ist nicht so sehr das Problem. Problematisch hieran ist, dass deren Vertreter behaupten, dass diese das Ergebnis naturwissenschaftlicher Erkenntnisse sei – darin besteht der Fehlschluss, weil diese Verallgemeinerung eine Grenzüberschreitung bedeutet. Karl Jaspers hat so etwas als „Wissenschaftsaberglaube" bezeichnet.[174]

[108] Nicht nur die Physik bietet ein gutes Beispiel für einen solchen Konflikt, sondern auch die Biologie. Hinsichtlich der Evolutionstheorie bedeutet es nämlich eine Grenzüberschreitung von Seiten des Glaubens, wenn dieser die biblische Schöpfungsgeschichte literalistisch, d.h. buchstäblich deutet, womit ein Konflikt unvermeidlich wird. Auf der anderen Seite bedeutet es eine Grenzüberschreitung von Seiten der Wissenschaft, wenn Vertreter der Evolutionstheorie den qualitativen Unterschied von Mensch und Trier leugnen. Das gibt diese Theorie aber wissenschaftlich nicht her, sind doch Geist und Freiheit keine „Gegenstände" wissenschaftlicher Erkenntnis; die Wissenschaft kann Geist und Freiheit weder beweisen noch bestreiten, sind diese beiden Entitäten doch nur einer philosophischen „Erhellung" zugänglich.

[109] Was Tillich hier beschreibt, ist heute aktueller denn je, dominiert doch inzwischen auch innerhalb der Psychologie das naturwissenschaftliche Paradigma; die humanistische bzw. existenzielle Psychologie wird immer weiter zurückgedrängt. Doch läuft man auf diese Weise Gefahr, den Menschen im Sinne eines reinen Reiz-Reaktions-Mechanismus zu begreifen, wie das im Behaviorismus von B. F. Skinner (1904–1990) der Fall ist. Dass die Psychologie oder auch die Hirnforschung die Freiheit einklammert, ist mehr als legitim; aber daraus zu folgern,

---

[174] Vgl. Karl Jaspers, Vernunft und Widervernunft in unserer Zeit (s. Anm. 108), 9–29.

dass diese eine Illusion sei, ist eine Grenzüberschreitung, weil das ihre Ergebnisse nicht hergeben.[175]

Als letztes Beispiel verweist Tillich in diesem Zusammenhang auf die Tiefenpsychologie Freuds. Ohne Zweifel sieht er Freuds Verdienste, aber gleichzeitig auch seine Grenzen. Wenn Tillich von dessen „grundsätzlichem Puritanismus bezüglich der Liebe" spricht, dann kritisiert er an Freud, dass dieser nicht zwischen der „Konkupiszenz oder verzerrten *libido*" auf der einen und der „*libido* als Liebe" auf der anderen Seite unterschieden habe „auf Grund seiner puritanischen Haltung gegenüber der Sexualität" (ST II, 63). Und wenn die Psychoanalyse die Anwendung des Vatersymbols auf Gott als Ausdruck des analytischen Vaterkomplexes deutet, dann ist Tillich zufolge hieran zu kritisieren, dass die Symbolwahl zwar durch den Vaterkomplex zu erklären ist, „nicht aber, dass die Setzung eines religiösen Symbols überhaupt durch Komplexe bedingt ist" (GW V, 200). Damit wird deutlich, dass Freuds Naturalismus nicht aus seiner wissenschaftlichen Analyse resultiert, sondern selbst nichts anderes als ein „Glaube" ist. [110]

Tillich warnt auch davor, naturwissenschaftliche Entdeckungen zur Bestätigung des Glaubens zu benutzen. Menschliche Freiheit, göttliche Schöpferkraft und Wunder können nicht durch die Quantentheorie und die Unschärferelation bestätigt werden, da sich erstere in einer anderen Dimension befinden als der durch naturwissenschaftliche Erkenntnisse zugänglichen. Tillichs Überlegungen kulminieren in dem Satz: „Die Glaubenswahrheit kann nicht durch neueste physikalische, biologische oder psychologische Entdeckungen bestätigt werden – genauso wenig wie sie selbst durch diese bestritten werden kann." Damit vertritt Tillich ein sogenanntes „Unabhängigkeitsmodell" hinsichtlich einer Verhältnisbestimmung von Glaube bzw. Theologie und Naturwissenschaft – ähnlich wie Karl Jaspers und der späte Ludwig Wittgenstein auch.[176] [111]

---

175 Vgl. dazu Werner Schüßler, Unfreiheit als Fiktion. Zum Menschenbild in der Existenzanalyse Viktor E. Frankls und seiner Bedeutung für die gegenwärtige Diskussion um die Hirnforschung, in: Emmanuel J. Bauer (Hrsg.), Freiheit in philosophischer, neurowissenschaftlicher und psychotherapeutischer Perspektive, München 2007, 89–106.
176 Vgl. Ludwig Wittgenstein, Vorlesungen über den religiösen Glauben (s. Anm. 97); dazu Werner Schüßler, Naturwissenschaft – Philosophie – Theologie. Paul Tillich zum Problem der sog. „Galilei-Konflikte", in: Christian Danz / Marc Dumas / Werner Schüßler / Mary Ann Stenger / Erdmann Sturm (Hrsg.), Theology and Natural Science (= International Yearbook for Tillich Research [s. Anm. 61], Vol. 7/2012), Berlin/New York 2012, 45–78, bes. 77f.

3 Die Wahrheit des Glaubens und die historische Wahrheit

[112] In der Geschichtswissenschaft geht es – im Gegensatz zur Naturwissenschaft – nicht nur um „Beschreiben" und „Erklären", sondern immer auch um „Verstehen", und Verstehen hat entscheidend mit Partizipation zu tun. Dieser Aspekt weist eine große Nähe zum Glauben auf. Und doch gibt es hier auch einen entscheidenden Unterschied, geht es bei der historischen Wahrheit doch wesentlich um „Tatsachenwahrheit". Von daher kann der Glaube auch keine historische Wahrheit verbürgen.

[113] Die Ergebnisse des Historikers können zwar einen hohen Grad von Wahrscheinlichkeit erreichen, aber nie zur Gewissheit des Glaubens führen. Das heißt, dass die historische Forschung nicht zum Fundament für den Glauben werden kann, sie kann dieses Fundament aber auch nicht erschüttern (vgl. ST II, 123). Tillich drückt dies so aus: „Der Glaube schließt die Gewissheit über seine eigene Grundlage mit ein."

Den Unterschied zwischen Glaube und historischer Wahrheit macht Tillich in seiner „Systematischen Theologie" wie folgt deutlich: „Das Wagnis des Glaubens ist existentiell; es bezieht sich auf die Ganzheit unseres Seins, während das Risiko historischer Urteile theoretisch ist und damit rechnen muß, daß sie ständig von neuen wissenschaftlichen Erkenntnissen überholt werden. Hier geht es um zwei verschiedene Dimensionen, die nicht miteinander vermengt werden sollten. Ein falscher Glaube vermag den Sinn eines menschlichen Lebens zu zerstören, ein falsches historisches Urteil nicht." (ST II, 127 f.)

Auch in diesem Zusammenhang fällt wiederum auf, dass Tillich in „Dynamics of Faith" das Verhältnis von Glaube und historischer Wahrheit vorwiegend auf einer religionsphilosophischen Ebene abhandelt; in den entsprechenden Passagen in der „Systematischen Theologie" (vgl. ST II, 107–129) erörtert Tillich dieses Problem demgegenüber von der christologischen Frage her, wodurch das Verhältnis von Glaube und historischer Wahrheit noch einmal wesentlich komplizierter wird, hat doch das Ereignis, auf dem das Christentum aufruht, zwei Seiten: „das Faktum Jesus von Nazareth und die Aufnahme dieses Faktums durch die, die ihn als den Christus anerkannten." (ST II, 107)

4 Die Wahrheit des Glaubens und die philosophische Wahrheit

[114] Das Verhältnis des Glaubens zur philosophischen Wahrheit ist äußerst komplex und kompliziert, was schon allein ein kurzer Blick auf die Philosophie- und Theologiegeschichte deutlich macht. Hinzu kommt, dass philosophische Konzepte auch in

Bezug auf die Einzelwissenschaften von Bedeutung sind, wodurch das Verhältnis des Glaubens zur naturwissenschaftlichen und historischen Wahrheit auch noch einmal komplizierter wird.

Wenn Tillich in diesem Zusammenhang von Theologen spricht, die einen philosophischen Denkansatz verwenden, so denkt er hier sicherlich auch an seine eigene „Philosophische Theologie" (vgl. GW V, 110–121),[177] wurde er doch aus diesem Grunde u. a. von Vertretern der sogenannten Dialektischen Theologie angegriffen.

Emil Brunner hat seine diesbezügliche Meinung Tillich gegenüber aber revidiert, wenn er in einem Brief vom 14. März 1958 an ihn schreibt: „Was Sie uns anderen allen voraus haben, das ist Ihr eminentes philosophisches Können. Ihr Ausgangspunkt, die Ontologie, war mir bis jetzt immer fremd und verdächtig. Ich habe jetzt gesehen, daß das *auch* ein Weg ist zum Verständnis der Christusbotschaft. Ich gehe einen ganz anderen Weg, der aber nicht nur zum selben Ziel, sondern zur Übereinstimmung mit den meisten Ihrer Ausführungen über Jesus Christus und den Glauben führt. Sie kommen von einer philosophischen Fragestellung her, ich von einer theologischen, d. h. von dem, was man schon immer als Theologie bezeichnet hat. Ich glaube, es ist gut, daß es diese zwei Wege gibt, und es wird sie auch in Zukunft geben." (EW V, 342)

Bekanntlich wird die Philosophie als die „Liebe zur Weisheit" bezeichnet, [115] aber dabei handelt es sich lediglich um eine Nominaldefinition, abgeleitet vom griech. *philein* (lieben) und *sophia* (Weisheit). Da Philosophie aber immer nur im Plural auftritt, weil sie letztlich Prinzipienwissenschaft ist – und in Bezug auf die Prinzipien kann man verschiedener Auffassung sein –, ist eine eindeutige Realdefinition der Philosophie unmöglich. Von welchem Standpunkt aus sollte diese vorgenommen werden? Da es keinen übergeordneten Standpunkt gibt, muss die Philosophie sich selbst definieren. In jeder Definition der Philosophie steckt aber ein ganzes System der Philosophie; an diesem Punkt kommen wir also nicht weiter. Tillich sucht daher, zu einer „common sense"-Definition der Philosophie zu gelangen, indem er auf „eine Art vorphilosophischer Übereinstimmung" rekurriert: Philosophie als „der Versuch, die allgemeinsten Fragen über die Natur der Wirklichkeit und der menschlichen Existenz zu beantworten". Wenn Tillich von „der Natur der Wirklichkeit, die in allen Bereichen wirksam ist", von „den allgemeinen Kategorien" oder „der Struktur des Seins im universalen Sinne" spricht, dann wird deutlich, dass er damit die ontologische Frage meint.

---

[177] Wobei der Begriff „Philosophische Theologie" bei Tillich nicht „natürliche Theologie" oder „philosophische Gotteslehre" meint, sondern eine Theologie, die sich philosophischer Begrifflichkeit bedient, im Gegensatz zu einer Theologie, die stärker kerygmatisch ausgerichtet ist wie diejenige von Karl Barth.

[116]   Auf den ersten Blick sieht es nun so aus, als ob damit das Verhältnis des Glaubens zur philosophischen Wahrheit geklärt sei: Geht es der Philosophie um die Struktur des Seins, so dem Glauben um den „ultimate concern". Aber so einfach liegen die Dinge hier nicht, denn nach Tillich gibt es „einen Punkt der Identität" zwischen dem Letztgültigen der philosophischen Frage und dem Letztgültigen des religiösen Anliegens. Philosophie wie Glaube suchen nämlich „letztgültige Wirklichkeit"[178] und drücken diese aus – mit Begriffen in der Philosophie, mit Symbolen in der Religion.

Dass es zwischen Glaube bzw. Religion und Philosophie einen Punkt der Identität gibt, ist auch schon Thema eines frühen Beitrages von Tillich mit dem Titel „Philosophie und Religion" (vgl. GW V, 101–109). Hier spricht er von der „Unbedingtheit des reinen Ergriffenseins" in der Religion und der „Unbedingtheit des reinen Fragens" in der Philosophie (GW V, 101). Beide sind aber *nicht* „Ausdruck einer *letzten* menschlichen Möglichkeit", da das den Menschen unheilbar spalten würde (GW V, 102). Vielmehr verweisen sie auf „das gleiche ‚Letzte'": „Es besteht also eine *letzte Identität von Religion und Philosophie*." (GW V, 103 f.)

[117]   Ein entscheidender Unterschied zwischen Philosophie und Glaube scheint aber darin zu bestehen, dass der Philosoph zu seinem „Gegenstand" eine „detachierte" Haltung besitzt, das heißt, er steht in Distanz zu seinem Gegenstand, während der Gläubige bzw. der Theologe in Bezug auf seinen „ultimate concern" involviert ist, das heißt, dass seine Haltung existentieller Natur ist (vgl. ST I, 30 f.). Aber dieser Unterschied ist im konkreten Leben nicht durchzuhalten, weil auch der Philosoph einen „ultimate concern" besitzt und der Gläubige ebenfalls „das Bedürfnis nach begrifflicher Einsicht" besitzt, was auch schon in dem Begriff „Theo-logie" zum Ausdruck kommt. Tillich macht auch immer wieder darauf aufmerksam, dass das Existentielle ein Moment jeder Philosophie darstellt, er somit eine völlig voraussetzungslose Philosophie ablehnt.[179]

[118]   Wenn Tillich hier davon spricht, dass es den historisch bedeutendsten Philosophen immer darum gegangen sei, die Manifestation des Letztgültigen im Universum zu beschreiben, so scheint er damit auf den Zusammenhang von Ontologie und Gottesfrage anzuspielen, dem zufolge die Wirklichkeit immer schon einen Hinweis auf ihren letzten Grund impliziert. Allerdings finden sich auch Philosophien, die die ontologische Fragestellung einklammern und die Philosophie auf Erkenntnistheorie beschränken, wie das z. B. im Neukantianismus der Fall ist, oder auf semantische Analyse wie im Logischen Positivismus eines Rudolf Carnap (1891–1970) oder Moritz Schlick (1882–1936) (vgl. GW V,

---

178 Vgl. Tillichs Schrift „Biblical Religion and the Search for Ultimate Reality" (GW V, 138–184).
179 Vgl. EW XVI, 174–198.

116).[180] Tillich will die Bedeutung dieser Ansätze nicht schmälern. Er betont aber zu Recht, dass es der Philosophie traditionell immer um die Frage nach dem Sein und dem Grund des Seins gegangen ist, wenngleich dieser Ansatz der Kritik wesentlich stärker ausgesetzt ist als die zuvor genannten Ansätze, die sich selbst bescheiden.

Wenn auch die Philosophie gegenüber ihrem „Gegenstand" im Prinzip eine detachierte Haltung einnimmt, so kann sie nach Tillich ihren existentiellen Hintergrund doch nie ganz verleugnen (vgl. GW V, 106). Dieser ist es denn auch, der die Philosophie dem Glauben annähert. In seinem Beitrag „Philosophy and Theology" heißt es dazu: „Es gibt keine Philosophie, die diesen Namen verdient, ohne daß sie die menschliche Existenz des Philosophen verändert, ohne seinen ‚ultimate concern' und ohne seinen Glauben daran, dass er erwählt ist, die Wahrheit zu ergreifen an dem Ort, zu dem er gehört." (GW V, 119)[181] [119]

Historisch haben sich die Einzelwissenschaften zwar aus der Philosophie herausentwickelt, aber sie konnten ihre Abhängigkeit von der Philosophie damit doch nicht gänzlich abstreifen. Wir haben gesagt, dass Philosophie Tillich zufolge wesentlich Ontologie ist. Und Ontologie beschäftigt sich mit Begriffen wie Zeit, Raum, Ursache, Substanz, Selbst, Welt, Form, Dynamik, Freiheit, Schicksal, Subjekt, Objekt, Gestalt, Struktur, Ding, Geschichte, Erkenntnis, Wahrheit usw., um nur die wichtigsten zu nennen (vgl. EW XVI, 8). Wenn Tillich schreibt, dass die Philosophie „ein allgegenwärtiges Element innerhalb faktischer naturwissenschaftlicher und historischer Arbeit" ist, dann will er damit sagen, dass die genannten ontologischen Begriffe von den Einzelwissenschaften immer schon vorausgesetzt werden. In diesem Sinne schreibt Tillich in seiner Berliner Ontologie-Vorlesung von 1951: „Die Wissenschaften sind in jedem Augenblick abhängig von der Philosophie, und wenn sie diese Abhängigkeit nicht anerkennen, sind sie abhängig von einer vorgestrigen Philosophie [...]. Daher ist die Ontologie heute genau so wichtig wie zur Zeit des Aristoteles." (Ebd.)

Da die Einzelwissenschaften also immer ontologische Begriffe voraussetzen und die Philosophie notwendig existentiell ist, kann Tillich sagen, dass selbst in der naturwissenschaftlichen Sichtweise der Wirklichkeit „ein Element des Glaubens" wirksam ist.

Was für den Naturwissenschaftler zutrifft, hat auch für den Historiker Geltung. So setzt dieser z. B. immer schon eine Antwort auf die Frage nach der Natur oder dem Wesen des Menschen voraus. Eine solche Antwort kann aber nur die [120]

---

180 Vgl. auch ST I, 27f.
181 Leichte Korr. der Übers. nach MW IV, 285.

Philosophie geben. Auch hier wird noch einmal deutlich, dass der Fundamentalbegriff Philosophie ist und nicht Wissenschaft.

[121] Wenn Tillich schreibt, dass es in jeder Philosophie „eine tatsächliche Einheit von philosophischer Wahrheit und der Wahrheit des Glaubens" gibt, so kann dieser Satz sehr leicht missverstanden werden. Tillich will ja damit den Unterschied von Philosophie und Glaube nicht nivellieren (vgl. ST I, 30–37). Es geht ihm nur darum, auf den existentiellen Charakter der Philosophie aufmerksam zu machen, und es ist dieser existentielle Charakter, der eine gewisse Nähe zum Glauben als „ultimate concern" aufweist.

In diesem Zusammenhang ist Tillichs Verweis auf den Begriff des „philosophischen Glaubens" bei Jaspers[182] aber nicht sonderlich hilfreich, scheint er diesen doch völlig missverstanden zu haben. Jaspers lehnt bekanntlich die Offenbarungsreligion ab, da diese die Freiheit des Menschen vernichte und Gott verendliche.[183] Als Alternative hierzu plädiert er für einen „philosophischen Glauben": Jeder Mensch hat als Mensch immer schon einen Zugang zur Transzendenz. Philosophischer Glaube will in diesem Sinne den religiösen Glauben ersetzen. Philosophischer Glaube will aber auch auf den notwendig existentiellen Charakter der Philosophie aufmerksam machen. In diesem Sinne wendet sich Jaspers entschieden gegen jede Form „wissenschaftlicher Philosophie". Philosophie weist darum immer notwendig ein plurales Gepräge auf. So ist es auch nur konsequent, wenn Jaspers den Begriff einer „philosophia perennis", einer immerwährenden Philosophie, eben gerade nicht auf die Antworten, sondern nur auf die Fragen und Probleme bezieht.[184]

[122] Der Philosoph, so wurde deutlich, besitzt zu seinem „Gegenstand" eine „detachierte" Haltung, während der Gläubige in Bezug auf seinen „ultimate concern" involviert ist. Entsprechend geht es in der Philosophie vornehmlich um Begriffe, in der Religion dagegen um Symbole. So berechtigt diese Unterscheidung auch sein mag, so muss das Verhältnis von Begriff und Symbol doch differenzierter betrachtet werden. Dass die meisten philosophischen Begriffe mythologische Wurzeln haben, wird kaum überraschen, hat sich doch die Philosophie, wie auch Kunst, Religion und Wissenschaft, bekanntermaßen aus dem Mythos herausentwickelt. Aber es gilt nach Tillich auch das Umgekehrte, dass nämlich die meisten mythologischen Symbole auch begriffliche Elemente

---

182 Vgl. Karl Jaspers, Der philosophische Glaube [1948], München ⁹1988; ders., Der philosophische Glaube angesichts der Offenbarung [1962], München ³1984.
183 Zu beiden Aspekten wäre Kritisches zu sagen. Vgl. dazu Werner Schüßler, Philosophischer und religiöser Glaube. Karl Jaspers im Gespräch mit Paul Tillich, in: Theologische Zeitschrift 69 (2013) 24–52.
184 Vgl. dazu Karl Jaspers, Philosophie, Bd. I (s. Anm. 22), 284.

enthalten. All die hier von Tillich beispielhaft genannten Begriffe und Ausdrücke – wie Sein, Leben, Geist, Einheit und Verschiedenheit in Bezug auf die Gottesidee, wie Endlichkeit, Angst, Freiheit und Zeit in Bezug auf das Schöpfungssymbol oder wie die essentielle Natur des Menschen, der Widerspruch des Menschen mit sich selbst, die Entfremdung des Menschen von sich selbst in Bezug auf das Symbol von „Adams Fall"– spielen in seiner eigenen „philosophischen Theologie" eine ganz entscheidende Rolle.[185]

Tillichs „Systematische Theologie" ist ein exemplarisches Beispiel für die binnentheologische Bedeutung der Philosophie für die Theologie, das heißt, sie ist eine Theologie, die sich ontologischer Begriffe bedient. Aber es gilt auch das Umgekehrte, dass nämlich das Christentum auch Beiträge zum Themenbestand der Philosophie geliefert hat, die nicht mehr wegzudenken sind. Im Anschluss an Wolfhart Pannenberg (1928–2014) sind hier fünf solcher Themenfelder zu nennen: die Kontingenz der Welt und alles endlichen Seienden, die Konzentration auf die Individualität, das Verständnis der Welt als Geschichte, die positive Wertung des Unendlichen sowie die Auswirkungen des christlichen Inkarnationsgedankens.[186]

Nach Tillich fordert der Glaube „keine bestimmte Philosophie"; er verweist in diesem Zusammenhang auf die platonische, aristotelische, kantische und humesche Philosophie. Zu ergänzen wären hier auch noch die stoische, idealistische und existentialistische Philosophie. So hat man sich beispielsweise der stoischen Philosophie besonders bei den Kirchenvätern bedient; Augustinus oder Cusanus haben sich auf die platonisch-neuplatonische Philosophie bezogen; Albertus Magnus und Thomas von Aquin auf die aristotelische Philosophie; im protestantischen Bereich ist zumeist Kant oder der Deutsche Idealismus der Bezugsrahmen. Während sich der frühe Tillich noch auf Kant und den Deutschen Idealismus bezieht, entwickelt der späte Tillich im Anschluss an die moderne philosophische Anthropologie und Existenzphilosophie eine eigene Existentialontologie (vgl. ST I, 193–238), die ihm als Grundlage für seine „Systematische Theologie" dient.

---

185 Vgl. ST I-III.
186 Vgl. Wolfhart Pannenberg, Theologie und Philosophie. Ihr Verhältnis im Lichte ihrer gemeinsamen Geschichte, Göttingen 1996, 107–128.

5 Die Wahrheit des Glaubens und ihre Kriterien

[123] Tillich nennt für die Wahrheit des Glaubens zwei Kriterien: Das erste Kriterium bezieht sich auf die subjektive Seite des Glaubens, das zweite auf die objektive. Bei Ersterem geht es um die Angemessenheit des Ausdrucks. In diesem Sinne besitzen alle „authentischen" Symbole und Glaubenstypen Wahrheit, da sie eine lebendige Erfahrung zum Ausdruck bringen. Damit ist die Religionsgeschichte immer auch schon gerechtfertigt.

Beurteilt wird diese durch das zweite Kriterium, wobei diese Beurteilung aber nicht in einer völligen Ablehnung der Religionsgeschichte besteht, was Tillich damit zum Ausdruck bringt, dass er sagt, dass die Religionsgeschichte beurteilt wird „hinsichtlich eines Ja und eines Nein". Mit dieser „dialektischen" Sichtweise wendet er sich gegen die sogenannte „Dialektische Theologie", der er schon sehr früh einen „undialektischen Supranaturalismus" vorgeworfen hat mit der Begründung, dass sie „aus dem Ja und Nein des Verhältnisses von Gott und Welt, das jeder Dialektik wesentlich ist, ein einfaches Nein gegenüber der Welt" gemacht habe (GW VII, 243).

[124] Nichtauthentische Symbole verdanken demgegenüber ihr Dasein nur noch der Tradition oder der ästhetischen Wertschätzung, womit sie aber ihre Erfahrungsgrundlage verloren haben. Aber das Wahrheitskriterium der Angemessenheit des Ausdrucks ist nicht hinreichend, da es noch nichts über den spezifischen Wahrheitsgehalt eines religiösen Symbols aussagt.

[125] Die Frage nach dem spezifischen Wahrheitsgehalt eines religiösen Symbols beantwortet das zweite Kriterium, das sich auf die objektive Seite des Glaubens bezieht. Hier geht es um die Frage, in welchem Maße ein Symbol in der Lage ist, das Letztgültige zum Ausdruck zu bringen. Wir haben gesehen, dass jedes Symbol in der Gefahr steht, götzendienerisch zu werden. Damit verfehlt es aber das Letztgültige. Tillich bezieht sich in diesem Zusammenhang auf Johannes Calvin, der bekanntlich in seiner „Institutio" davon spricht, dass der menschliche Geist mit einer Werkstatt zu vergleichen sei, in der fortwährend Götzenbilder erzeugt würden.[187] Das trifft nach Tillich selbst auf den Protestantismus zu.

Folglich lautet das zweite Kriterium der Wahrheit des Glaubens: „Dasjenige Symbol ist am angemessensten, das nicht nur das Letztgültige ausdrückt, sondern außerdem noch seinen eigenen Mangel an Letztgültigkeit." Anders formuliert: Ein religiöses Symbol muss immer auch „ein Element der Selbstverneinung" ent-

---

[187] Vgl. Johannes Calvin, Institutio religionis christianae, I, 11, 8: „[...] hominis ingenium perpetuam [...] esse idolorum fabricam."

halten, das heißt, es muss sich als Endliches verneinen, um ganz transparent sein zu können für das Letztgültige, auf das es hinweist.

Als Theologe ist Tillich davon überzeugt, dass das Christentum im „Kreuz des Christus" ein solches Symbol besitzt. Wenn der „ultimate concern" des Christen allein Jesus ist, und nicht „Christus Jesus", dann liegt Tillich zufolge „Jesulatrie" vor. In seinem Vortrag „Der Absolutheitsanspruch des Christentums" aus dem Jahre 1963 erläutert er dies näher, wenn er im Christusereignis drei Kriterien unterscheidet: Erstens eine durch nichts gestörte Gemeinschaft mit Gott, zweitens das Prinzip der Agape und drittens „die Vereinigung dieser beiden Elemente im Opfer seiner Endlichkeit".[188] Und zu diesem letzten, entscheidenden Kriterium heißt es dann: „Und das ist das Große, das ich im Kreuz sehe, nämlich das Selbstopfer dessen in Jesus, was nur Jesus ist. Das heißt die Abhängigkeit von Zeit und Raum, von Charakter und Familie, von Tradition, selbst jüdischen Traditionen, und die Freiheit davon, die dann errungen ist, wenn das Opfer vollzogen ist".[189] In diesem Sinne meint somit „Jesulatrie" die Vergöttlichung allein dieser mit Jesu Menschsein verbundenen Endlichkeit.

Religionsphilosophisch muss es letztlich offen gelassen werden, welches Symbol diesem Kriterium gerecht wird. So kann Tillich in seiner Vorlesung „Philosophy of Religion" von 1962 einräumen, dass möglicherweise nicht nur Jesus Christus diesem Kriterium entspricht, sondern auch Buddha, da dieser nach Tillich – ähnlich wie Jesus Christus – der Versuchung der Vergottung widerstanden habe.[190] „Es ist nicht Aufgabe der Religionsphilosophie, zu entscheiden [...], welches konkrete Symbol begründend für den normativen Religionsbegriff ist", schreibt Tillich schon in seiner „Religionsphilosophie" von 1925 ausdrücklich. „Das ist Aufgabe der Theologie, die notwendig *konfessionell* ist, weil sie das Bekenntnis zu einem konkreten Symbol in sich schließt." (GW I, 346) Ein Bekenntnis schließt aber immer, wie wir gesehen haben, Mut und Wagnis mit ein.[191]

Wenn Tillich schreibt: „Das Ereignis, das dieses Symbol geschaffen hat, hat auch das Kriterium geliefert, durch das die Wahrheit des Christentums wie auch jeder anderen Religion beurteilt werden muss", so sieht das nach einem Zirkelschluss aus. Hat Tillich dieses Kriterium aus dem Christusereignis herausgelesen,

---

188 Paul Tillich, Der Absolutheitsanspruch des Christentums und die Weltreligionen (s. Anm. 76), 108 f.
189 Ebd., 110. Vgl. ST I, 159–163.
190 Vgl. Paul Tillich, Vorlesung „Philosophy of Religion", Lecture 9,1 (Tondbandaufzeichnung; amerikanisches Paul-Tillich-Archiv, Andover Harvard Theological Library).
191 Siehe dazu oben Abschnitt [25] und die nun folgenden Abschnitte [127]-[135].

oder hat er dieses Kriterium an das Christusereignis herangetragen – das ist nicht ganz klar.[192]

[126]   Tillich identifiziert dieses zweite Wahrheitskriterium auch mit dem „protestantischen Prinzip", das selbst über dem Protestantismus steht.[193] In diesem Sinne ist selbst die Bibel nicht Offenbarung Gottes, sondern Wort über die Offenbarung.

In seinem Beitrag „The Meaning and Justification of Religious Symbols" von 1961 führt Tillich neben diesem negativen Kriterium der Selbstnegation in Bezug auf den Wahrheitsgehalt eines religiösen Symbols auch noch ein positives Kriterium ein. Dabei geht es um die Qualität des symbolischen Materials. Es stellt nämlich einen entscheidenden Unterschied dar, ob das Letztgültige durch einen Stein, einen Baum, ein Tier oder einen Menschen symbolisiert wird, enthält doch nur im letzten Fall das Symbol alle Dimensionen der Wirklichkeit. So wird auch nach Tillich verständlich, wenn sich der „ultimate concern" in den großen Religionen immer in einem Menschenleben manifestiert (vgl. GW V, 243f.).

Wenn Tillich dann im letzten Satz von der „Überlegenheit des protestantischen Christentums" spricht, so überrascht dies, hätte man doch erwartet, dass er hier von der Überlegenheit des Christentums ganz allgemein sprechen würde, wenn man bedenkt, dass er an anderer Stelle betont, dass das protestantische Prinzip „jenseits jeder seiner Verwirklichungen" steht (GW VII, 85).[194]

---

192 Vgl. Werner Schüßler, Das Fortwirken des christologischen Paradoxes in der Religionsphilosophie und Religionstheologie Paul Tillichs, in: Ders., „Was uns unbedingt angeht" (s. Anm. 53), 107–117.
193 Siehe dazu oben Abschnitt [37].
194 Siehe dazu ebd.

VI Das Leben des Glaubens

1 Glaube und Mut

Ging es bisher vornehmlich um die Dynamik des Glaubens hinsichtlich des Glaubensinhalts, d. h. um die inneren Spannungen und Konflikte in Bezug auf die verschiedenen Typen des Glaubens, den Symbolbegriff sowie die Wahrheit des Glaubens, so geht es in diesem letzten Teil um die Dynamik des Glaubenslebens. [127]

In Tillichs Existentialontologie spielt die Polarität von Individualisation und Partizipation eine wichtige Rolle (vgl. ST I, 206–210).[195] In seinem Beitrag „Participation and Knowledge. Problems of an Ontology of Cognition" (vgl. GW IV, 107–117) wird deutlich, dass diese Polarität auch in das Erkenntnisproblem mit hineinspielt. Was für die Erkenntnis ganz allgemein gilt, hat Tillich zufolge auch für die religiöse Erkenntnis Bedeutung (vgl. GW IV, 116). In seiner Berliner Ontologie-Vorlesung von 1951 analysiert Tillich die Fragesituation, wenn es hier heißt: „Man fragt nach etwas, was in irgendeinem Sinn zu einem gehört. Was nicht zu einem gehört, danach kann man nicht fragen, weil man keine Verbindung dazu hat. Aber wenn es ganz zu einem gehörte, würde man ja auch nicht fragen, weil man es nicht nötig hätte. D. h. im Fragen selber offenbart sich eine fundamentale Charakteristik desjenigen Wesens, das die Seinsfrage zu stellen imstande ist: das Dazugehören und das Getrenntsein." (EW XVI, 16) Religiös gewendet drückt Tillich dies in „Dynamics of Faith" so aus: „Ohne die Offenbarung Gottes im Menschen sind die Frage nach Gott und der Glaube an Gott nicht möglich. Es gibt keinen Glauben ohne Partizipation!" Mit diesen Überlegungen knüpft Tillich an das oben in den Abschnitten [24] und [25] Gesagte an. [128]

Zum Glauben, so wurde deutlich, gehört aber immer auch ein konkretes Element, das diese unmittelbare Gewissheit nicht besitzt, sondern ein Wagnis darstellt, und das darum eines Aktes des Mutes bedarf. [129]

Im Glauben ist nach Tillich immer ein Element des „Dennoch" oder „Trotzdem" enthalten: „Es ist der Mut, die Botschaft zu akzeptieren, daß man trotz der Entfremdung versöhnt ist. [...] Es ist *Gott*, der will, daß wir mit ihm versöhnt sind." (ST II, 56f.)

Glaube ist paradox, weil er gegen allen äußeren Anschein ist, was besonders im Kreuz Christi sichtbar wird. Aber es gilt auch ganz allgemein: „Da der Glaube mit dem Wirken Gottes zu tun hat, ist sein Charakter paradox, denn für die

---

195 Vgl. auch EW XVI, 48–58.

menschliche Vernunft ist Gottes Wirken paradox, es widerspricht den menschlichen Erwartungen." (GW VII, 197)[196]

[130]   Es wurde schon oben in Abschnitt [26] gesagt, dass der Zweifel ein notwendiges Element des Glaubens darstellt. Tillich sucht diese Einsicht mit Hilfe der dem Erkenntnisakt einwohnenden Polarität von Partizipation und Trennung weiter zu erhärten. In diesem Sinne resultiert die Gewissheit des Glaubens aus dem Element der Partizipation, der Zweifel aus dem Element der Trennung.

[131]   Das wirft auch ein neues Licht auf das, was man einen unerschütterlichen Glauben nennt. Zurecht schreibt Tillich, dass der Zweifel mit der Zunahme an Heiligkeit nicht ab-, sondern – ganz im Gegenteil – sogar zunimmt, was das oben im Kommentar zu Abschnitt [31] genannte Beispiel der Mutter Teresa bestätigt. Demgegenüber ist ein Glaube, der keinerlei Zweifel aufzuweisen scheint, in der Regel teuer erkauft: nämlich durch Unterdrückung, was aber zu Pharisäismus und Fanatismus führt.

In „The Courage to Be" beschreibt Tillich, wie die „existentielle Angst im Zweifel" den Menschen dazu treibt, „Gewißheit in Systemen von Sinnbezügen zu suchen, die durch Tradition und Autorität gestützt sind" (GW XI, 63): „Um dem Wagnis des Fragens und Zweifelns zu entgehen, gibt er das Recht zu fragen und zu zweifeln auf. Er gibt sich selbst auf, um sein geistiges Leben zu retten. Er ‚flieht vor der Freiheit' (Erich Fromm)[197], um der Angst vor der Sinnlosigkeit zu entgehen. Nun ist er nicht mehr einsam, nicht mehr in existentiellem Zweifel, nicht mehr in Verzweiflung; er partizipiert an etwas und bejaht durch diese Partizipation die Inhalte seines geistigen Lebens. Der Sinn ist gerettet, aber das Selbst ist geopfert. Und da der Sieg über den Zweifel ein Opfer bedeutet, nämlich das Opfer der Freiheit des Selbst, hinterläßt er ein Stigma auf der wiedergewonnenen Freiheit in Form einer fanatischen Selbstbehauptung. Fanatismus ist das Korrelat der geistigen Selbstaufgabe: die Angst, die der Mensch besiegen wollte, zeigt sich jetzt darin, daß er mit unmäßiger Heftigkeit jeden angreift, der ihm nicht beistimmt und durch seine Ablehnung Elemente in dem geistigen Leben des Fanatikers enthüllt, die dieser in sich unterdrücken muß. Weil er sie in sich selbst unterdrücken muß, muß er sie auch in dem anderen unterdrücken. Seine Angst zwingt ihn dazu, Andersdenkende zu verfolgen. Die Schwäche des Fanatikers liegt darin, daß diejenigen, die er bekämpft, eine geheime Gewalt über ihn ausüben, und dieser Schwäche muß er schließlich unterliegen." (GW XI, 44 f.)[198]

---

196 Vgl. auch ST II, 100–102.
197 Vgl. Erich Fromm, Escape from Freedom, New York 1941.
198 Vgl. auch EW XVI, 57.

Tillich unterscheidet hier den lebendigen Glauben vom konventionellen [132]
Glauben, der „undynamisch", d. h. statisch ist und in einer traditionellen Haltung
besteht und keine Spannungen kennt. Solch ein „toter" Glaube kann aber auch
wieder lebendig werden; von daher kommt selbst diesem „potentiellen Glauben"
Bedeutung zu. Dies erinnert in gewisser Weise an das oben in Abschnitt [124]
Gesagte zur „Latenz" religiöser Symbole.

Tillich scheint in diesem Zusammenhang selbstkritisch seine eigene Haltung
hinsichtlich der religiösen Erziehung seiner eigenen Kinder zu reflektieren, wenn
er hier davor warnt, mit der religiösen Erziehung zu warten, „bis eigenständige
Fragen über den Sinn des Lebens" auftreten, hat er doch öfter bekannt, dass das
ein großer Fehler gewesen sei.

Wenn es hier heißt, dass das „Element unmittelbarer Gewissheit" niemals von [133]
einem konkreten Inhalt zu trennen ist und eine solche „theoretische Isolierung"
allein das Ergebnis des analytischen Verstandes darstellt, so bestätigt das auch
noch einmal das oben in unserem Kommentar zu Abschnitt [25] Gesagte, dem
zufolge es keinen Glauben ohne konkreten Inhalt gibt.

Hier wiederholt sich Tillich in gewisser Weise, denn schon in Abschnitt [25] [134]
ging es ausführlich um das Verhältnis des Glaubens zum Mut des Wagnisses.

Wenn Tillich schreibt, dass in der „Schau Gottes" Ungewissheit, Zweifel, Mut
und Wagnis aufgehoben sind, so erhellt das daraus, dass Glaube immer die
Spannung zwischen Partizipation und Trennung umfasst.[199] Folglich gibt es in der
Schau Gottes auch keinen Glauben mehr. Das korrespondiert der Aussage Tillichs,
dass es im himmlischen Jerusalem keinen Tempel gibt (vgl. ST III, 456).[200]

Tillich nimmt hier ebenso wieder Bezug auf das zweite Kriterium der Wahrheit
des Glaubens, das oben in Abschnitt [125] erörtert wurde. Auf die zitierte Bibel-
stelle Joh 12,44 bezieht er sich auch ausführlich in seiner „Systematischen
Theologie" (vgl. ST I, 162f.).[201]

Wenn es hier heißt, dass wir niemals in der Lage sind, „die unendliche Dis- [135]
tanz zwischen dem Unendlichen und dem Endlichen von Seiten des Endlichen zu
überbrücken", dann beinhaltet das auch eine implizite Kritik an der natürlichen
Theologie im Sinne der sogenannten „Gottesbeweise" (vgl. ST I, 238–245).

---

199 Siehe dazu oben Abschnitt [128].
200 Mit Bezug auf Offb 21,22.
201 Vgl. auch ST II, 137.

2 Glaube und die Integration der Personalität

[136] Der Glaube bewirkt nach Tillich die Integration der Personalität, weil dieser als Zustand letztgültigen Ergriffenseins allen anderen Anliegen „Tiefe, Richtung und Einheit" gibt. Das gilt im Prinzip selbst für einen götzendienerischen Glauben, wenn auch hier die integrierende Kraft nur einen „vorläufigen Charakter" besitzt.[202]

[137] Dass das Letztgültige kein Gegenstand neben anderen ist, sondern der Grund von allen anderen, ist ein Grundtopos von Tillichs Denken. In diesem Sinne heißt es beispielsweise in der „Systematischen Theologie": „Das Sein Gottes ist das Sein-Selbst. Das Sein Gottes kann nicht verstanden werden als die Existenz eines Seienden neben oder über anderem Seienden. Wenn Gott ein Seiendes wäre, so wäre er den Kategorien der Endlichkeit unterworfen, besonders Raum und Substanz. Selbst wenn er das ‚höchste Wesen' im Sinne von ‚vollkommenstem und mächtigstem Wesen' genannt würde, wäre diese Situation nicht anders." (ST I, 273)

Wenn Tillich in seiner bekannten Schrift „The Courage to Be" davon spricht, dass „der Gott des theologischen Theismus [...] ein Wesen neben anderen und als solches ein Teil der gesamten Wirklichkeit" (GW XI, 136) ist, so muss man hier die kritische Frage stellen, welche ernstzunehmende Theologie oder auch Philosophie jemals einen solchen Gottesgedanken vertreten hat. Ein solcher ist doch wohl eher in der populären Frömmigkeit beheimatet.[203]

[138] Tillich schließt hier an das an, was er in den beiden ersten Teilen von „Dynamics of Faith" entwickelt hat, und er vertieft dies hinsichtlich der verschiedenen Dimensionen des menschlichen Seins: des Körpers, der Seele und des Geistes. In seinem Beitrag „Dimensionen, Schichten und die Einheit des Seins" erläutert er, warum die Metapher der Dimension derjenigen der Schicht vorzuziehen ist. Während Schichten „sich gegenseitig ausschließende Sektoren der Wirklichkeit" (GW IV, 120) sind, die folglich keine notwendige Beziehung zueinander haben, macht der Begriff der Dimension deutlich, dass der Mensch als eine „vieldimensionale Einheit" (GW IV, 128) verstanden werden kann. Das macht auch verständlich, dass der Glaube als zentrierter Akt alle Dimensionen des Menschen umschließt: Körper, Seele und Geist.

Wenn Tillich in diesem Zusammenhang von „animal faith", von „Tierglaube", spricht, dann spielt er hier auf einen Begriff des spanischen Philosophen und

---

202 Siehe dazu unten Abschnitt [142].
203 Vgl. dazu Werner Schüßler, Paul Tillichs Schrift „The Courage to Be" – ein missverstandener Bestseller (s. Anm. 83), 111–116.

Schriftstellers George Santayana (1863–1952) an, dessen Schriften er zum Teil kannte. Dieser hat bekanntlich 1923 ein Werk veröffentlicht mit dem Titel „Scepticism and Animal Faith".[204] Mit dem Begriff „animal faith" bezeichnet Santayana hier einen Glauben an das, was uns allein durch die Sinne, d. h. den Körper vermittelt wird.

Der Körper partizipiert nach Tillich nicht nur an der vitalen, sondern auch an der geistigen Ekstase. In seiner Schrift „Love, Power, and Justice" verdeutlicht er das wie folgt: „Selbst in den höchsten Formen geistiger Freundschaft oder asketischer Mystik ist ein Element der *libido* enthalten. Ein Heiliger ohne alle *libido* würde aufhören, Geschöpf zu sein. Aber einen solchen Heiligen gibt es nicht." (GW XI, 163) [139]

Es wurde oben in Abschnitt [56] schon auf die Bedeutung des Unbewussten hinsichtlich der Symbole hingewiesen. Der Glaube verleiht aber nach Tillich auch dem bewussten Leben des Menschen „ein Zentralobjekt der ‚Kon-zentration'". Das lateinische Präfix „con" meint u. a. auch soviel wie „völlig"; „Kon-zentration" meint somit wörtlich die *völlige* Ausrichtung auf eine Mitte hin, eine Mitte, die Tillich zufolge der „ultimate concern" verkörpert. In diesem Sinne wirkt jeder „ultimate concern" immer auch schon per se desintegrierenden Tendenzen entgegen. Disziplin, Meditation, Kontemplation und Konzentration können diese Integration unterstützen, der aber letztlich ein Glaube im Sinne eines „ultimate concern" zugrunde liegt.

Welches sind nun näherhin die Kräfte der Desintegration, die letztlich auch Krankheit in allen Dimensionen des Menschseins bewirken können? Diese Frage leitet über zum Verhältnis von Glaube bzw. Heil und Heilen, dem Tillich wieder eine ganz neue Aufmerksamkeit gewidmet hat, nachdem dieses Thema in der Theologie lange Zeit in den Hintergrund geraten war.[205] [140]

Tillich unterscheidet strikt zwischen „healing power", d. h. der heilenden Kraft des Glaubens, und dem sogenannten „faith healing", der Glaubensheilung. Beim „faith healing" handelt es sich um eine „Heilung durch Suggestion" (GW IX, 258). „Religion", so schreibt Tillich in seinem umfangreichen Beitrag „The Relation of Religion and Health. Historical Considerations and Theoretical Questions" von 1946 ausdrücklich, „ist nicht Magie, und Magie ist nicht Religion. *Religion ist die Beziehung zu etwas Letztgültigem, Unbedingtem, Transzendentem.* [...] Religion betrifft den ganzen Menschen, sein Person-Zentrum, seine Moralität." (GW IX, 262) Damit ist eine klare Abgrenzung zur Magie gegeben, die Tillich demgegen- [141]

---

204 George Santayana, Scepticism and Animal Faith. Introduction to a System of Philosophy, New York 1923.
205 Vgl. dazu Werner Schüßler, „Healing Power." Zum Verhältnis von Heil und Heilen im Denken Paul Tillichs, in: Ders., „Was uns unbedingt angeht" (s. Anm. 53), 383–418.

über als „eine spezifische Weise der Wechselbeziehung zwischen endlichen Mächten" charakterisiert (ebd.). Suggestion darf zwar selbst bei einer ärztlichen Behandlung nicht unterschätzt werden (vgl. GW IX, 265), aber die „healing power" des Glaubens ist für Tillich noch einmal etwas ganz Anderes, da für diese entscheidend ist, dass sie „das geistige Zentrum des Menschen" erfasst (ebd.). Echte religiöse Heilung geschieht nach Tillich eben gerade nicht durch Auto- oder Fremdsuggestion, wenn sie vielleicht auch nicht ohne jede Suggestion geschehen kann, da ständig Elemente einer Situation in das Unbewusste sinken und dort fortwirken (vgl. GW IX, 266).

[142] Auch ein götzendienerischer Glaube wie beispielsweise der Polytheismus kann nach Tillich eine gewisse integrierende und damit heilende Kraft besitzen; dasselbe trifft auch auf endliche Anliegen zu wie die Nation oder den Erfolg. Das ist möglich, weil auf diese Weise „Strebungen hinsichtlich eines sinnvollen Lebens, die anderenfalls unerfüllt geblieben wären", ihre Erfüllung finden können. Doch hat diese Erfüllung nur einen „vorläufigen Charakter". Damit knüpft Tillich an das an, was er oben in Abschnitt [19] als unausweichliche Folge götzendienerischen Glaubens bezeichnet hat, nämlich die „existentielle Enttäuschung". Die Integration ist in einem solchen Fall immer nur „vorläufig" und stürzt den Menschen letztlich in eine umso größere Desintegration, die zu einer Verzweiflung, ja selbst zu einer Neurose und Psychose führen kann.

[143] In welchem Verhältnis steht nun die heilende Kraft des Glaubens zum ärztlichen Heilen? Um diese Frage klären zu können, greift Tillich auf sein Konzept der vieldimensionalen Einheit des Menschen zurück.[206] Während sich die heilende Kraft des Glaubens auf „die ganze Personalität" bezieht, bezieht sich die ärztliche Kunst immer nur auf die jeweilige Dimension, in der die Krankheit auftritt: auf die somatische, die seelische oder die geistige Dimension. Von daher kann es Tillich zufolge prinzipiell keinen Konflikt geben zwischen diesen verschiedenen ärztlichen Formen des Heilens auf der einen Seite und der heilenden Kraft des Glaubens auf der anderen, „wenn beide Seiten um ihre besonderen Aufgaben und Grenzen" wissen.

Tillich, so wurde deutlich, wertet den Magiebegriff in gewisser Weise auf, wenn er darunter die Einwirkung eines Wesens auf ein anderes Wesen versteht, ohne dass man sich hierbei mentaler Kommunikation oder physischer Verursachung bedient, was aber doch physische und mentale Wirkungen aufweist. Solche Formen der Beeinflussung finden zwischen Menschen immer wieder statt, bewusst oder unbewusst. Von daher kann Tillich sogar sagen, dass „magisches Heilen" eine der vielen verschiedenen Formen des Heilens ist, und aus diesem

---

[206] Siehe dazu oben den Kommentar zu Abschnitt [138].

Grunde sollte es auch von der Theologie „weder eindeutig bejaht noch eindeutig abgelehnt werden" (ST III, 320).

Der Glaube ist aber nicht isoliert zu sehen, sondern er muss immer im Kontext von Liebe und Tun betrachtet werden. [144]

3 Glaube, Liebe und Tun

Die sogenannte Rechtfertigungslehre kann sich bekanntlich besonders auf Paulus beziehen. So heißt es in Gal 2,16: „Der Mensch wird nicht gerechtfertigt aufgrund der Werke des Gesetzes, sondern (allein) durch den Glauben an Jesus Christus."[207] [145]

Wird der Glaube als „ultimate concern" verstanden, dann kann er nach Tillich nicht von Liebe und Tun getrennt werden.[208]

In Abschnitt [128] wurde gesagt, dass sich da, wo es Glaube gibt, immer auch eine Spannung zwischen Partizipation und Trennung findet. Diese Spannung ist allein in einer „Schau Gottes" aufgehoben,[209] wo es eine „Wiedervereinigung des Getrennten" gibt; folglich gibt es hier auch keinen Glauben mehr. Die Verbindung zwischen Glaube und Liebe ist nach Tillich dadurch gegeben, dass er unter der Liebe den „Drang nach der Wiedervereinigung des Getrennten" versteht (vgl. GW XI, 158–164).[210] [146]

Auf das große Gebot „Du sollst den Herrn, deinen Gott, lieben mit ganzem Herzen, mit ganzer Seele und mit ganzer Kraft" (Dtn 6,5) ist Tillich auch schon oben in Abschnitt [4] eingegangen. Hieraus resultiert bekanntlich auch die Nächsten- und die richtig verstandene Selbstliebe (vgl. GW XI, 164).

Wenn auch der Begriff der Liebe im Hinduismus und Buddhismus stärker vom Begriff der Identität ausgeht, wohingegen der biblische stärker auf den Begriff der Partizipation bezogen ist (GW V, 85f.),[211] so sind Liebe und Tun nach Tillich doch in beiden Fällen Elemente des Glaubens. Wenn der Glaube seine Beziehung zur Liebe verliert, so führt das zu Ritualismus, magischem Sakramentalismus oder dogmatischem Legalismus, was wiederum zur Ablehnung des Glaubens und zur Hinwendung zu nichtreligiösen Formen der Ethik führen kann.

---

207 Vgl. auch Röm 3,20.28.
208 Vgl. dazu auch ST III, 160–164.
209 Siehe dazu oben Abschnitt [134].
210 Vgl. dazu Werner Schüßler, Das Sein und die Liebe. Zur ontologischen Dimension der Liebe bei Paul Tillich und Karl Jaspers, in: Ders. / Marc Röbel (Hrsg.), LIEBE – mehr als ein Gefühl. Philosophie – Theologie – Einzelwissenschaften, Paderborn 2016, 17–42.
211 Vgl. dazu auch GW XIII, 504.

[147] Beispiele für schrecklichste Verbrechen gegen die Liebe bieten sowohl der religiöse Fanatismus, wie er heute im radikalen Islamismus begegnet, als auch der politische Fanatismus, wie er in Form des Nationalismus und Faschismus, aber ebenso des Kommunismus aufgetreten ist.

[148] Nach Tillich gibt es keinen Menschen ohne „ultimate concern". Von daher gibt es natürlich auch keine Liebe ohne Glauben.

[149] Der Begriff der Liebe ist, ähnlich wie derjenige des Glaubens, verschiedenen Missverständnissen ausgesetzt. Das geläufigste ist die Reduktion der Liebe auf das Gefühl.[212]

Dass Liebe aber kein Gefühl *neben* anderen ist, wird nach Tillich allein schon dadurch deutlich, dass sie auch auf das Göttliche geht und dass Gott nach christlichem Verständnis *die Liebe ist* (*Deus caritas est*). Liebe besitzt also nicht nur eine emotionale, sondern immer auch schon eine ontologische Bedeutung, das heißt, sie hat es mit dem Sein als solchem zu tun. Tillich nennt aber auch noch einen weiteren Grund gegen eine Reduzierung der Liebe auf das Gefühl, wenn es in „Love, Power, and Justice" heißt: „In einem der entscheidenden Dokumente des Judentums und Christentums, ja, aller abendländischen Kultur überhaupt, wird das Wort ‚Liebe' mit dem Imperativ ‚du sollst' verbunden. Das ‚vornehmste Gebot' fordert von jedem Menschen die ganze Liebe zu Gott und die Liebe zum Nächsten in einem Maße, daß sie nicht hinter seiner natürlichen Selbstbejahung zurückbleibt. Wenn aber Liebe nur Gefühl ist, wie kann sie dann gefordert werden?" (GW XI, 145)

[150] Wenn Tillich davon spricht, dass der platonische Begriff des Eros[213] und der christliche Begriff der Agape als verschiedene „Typen" der Liebe gegenübergestellt wurden, so bezieht er sich hierbei unausgesprochen auf den protestantischen Theologen und späteren Bischof von Lund, Anders Nygren, der in den 1930er Jahren sein vielbeachtetes zweibändiges Werk „Eros und Agape"[214] vorgelegt hat. Nygren deutet hier *Eros* und *Agape* als sich ausschließende Gegensätze, zwischen denen „ein Abgrund" besteht, der keinen unmittelbaren Übergang zulässt.[215] Den platonischen Eros charakterisiert er durch die folgenden drei Merkmale: Erstens ist Eros begehrende Liebe, zweitens ist er der Weg des Menschen zum Göttlichen, und drittens ist er egozentrische Liebe.[216] Bedeutet somit Eros der Weg des Menschen zu Gott, so steht Agape zuerst einmal für den genau

---

212 Vgl. dazu Werner Schüßler / Marc Röbel (Hrsg.), LIEBE – mehr als ein Gefühl (s. Anm. 210).
213 Vgl. Platon, Symposion.
214 Anders Nygren, Eros und Agape. Gestaltwerdung christlicher Liebe, 2 Bde., Gütersloh 1930/37 (schwedisch: 1930/36).
215 Vgl. ebd., Bd. I, 15.
216 Vgl. ebd., Bd. I, 153–158.

entgegengesetzten Weg: Agape ist der Weg Gottes zum Menschen. Aus diesem Grund wertet Nygren auch eine Synthese zwischen Eros und Agape grundsätzlich als „Verrat" an der Agape. Für ihn bedeutet nämlich Eros, dass der Mensch durch eigene Anstrengung Erlösung sucht, wohingegen bei der Agape deutlich wird, dass wir alles der gnadenvollen Liebe Gottes zu verdanken haben. Letztlich geht es hierbei Nygren zufolge um die Alternative „Platon oder Paulus" und nicht um rein geschichtliche Positionen. Es geht „um prinzipiell verschiedene Einstellungen, die ihr Gepräge dem ganzen Leben geben, es handelt sich um zwei konkurrierende Grundmotive, zwei entgegengesetzte ideale Sinngebilde", um zwei verschiedene „Lebenseinstellungen".[217]

Die Konsequenzen eines solchen Verständnisses, wie es Nygren vertritt, fasst Paul Tillich in seiner Schrift „Biblical Religion and the Search for Ultimate Reality" so zusammen: „Wenn *agape* und *eros* sich ausschließen, ist es hoffnungslos, eine Synthese zwischen biblischer Religion und Ontologie zu suchen." (GW V, 164) Eine solche Synthese hält er aber für unerlässlich, denn schon der Begriff „Theo-logie" macht deutlich, dass es hier um zwei verschiedene Momente geht, die es zu verbinden gilt, nämlich zum einen um das *kerygma*, zum anderen um die menschliche Vernunft (vgl. GW V, 111). In den Begriffen Eros und Agape kulminieren diese beiden Momente aber geradezu. Tillich vertritt gegenüber Nygren die Auffassung, dass es sich bei Eros und Agape nicht um verschiedene Typen, sondern verschiedene Qualitäten der „einen" Liebe handelt.

In seiner Schrift „Love, Power, and Justice" unterscheidet Tillich darüber hinaus auch noch die Libido- und die Philia-Qualität der Liebe (vgl. GW XI, 146). Jede „wahre" Liebe umfasst somit nach Tillich alle vier Qualitäten. Fehlt eine dieser Qualitäten, so haben wir es immer mit einer Verzerrung der Liebe zu tun, was Tillich am Verhältnis von Eros und Agape verdeutlicht (vgl. GW XI, 158–164).

Ähnlich wie Tillich auch schon den Eros-Begriff gegenüber protestantischen [151] Theologen wie Anders Nygren oder auch Karl Barth aufwertet, die diesen mit Selbsterlösung in Verbindung bringen, kritisiert er hier auch recht subtil die protestantische Kritik der Werkgerechtigkeit. Er gesteht zwar zu, dass kein menschliches Tun die Vereinigung mit Gott bewirken kann, betont aber auch gleichzeitig, dass sich der Glaube letztlich auch in „Werken" verwirklichen muss, wenn die Liebe ein Element des Glaubens ist.

Dabei bestimmt die Art des Glaubens die Art der Liebe und die Art des Tuns. Überwiegt im ontologischen Glaubenstyp die Eros-Qualität der Liebe, so im moralischen die Agape-Qualität. Treibt die Eros-Qualität vornehmlich zur Vereini-

---

[217] Ebd., Bd. I, 184.

gung mit dem Geliebten, so die Agape-Qualität zu dessen Annahme und Transformation.

[152]   Im Vorangegangenen wurden verschiedene Beispiele angeführt, die „eine Grundpolarität im Charakter des Glaubens" verdeutlichen: diejenige von Glaube auf der einen Seite sowie Liebe und Tun auf der anderen. Tillich deutet hier noch weitere Beispiele für diese Grundpolarität an, ohne diese aber näher zu explizieren: lutherischer versus calvinistischer Glaube, humanistischer versus traditioneller christlicher Glaube, protestantischer versus katholischer Glaube.

4 Die Gemeinschaft des Glaubens und ihre Ausdrucksformen

[153] Glaube ist nur wirklich in einer Glaubensgemeinschaft. Das wird nicht nur vom Verhältnis des Glaubens zur Liebe her deutlich, sondern ebenfalls von der Sprache her, von der der Glaubensakt abhängig ist, wie Tillich oben in Abschnitt [33] dargelegt hat.

[154]   Ebenfalls hat Tillich schon oben in Abschnitt [37] das Verhältnis von Glaube und Zweifel in Bezug auf die bekenntnishaften Ausdrucksformen erörtert. Nun geht es noch einmal um „grundlegendere Ausdruckformen" des „ultimate concern" innerhalb einer Glaubensgemeinschaft. Hinsichtlich der Glaubensgemeinschaft sind nämlich nicht nur mythische Symbole bedeutsam, sondern auch rituelle. In der „Systematischen Theologie" kommt Tillich auf das Verhältnis von Mythos und Kultur nur recht kurz zu sprechen (vgl. ST I, 97).[218] Ausführlicher hat er dieses Thema in seiner „Religionsphilosophie" von 1925 behandelt. Hier werden Mythos und Kultus als religiöse Kategorien der theoretischen bzw. praktischen Sphäre abgehandelt (vgl. GW I, 350–353).[219] „Das Verhältnis von *Mythos und Kultus* ist so, daß jeder kultische Akt einen mythischen Inhalt und jedes mythische Objekt eine kultische Verwirklichung hat. Diese Zusammengehörigkeit ist in dem Glaubenscharakter beider Funktionen begründet. Für den Glauben kann es keinen praktischen Akt geben, der nicht durch ein Symbol hindurch auf das Unbedingte gerichtet wäre, und für den Glauben kann es kein Symbol des Unbedingten geben, auf das sich nicht ein praktischer Akt richtete. Der Akt ohne symbolischen Inhalt bleibt in der Subjektivität des Gefühls. Das Symbol ohne praktischen Akt bleibt in der Objektivität des Gegenständlichen." (GW I, 356)

[155]   Die Alternative „öffentliche Religion" oder „Religion des Herzens" ist für Tillich ein falscher Gegensatz (vgl. EW IV, 110). In der „Systematischen Theologie"

---

218 Vgl. auch ST I, 112.
219 Vgl. auch GW I, 356–361.

heißt es dazu: „Da der Mensch nur in der Begegnung mit der anderen Person Person werden kann und da die Sprache der Religion – selbst wenn sie lautlose Sprache ist – von der Gemeinschaft abhängig ist, bleibt alle ‚subjektive Religiosität' ein Reflex der Gemeinschafts-Tradition. [...] Es gibt nichts derartiges wie ‚private Religion'." (ST III, 241)[220]

Tillichs These, dass eine wahre Gemeinschaft immer eine „Gemeinschaft des Glaubens" ist, mag auf den ersten Blick erstaunen. Aber seine Darlegung gewinnt an Plausibilität, wenn er hiervon „Gruppen" unterscheidet, die entweder auf einem gemeinsamen Interesse aufgebaut oder auf natürliche Weise entstanden sind (wie Familien und Völker); handelt es sich doch in beiden Fällen nur um „vorübergehende" Gruppen. Eine „Glaubensgemeinschaft" ist demgegenüber nicht von „technischen oder biologischen Bedingungen ihres Daseins" abhängig, sondern allein von der „Gültigkeit ihres Glaubens". Da dies meines Erachtens auch auf götzendienerische Formen des Glaubens zutrifft, scheint mir die „Gültigkeit" hier aber kein objektives Kriterium darzustellen.

Die hier von Tillich beschriebene Gefahr, dass der Mythos durch Religions- [156] philosophie und der Kultus durch einen Kodex moralischer Forderungen ersetzt wird, begegnet in gewissen Formen des Judentums[221] und auch des Protestantismus[222]. Auch Tillich selbst wird zuweilen unterstellt, dass er die Theologie in Religionsphilosophie aufgelöst habe.[223] Das widerspricht aber seiner Intention, der zufolge selbst die Theologie nicht ohne symbolische bzw. mythologische Redeweise auskommt. So betont er ausdrücklich, dass auch die theologische Interpretation des Symbols vom Sündenfall mit Hilfe philosophischer Begriffe keine vollständige Entmythologisierung darstelle. Wenn nämlich vom „Übergang von der Essenz in die Existenz" die Rede ist, werden raumzeitliche Begriffe verwendet für ein Geschehen, das weder räumlich noch zeitlich zu verorten ist.[224]

Moralität und Glaube sind Tillich zufolge wechselseitig voneinander abhängig. In seiner Schrift „My Search for Absolutes" heißt es dazu: „Vom Standpunkt des Heiligen gesehen, gehören wir nicht uns selbst, sondern gehören dem, von dem wir kommen und zu dem wir zurückkehren – dem ewigen Grund alles Seienden. Das ist die letzte Begründung für die Heiligkeit der Person." (EW IV, 50)

---

220 Vgl. auch ST III, 271.
221 Vgl. z. B. Hermann Cohen, Religion der Vernunft aus den Quellen des Judentums [1919], Darmstadt 1966.
222 Vgl. z. B. die Ethisierung der Religion bei Albrecht Ritschl.
223 Vgl. z. B. Christian Danz (Hrsg.), Theologie als Religionsphilosophie. Studien zu den problemgeschichtlichen und systematischen Voraussetzungen der Theologie Paul Tillichs (= Tillich-Studien, hrsg. von Werner Schüßler u. Erdmann Sturm, Bd. 9), Wien 2004.
224 Siehe dazu oben Abschnitt [70].

Wenn Tillich in seiner „Systematischen Theologie" davon spricht, dass die Religion nicht nur eine Qualität der Kultur, sondern auch der Moral darstellt (vgl. ST III, 118), dann meint er damit, dass die Liebe im Sinne der christlichen Agape „die letzte Norm aller moralischen Gebote" ist (GW III, 35). Berücksichtigt man, dass es eine essentielle Einheit von Glaube und Liebe gibt, dann wird damit ihre wechselseitige Abhängigkeit deutlich.

Der letzte Satz dieses Abschnitts ist eine Mahnung an unsere westliche Zivilisation, in der die wechselseitige Abhängigkeit von Glaube und Moralität durchschnitten ist: Geht nämlich die religiöse Substanz verloren, hat das letztlich auch Auswirkungen auf die Moralität. Der Glaube kann aber nur erneuert werden „innerhalb einer Glaubensgemeinschaft unter dem stetigen Einfluss ihrer mythischen und kultischen Symbole".

[157] Der „historische Protestantismus" hat nach Tillich nicht nur den „kultischen Aberglauben" beseitigt, sondern darüber hinaus auch „den echten Sinn des Rituals und der sakramentalen Symbole".[225] Hier knüpft Tillich an das bereits oben in Abschnitt [96] Gesagte an.

Eine „autonome" Moral bzw. Ethik hat sich aber nicht nur im Protestantismus, sondern auch im Katholizismus herausgebildet.[226]

Dass sich die Erfahrung des Heiligen ohne Symbole „verflüchtigt", wird augenscheinlich in Karl Jaspers' Begriff der Chiffer und dem damit zusammenhängenden Begriff des „Philosophischen Glaubens".[227]

[158] Hier betont Tillich noch einmal, dass das Entscheidende des Mythos das Symbolische ist. Von daher gehört er konstitutiv zum Menschen als Menschen; seine Ersetzung durch Philosophie und Moral wird dem in keiner Weise gerecht.

[159] Tillich betont hier noch einmal ausdrücklich, dass der Glaube nur dann lebendig ist, wenn er sich in Form von Kultus und Mythos in einer Glaubensgemeinschaft ausdrückt.

5 Die Begegnung von Glaube mit Glaube

[160] Wenn Tillich hier der offiziellen Lehre der römisch-katholischen Kirche hinsichtlich des Absolutheitsanspruches Exklusivismus unterstellt, so trifft das in

---

225 Vgl. dazu Tillichs Beitrag „Natur und Sakrament" (GW VII, 105–123).
226 Vgl. z. B. Alfons Auer, Autonome Moral und christlicher Glaube [1971], Darmstadt 2016.
227 Vgl. dazu Werner Schüßler, Philosophischer und religiöser Glaube (s. Anm. 183).

gewisser Weise bis zur Zeit vor dem Zweiten Vaticanum zu,[228] obwohl es hiervon immer auch Ausnahmen gab. So vertrat z. B. schon Nikolaus von Kues in seinem Dialog „De pace fidei" von 1453 ein inklusivistisches Modell der Religionstheologie.

Man muss aber hier nicht nur an den „protestantischen Fundamentalismus" denken; auch Karl Barths Denken in Bezug auf die nichtchristlichen Religionen ist – sowohl was seinen „Römerbrief"[229] als auch was seine „Kirchliche Dogmatik"[230] angeht – ein typisches Beispiel für das, was man das *exklusivistische Modell* nennt (vgl. GW V, 73). Hiernach wird den anderen Religionen jeder Wahrheitsanspruch abgesprochen.

Tillich scheint hier Exklusivismus mit Götzendienst und Intoleranz gleichzusetzen. Gleichzeitig relativiert er dies aber in gewisser Weise wieder, wenn er die Wendung „nahezu unausweichlich" gebraucht: „Die eine Ausdrucksform des Letztgültigen […] wird – nahezu unausweichlich – götzendienerisch und dämonisch."

Die Argumentation ist hier nicht ganz konsistent: Hat Tillich soeben noch von dem „besonderen Symbol des ,ultimate concern'" gesprochen, das für sich selbst keine Unbedingtheit bzw. Letztgültigkeit beanspruchen darf, so spricht er jetzt von der „Selbsterhebung einer konkreten Religion zu Letztgültigkeit", gegen die sich das „Symbol des Kreuzes" richtet.

Tillich lobt in diesem Zusammenhang zwar die „klassische Mystik" für ihre religiöse Toleranz, kritisiert aber gleichzeitig auch deren fehlende Macht zur Umgestaltung der Wirklichkeit, wie sie demgegenüber in Judentum, Christentum und Islam zu finden ist.

Der Satz „Sie [sc. Judentum, Christentum und Islam] sind intolerant und können fanatisch und götzendienerisch werden" ist nicht ganz klar. Sind sie prinzipiell intolerant, was Tillich wohl kaum gemeint haben kann, oder sind sie „intolerant gegenüber jeder Form von Götzendienst", wie er einige Zeilen zuvor gesagt hat? Der „exklusive Monotheismus der Propheten" mag in gewissen Ausprägungen intolerant sein, aber doch sicherlich nicht „die Botschaft […] universaler Gnade im Neuen Testament".

Für eine „Toleranz ohne Kriterien" steht der „transzendente Monotheismus [161] der Mystiker", für eine „Intoleranz ohne Selbstkritik" der „exklusive Monotheis-

---

[228] Hier hat auch das Wort *Extra ecclesiam nulla salus* seinen Ort. Vgl. dazu Wolfgang Beinert, Die alleinseligmachende Kirche. Oder: Wer kann gerettet werden? in: Stimmen der Zeit 115 (1990) 75–85.
[229] Karl Barth, Der Römerbrief, München ²1922.
[230] Karl Barth, Die kirchliche Dogmatik, 4 Bde., München, dann Zürich 1932 ff., bes. Bd. I/2, 304–397 (§ 17).

mus der Propheten".²³¹ Tillich lässt diese Alternative aber nicht gelten, und er scheint jedem konkreten Symbol immer nur eine „relative Gültigkeit" zuzusprechen. Jedoch muss man hier die kritische Frage stellen, ob eine solche religionsphilosophische Aussage nicht zu einer unauflöslichen Spannung mit der theologischen führt, der zufolge Jesus der Christus ist.

[162]   Diese Bedeutung der Konversion kommt auch in dem griechischen Begriff *metanoia* zum Ausdruck, der soviel wie „Umkehr" bedeutet: „Der Geist ändert seine Richtung, er wendet sich vom Zeitlichen weg und zum Ewigen hin, oder von sich selbst weg und zu Gott hin." (ST III, 253) Über eine „relative" Bekehrung im Sinne eines Übergangs von einem latenten in ein manifestes Stadium spricht Tillich in Bezug auf die Geistgemeinschaft (ST III, 253f.).²³²

[163]   In der Regel meint aber Konversion den Wechsel von der einen Konfession oder Religion in eine andere. Tillich hält einen solchen Wechsel aber nur dann für sinnvoll, wenn die Letztgültigkeit des „ultimate concern" im neuen Glauben besser zum Ausdruck kommt als im alten.

[164]   Dieser und der folgende Abschnitt sind etwas unklar. Tillich spricht hier einerseits von der Begegnung des religiösen Glaubens mit „Formen des säkularen Glaubens" in der westlichen Welt; andererseits spricht er vom „Streit über die Symbole des Glaubens". In Bezug auf beide Aspekte muss man Tillich zufolge einen zweifachen Weg beschreiben: Der erste Weg hat sich mit jenen Elementen des Konflikts zu beschäftigen, „denen man sich über eine Untersuchung annähern kann". Hier geht es um die „Ausdrucksformen eines ‚ultimate concern' [...], die auf einer rein kognitiven Ebene zu erörtern sind". Tillich denkt dabei sicherlich an Symbole, deren götzendienerische Elemente argumentativ aufzudecken sind.

Der zweite Weg hat jene Elemente des Konflikts zu betrachten, „die zur Konversion führen". Dabei geht es nicht um „ausschlaggebende Argumente", da der Glaube vielmehr „eine Sache personaler Hingabe" ist. Was aber eine solche Betrachtung bringt, wird nicht deutlich.

[165]   Etwas unklar ist auch, was Tillich in dem vorigen Abschnitt mit den zwei Wegen gemeint hat, die der Situation *nicht* angemessen sind. Meint er zum einen damit den Versuch der Mission, „viele zur Konversion von einem Glauben zu einem anderen zu bewegen", zum anderen die Überzeugung, dass sich eine solche Einheit „in *einem* konkreten Symbol" ausdrücken könne?

In seinem Beitrag „The Theology of Missions" wendet sich Tillich u.a. auch gegen ein falsches Verständnis von Mission, wenn es hier heißt: „Man sollte

---

231 Siehe dazu oben Abschnitt [160].
232 Vgl. auch GW VIII, 279.

Mission nicht [...] als den Versuch mißverstehen, möglichst viele Menschen aus allen Völkern der Welt aus ‚ewiger Verdammnis' zu retten. [...] Dieser Gedanke ist der Ehre und Liebe Gottes unwürdig und muß im Namen der wahren Beziehung Gottes zu der von ihm geschaffenen Welt abgelehnt werden." (GW VIII, 278)

In diesem Zusammenhang kommt Tillich auch wieder auf das „Symbol des Kreuzes" zu sprechen, aufgrund dessen das Christentum „am ehesten zur Universalität befähigt" sei.[233]

---

[233] Siehe dazu auch oben Abschnitt [125].

Schlussbemerkung: Die Möglichkeit und Notwendigkeit des Glaubens heute

[166] Tillich ist sich natürlich bewusst, dass das Faktum des Glaubens in allen Epochen der Menschheitsgeschichte noch nichts über dessen Wahrheit aussagt. Er ist aber der Überzeugung, dass die Ablehnung des Glaubens „in einem völligen Missverständnis der Natur des Glaubens" begründet ist. Die Schrift „Dynamics of Faith" stellt in diesem Sinne den Versuch dar, den Glauben von möglichen Missverständnissen, Entstellungen und Verzerrungen zu befreien. Dabei bewegt sich diese Schrift in der Regel auf einer religionsphilosophischen Ebene. Nur hier und da lässt Tillich seinen (protestantisch-)theologischen Standpunkt durchscheinen.

Ein sogenannter Atheist oder Naturalist wird sich natürlich kaum von Tillichs Argumentation überzeugen lassen und seine Darlegungen womöglich als eine ungerechtfertigte „Vereinnahmung" deuten. Tillich würde dem Atheisten oder Naturalisten allerdings entgegnen, dass seine Position auch nicht das Ergebnis einzelwissenschaftlicher Analyse ist, sondern auch auf einem „Glauben" beruht, dem aber weniger Erklärungspotential zukommt als beispielsweise dem christlichen Glauben. Tillichs Argumentation besitzt in diesem Sinne – um mit Martin Buber zu sprechen – eine Art „Zeigefunktion". Tillich zeigt etwas an der Wirklichkeit, was nicht oder nur zu wenig gesehen worden ist. Er nimmt die Leserin/den Leser an der Hand und führt sie/ihn ans Fenster. Er stößt das Fenster auf und zeigt hinaus. Aber der Leser/die Leserin, das ist Tillich sehr wohl bewusst, kann immer auch ablehnen, aus dem Fenster zu schauen.[234]

---

234 Vgl. Martin Buber, Werke, Bd. I: Schriften zur Philosophie, München/Heidelberg 1962, 1114.

Zeittafel

1886	Am 20. August wird Paul Tillich in Starzeddel (heute: Starosiedle/Polen) geboren.
1904–1908	Studium der evangelischen Theologie in Berlin, Tübingen, Halle und wiederum Berlin.
1909	Erstes theologisches Examen, danach Pfarrverweser in Lichtenrade.
1910	Promotion zum Dr. phil. an der Universität Breslau.
1911–1912	Lehrvikariat in Nauen.
1912	Promotion zum Lic. theol. an der Universität Halle.
1912	Ordination an der St. Matthäuskirche in Berlin.
1912–1913	Hilfsprediger an der Erlöserkirche in Berlin-Moabit.
1913	*Systematische Theologie* (posthum veröfftl.).
1914	Heirat mit Greti Wever.
1914–1918	Freiwilliger Feldgeistlicher an der Westfront.
1916	Habilitation für Theologie an der Universität Halle.
1919	Umhabilitation von Halle nach Berlin. *Über die Idee einer Theologie der Kultur.*
1919–1924	Privatdozent an der Universität Berlin.
1921	Scheidung von seiner ersten Frau Greti.
1923	*Das System der Wissenschaften nach Gegenständen und Methoden.*
1924	Heirat mit Hannah Werner. *Rechtfertigung und Zweifel.*
1924–1925	Extraordinarius für Systematische Theologie an der Philipps-Universität Marburg an der Lahn.
1925	*Religionsphilosophie. Dogmatik* (postum veröfftl.).
1925–1929	Ordinarius für Religionswissenschaft an der Sächsischen Technischen Hochschule Dresden.
1926	*Die religiöse Lage der Gegenwart. Das Dämonische. Kairos und Logos.*
1927–1929	Gleichzeitig Ordentlicher Honorarprofessor für Religionsphilosophie und Kulturphilosophie an der Universität Leipzig.
1928	*Das religiöse Symbol.*
1929–1933	Ordinarius für Philosophie und Soziologie an der Universität Frankfurt am Main.
1930	*Religiöse Verwirklichung.*
1933	Suspendierung vom Amt und Emigration in die USA. *Die sozialistische Entscheidung.*
1933–1934	Lecturer an der Columbia Universität in New York.
1933–1937	Lecturer am Union Theological Seminary in New York.
1936	*The Interpretation of History.*

1937–1940	Associate Professor of Philosophical Theology am Union Theological Seminary in New York.
1940	Tillich wird amerikanischer Staatsbürger.
1940–1955	Professor of Philosophical Theology am Union Theological Seminary in New York.
1942–1944	Reden *„an meine deutschen Freunde"*.
1948	Erste Deutschlandreise nach dem Zweiten Weltkrieg. *The Shaking of the Foundations. The Protestant Era.*
1951	*Systematic Theology I.*
1952	*The Courage to Be.*
1954	*Love, Power, and Justice.*
1955	*Biblical Religion and the Search for Ultimate Reality. The New Being.*
1955–1962	University Professor an der Harvard Universität.
1957	*Systematic Theology II. Dynamics of Faith.*
1962	Friedenspreis des Deutschen Buchhandels.
1962–1965	John Nuveen Professor an der Federated Theological Faculty in Chicago.
1963	*Systematic Theology III. Christianity and the Encounter of World Religions. The Eternal Now. Morality and Beyond.*
1965	Am 22. Oktober stirbt Paul Tillich in Chicago.

Literaturhinweise

1 Primärliteratur

Paul Tillich, Gesammelte Werke, hrsg. von Renate Albrecht, 14 Bde., Stuttgart: Evangelisches Verlagswerk 1959 ff.
Ergänzungs- und Nachlaßbände zu den Gesammelten Werken von Paul Tillich, bisher 19 Bde., Stuttgart, dann: Berlin/New York 1971 ff.
Paul Tillich, Main Works/Hauptwerke, hrsg. von Carl Heinz Ratschow, 6 Bde., Berlin/New York 1987 ff.
Paul Tillich, The Shaking of the Foundations, New York 1948. Dt.: In der Tiefe ist Wahrheit. Religiöse Reden. 1. Folge, Stuttgart 1952, Frankfurt/M. 9. Aufl. 1985 (Nachdruck Berlin 1987).
Paul Tillich, The New Being, New York 1955. Dt.: Das Neue Sein. Religiöse Reden. 2. Folge, Stuttgart 1957, Frankfurt/M. 6. Aufl. 1983 (Nachdruck Berlin 1987).
Paul Tillich, The Eternal Now, New York 1963. Dt.: Das Ewige im Jetzt. Religiöse Reden. 3. Folge, Stuttgart 1964, Frankfurt/M. 4. Aufl. 1986 (Nachdruck Berlin 1987).
Paul Tillich, Systematic Theology, Vol. I, Chicago 1951. Dt.: Systematische Theologie, Bd. I, Stuttgart 1955; überarb. 2. Aufl. 1957, Frankfurt/M. 8. Aufl. 1984 (Nachdruck Berlin 1987); Berlin/Boston 9. Aufl.: Bde. I-II, hrsg. u. eingel. von Christian Danz, 2017, 1–295.
Paul Tillich, Systematic Theology, Vol. II, Chicago 1957. Dt.: Systematische Theologie, Bd. II, Stuttgart 1958, Frankfurt/M. 8. Aufl. 1984 (Nachdruck Berlin 1987); Berlin/Boston 9. Aufl.: Bde. I-II, hrsg. u. eingel. von Christian Danz, 2017, 297–472.
Paul Tillich, Systematic Theology, Vol. III, Chicago 1963. Dt.: Systematische Theologie, Bd. III, Stuttgart 1966, Frankfurt/M. 4. Aufl. 1984 (Nachdruck Berlin 1987); Berlin/Boston 5. Aufl., hrsg. u. eingel. von Christian Danz, 2017.
Paul Tillich, Ausgewählte Texte (= de Gruyter Texte), hrsg. von Christian Danz, Werner Schüßler u. Erdmann Sturm, Berlin/New York 2008.

2 Bibliographien

Renate Albrecht / Peter H. John / Gertraut Stöber, ergänzt und fortgeführt von Werner Schüßler, Bibliographie [Paul Tillich], in: Renate Albrecht / Werner Schüßler, Schlüssel zum Werk von Paul Tillich. Textgeschichte und Bibliographie sowie Register zu den Gesammelten Werken. Gesammelte Werke, Bd. XIV, 2. neubearb. und erw. Auflage, Berlin 1990, 163–271.
Werner Schüßler, Artikel „Tillich, Paul", in: Biographisch-bibliographisches Kirchenlexikon, hrsg. von F. W. Bautz, fortgef. von T. Bautz, Bd. 12, Herzberg 1997, Sp. 85–123.
Werner Schüßler, Online-Bibliographie der Werke von und über Paul Tillich: http://www.dptg.de

3 Einführungen in Leben und Werk Paul Tillichs

Renate Albrecht / Werner Schüßler (Hrsg.), Paul Tillich – Sein Werk, Düsseldorf 1986.
Renate Albrecht / Werner Schüßler, Paul Tillich – Sein Leben, Frankfurt/M. 1993.
Wilhelm u. Marion Pauck, Paul Tillich: His Life and Thought, Vol. I: Life, New York 1976 (dt.: Paul Tillich: Sein Leben und Denken, Bd. I: Leben, Stuttgart 1978).
Russell Re Manning (Hrsg.), The Cambridge Companion to Paul Tillich, Cambridge 2009.
Werner Schüßler, Paul Tillich (= Beck'sche Reihe Denker, 540), München 1997.
Werner Schüßler / Erdmann Sturm, Paul Tillich: Leben – Werk – Wirkung, Darmstadt 2. Aufl. 2015.

Personenregister*

Aristoteles 76

Buddha 71

Calvin, Johannes 77

Freud, Sigmund 16, 17, 69

Hegel, Georg Wilhelm Friedrich 74
Hume, David 74, 76

Jaspers, Karl 75
Jesus (Christus) 27, 48, 52, 56, 57, 70, 71, 78, 80, 82, 88

Kant, Immanuel 74, 76
Konfuzius 57

Leibniz, Gottfried Wilhelm 74
Locke, John 74

Maria 51
Mohammed 56, 57, 71
Moses 21, 57, 71

Otto, Rudolf 21

Paulus 20, 37, 60, 61, 87
Platon 76

Schleiermacher, Friedrich Daniel Ernst 38
Spinoza, Baruch de 74

Thomas von Aquin 36

---

* Personen- und Sachregister beziehen sich nur auf den Text von Tillichs Schrift „Dynamik des Glaubens".

Sachregister*

Aberglaube 97
– sakramentaler 93
Absolutismus, intoleranter 50
– wissenschaftlicher 67
Adams Fall 76
Agape 89, 90
– s. Liebe
Altes Testament 14, 15, 21, 22, 23, 46, 60, 70, 71, 94
Amerikanische Verfassung 31
Angemessenheit 76
Angst 27, 81
Anliegen 19
– geistige 14
– götzendienerisches 29, 30
– vorläufiges 24, 31, 53, 84
Askese 84
Astronomie, aristotelisch-ptolemäische 67
– moderne 67
Atheismus 43
Auferstehung 47
Aufklärung 31, 58
Autonomie, geistige 30
– humanistische 28
Autorität, vertrauenswürdige 37
– religiöse 31, 34, 35
– der Kirche 37

Begriff und Symbol 42, 73, 75
Bewusstes 16, 17
Bibel 34, 78
Biologie 68
Blasphemie 42
Buchstabenglaube 47, 68, 92
– reaktiver 47, 48
– Stadien des 47
Buddhismus 57, 88

Christentum 26, 46, 48, 50, 58, 60, 61, 65, 77, 82, 87, 88, 94, 95, 96
– Selbstkritik des 96
– Universalität des 96
– Wahrheit des 78

Dämonisches 23
– s. Glaube, Götzendienst
Desintegration 84, 85
– s. Krankheit
Disziplin 84
Dogmatismus, wissenschaftlicher 67

Ekstase 17, 53, 63, 81
– nationalistische 21
– beseligende 55
– geistige 84
– vitale 84
– ekstatische Erfahrung 53
– s. Glaube, Vernunft
Emotion 18, 38, 39
– s. Gefühl, Glaube
Endlichkeit 50, 63, 79, 86
– Gewahrwerden der eigenen 27
Entfremdung 64, 79, 86
Entmythologisierung 46, 47, 93
Enttäuschung, existentielle 21
Epiphanien 45
Erfahrung, unmittelbare 34
Erfolg 15, 20, 21, 24, 42, 85, 91
Erfüllung, vollkommene 14
Erkenntnisprozess 35
Eros 89, 90
– schöpferischer 15, 84
– s. Liebe
Erziehung 81
– religiöse 38
Ethik, nichtreligiöse Formen der 88

---

* Personen- und Sachregister beziehen sich nur auf den Text von Tillichs Schrift „Dynamik des Glaubens".

Evidenz 34, 35, 36, 37
– logische/sinnliche 27
– vollkommene 35
– s. Glaube
Evolutionstheorie 68
Exklusivismus 94

Fanatismus 29, 80, 89, 95
Fides qua/quae creditur 20
Forderung, unbedingte 14
Fortschritt, wissenschaftlicher 67
Freiheit 62, 69
– s. Glaube
Fundamentalismus 60
– protestantischer 94
Furcht 18
– Gottes 88

Ganz-Anderes 22, 23
Gebet 20, 82
Gefühl 18, 38, 89
– schlechthinniger Abhängigkeit 38
– s. Emotion, Glaube, Liebe
Geist 68, 83
– heiliger 60, 61
– rationaler Charakter des 17
Gerechtigkeit 17, 23, 24, 49, 58
– Gesetz der 57, 58
Gericht, göttliches 32
Geschichtsmythos 48
Geschichtswissenschaft 34, 39, 69, 75
Gesetz 56
– ethisches/moralisches 56
– göttliches 57
– moralisches 57
– Ritualgesetz 56
– Gesetzesreligionen 59
Gewahrwerden, unmittelbares 24
Gewissheit, absolute 35
– pragmatische 25
– unmittelbare 25, 81
– s. Glaube
Glaube (faith) *passim*
– authentischer 92
– calvinistischer 90
– echter 84
– götzendienerischer 21, 23, 85, 86, 89, 92

– humanistischer 54, 55, 58, 59, 90, 92
– katholischer 90
– konventioneller 80
– lebendiger 80, 81
– lutherischer 90
– personaler 93
– potentieller 81
– säkularer 58, 95
– statischer 31
– undynamischer 80
– universaler 96
– vernunftgemäßer 62
– formale Definition des 15
– emotionale Verzerrung des 38–39
– heilende Kraft des 85, 86, 87
– kognitiver Inhalt des 18
– konkreter Inhalt des 25, 81, 82
– voluntaristische Verzerrrung des 36–38
– intellektualistische Verzerrung des 33–36
– Dennoch des 27, 79
– Ekstase des 17, 18
– Geschichte des 59
– Gewissheit des 23, 36, 38, 79, 82
– Kriterium des 76–78
– Leidenschaft des 86
– Möglichkeit des 97
– Notwendigkeit des 97
– Paradox des 79
– Psychologie des 18
– Quelle des 19–21
– Selbstkritik des 95
– Sprache des 42, 45, 46
– Strukturanalyse des 27
– Ungewissheit des 24
– Verlust des 27, 58
– Wagnis des 36, 82
– Wahrheit des 38, 62–78
– Zustandsbeschreibung des 27
– als Akt der ganzen Personalität 39
– als Erfüllung der Vernunft 64
– als Für-wahr-Halten (belief) 25, 33, 35, 36, 37, 38, 44, 57, 83, 87
– als ganzheitlicher Akt 81
– als Gefühl 38
– als integrierende Kraft 84
– als Richtung auf das Unbedingte 39

Sachregister

– als unendliche Leidenschaft 92
– als zentrierter Akt 16–18
– der Liberalen 30
– in der Begegnung mit Glaube 94–96
– transzendiert die Religion 97
– und die Integration der Personalität 83–87
– und existentieller Zweifel 27
– und Freiheit 16
– und Gemeinschaft 28–32
– und Liebe 87–90
– und Moral 92
– und Mut 24, 26, 79–83
– und mystische Erfahrung 53
– und Sprache 28, 29
– und Toleranz 50
– und Tun 87–90
– und unmittelbare Evidenz 27
– und Vernunft 62–65
– und Werke 89, 90
– und Wissen 35, 66
– und Zweifel 25, 31, 32, 80, 91
– s. Buchstabenglaube, Ekstase, Fides qua/quae creditur, Symbol, Vernunft, Wille
Glaubensakt 18, 20
Glaubensbekenntnis 28, 29, 31
Glaubensentscheidung 57
Glaubensgehorsam 37, 38, 72
Glaubensgemeinschaft 28–32, 55
– Ausdrucksformen der 90–93
Glaubensheilung 85
Glaubenskorrelation 51, 52
Glaubensleben 79–96
Glaubenstyp(en) 49–61
– moralischer 50, 55–59, 60
– mystischer 56
– ontologischer 50, 51–55, 56, 58
– säkular-politischer 94
– sakramentaler 51, 52, 53, 56, 59, 60
– Einheit der 59–61
Gnade 37, 85
Gott 19, 24, 25, 42, 43
– Existenz 43, 44
– Gerechtigkeit 15, 44
– Liebe 44
– Macht 44
– Frage nach 79

– ist Symbol für Gott 43
– transzendiert seinen eigenen Namen 42
– kann niemals Objekt werden 20
– göttliches Handeln 44
Göttergeschichten 44, 45
Gottesbegriff, zwei Elemente im 43
Göttliches, Manifestationen des 44
Götzendienst 21, 23, 46, 78, 94, 96
– nationalistischer 22
– s. Dämonisches
Gutes 17
– sittlich 23

Häresie 30
Heilige 80, 85
Heiliges, Dynamik des 21–23
– Gegenwart des 49, 63
– Gericht des 49
– heilige Objekte 44
Heiligkeit 22
– des Seins 50, 57
– des Sollens 50, 57
Himmelfahrt 47
Hinduismus 88
Hingabe, vollkommene 14, 15
– unbedingte 15
Historische Forschung 70
Humanismus 54
– antiker 58
– griechischer 60
– moderner 58
– moralischer 55
– ontologischer 55
– säkularer 55, 56

Ich 16, 68
Individualismus, protestantischer 28
Inkarnationen 45
Intellekt 36, 37
– s. Glaube
Intoleranz 94, 95
Islam 56, 58, 94

Jahwe 15, 43
Jesulatrie 78
Judentum 48, 57, 58, 88, 94
– alttestamentliches 57

Sachregister — **199**

– orthodoxes 56
– talmudisches 56
Jungfrauengeburt 47

Kali 22
Katholizismus 60, 61, 78, 89, 94
Kirche 28, 30, 32
Kommunismus 57
Konfuzianismus 56, 57
Kontemplation 53, 84
Konversion 95, 96
Konzentration 84, 86
Körper 83, 84
Krankheit 85, 86
– s. Desintegration
Kreativität 62, 84, 86
Kreuz 32, 77, 82
– des Christus 96
– Symbol des 94
Kult 45, 93
Kulturpessimismus 69
Kultus 91, 92

Lebensberatung, religiöse 38
Legalismus 55
Leidenschaft 83, 84
– unendliche 19, 24
Letztgültigkeit 14, 43
– falsche 20
– des Letztgültigen 19, 24
Libido 16
Liebe 17, 49
– ethische 90
– mystische 90
– Qualitäten der 89
– Typen der 89
– zu sich selbst 88
– zum Nächsten 88
– biblischer Begriff der 88
– als Verlangen nach Wiedervereinigung des Getrennten 87, 88, 89, 90
– Christi 88
– und Gefühl 89
– und Tun 87, 89
– s. Eros, Agape, Glaube
Logik 35
Logischer Positivismus 74

Magie 82, 85, 86, 87, 93
Mathematik 35
Meditation 53, 84
Mensch 14
– als Einheit 83
– Element des Unendlichen im 19
– essentielle Natur des 17
Mikrophysik 69
Mission 96
Monotheismus 46
– exklusiver 94, 95
– transzendenter 95
Moral, nichtreligiöse 92, 93
– s. Glaube
Moralischer Imperativ 63
Mut 23–27, 31, 36, 44
– s. Glaube
Mysterienreligion 58, 60
Mysterium fascinosum et tremendum 21
Mystik 20, 52, 53, 54, 55, 58, 60, 61, 79, 95
– klassische 94
– Mystiker 85, 91
– s. Glaube
Mythologie 45
– griechische 58
– polytheistische 45
Mythos 28, 44–48, 91, 92, 93
– gebrochener 46, 47, 48
– ungebrochener 46, 47
– Kritik des 47
– s. Symbol

Nation 14, 15, 20, 21, 24, 40, 42, 85, 91
Nationalismus 14
– jüdischer 15
Naturmythen 48
Naturwissenschaft 34, 39, 66, 75
Neues Testament 46, 60, 70, 71, 94
Neurose 16, 86

Offenbarung 64, 79
– letztgültige 65
– als Erschütterung und Umwendung 65
– Offenbarungserfahrung 65
Orthodoxie, neue Formen der 28

Partizipation 34, 40, 70, 79, 88, 95

Personalität 16, 68
– Dynamik des personalen Lebens 16
– s. Glaube
Persönlichkeitspsychologie 16
Pharisäismus 80
Philosophia perennis 75
Philosophie 73
– griechische 58, 74
– indische 74
– ohne Religion 93
– Definition der 72
Physik 69
– moderne 67
Polarität(en) 16
Politik 39
Polytheismus 82, 85
Profanität 54
Propheten 85
– jüdische 56, 57, 58
– prophetische Selbstkritik 60
– prophetisches Gericht 32
– alttestamentlicher Prophetismus 58
Protestantisches Prinzip 32
Protestantismus 31, 37, 50, 52, 60, 61, 77, 78, 93
– protestantischer Protest 60, 93
Psychologie 34, 39, 68
– analytische 16, 68
– s. Glaube
Psychose 86
Puritanismus 69

Quantentheorie 69
Quasi-Religionen 22

Reformation 60, 78, 89
Religion 38
– indische 88
– als ideologische Projektion 69
– und Kultur 39
– s. Glaube
Religionsgeschichte 19, 59, 76
Religionsphilosophie 92
Ritualgesetz 59

Sakrament 93
– sakramentaler Gegenstand 52

Sakramentalismus 54
– magischer 88
– römischer 60
Schau Gottes 81, 87
Schönheit 17
Schöpferkraft, göttliche 69
Schöpfung 47
– Schöpfungssymbol 76
Seele 68, 83
Selbst 17, 24, 68
Selbstzerstörung, dämonische 29
Semantische Analyse 74
Shiva 22
Sinn des Lebens 24
Sinneswahrnehmung 35
Sprache 17, 37, 62
– s. Glaube
Stoa 58
Subjekt-Objekt-Schema/Spaltung 20, 53
Sublimierung 84
Sündenfall 47
Symbol 28, 30, 77
– abgestorbene 77
– echte 41
– religiöse 42–44
– des Glaubens 40–48
– Bedeutung des 39–40
– nur ein Symbol 42, 43
– und Mythen 44–48
– und Zeichen 42
– s. Begriff

Taoismus 57
Theologie 76
– kritische 48
Tiefenpsychologie 68
Tierglaube 83
Toleranz 50, 94, 95
– s. Glaube
Totalitarismus, politischer 91
Tragödie, griechische 58
Transsubstantiation 52
Trennung 79
Typen 49

Über-Ich 16, 17, 68
Ultimate concern *passim*

Unbedingtes 19
– Erfahrung des 25
Unbewusstes 16, 17, 68
– individuelles 41
– kollektives 28, 41
– unbewusste Strebungen 84
Unendliches, Gewahrwerden des 19
Unendlichkeit, potentielle 63
Unfehlbarkeit 31
Ungesichertheit 26
Unglaube 54, 58
Unruhe des Herzens 19
Unsterblichkeit der Seele 36

Vater-Bild 17
Verkündigung, religiöse 38
Vernunft 17, 62, 63, 64
– endliche 63
– glaubenslose 63
– technische 62
– als Voraussetzung des Glaubens 64
– in Ekstase 64
Verstand 68
Verstehen 70
Vertrauen 26, 34
Verzweiflung 24, 26, 81, 86
Vollkommenheit, moralische 22

Wagnis 24, 25, 26, 31, 32, 44, 80, 81
– des Zweifels 31
– s. Glaube

Wahres 17
– logisch 23
Wahrheit 23, 24, 26, 58
– historische 69–72
– naturwissenschaftliche 66–69
– philosophische 72–76
– und Irrtum 66
– s. Glaube
Wahrscheinlichkeit 35, 36
Wiederkunft Christi 47
Wiedervereinigung, vollkommene 81
Wille 18, 68
– Wille zu glauben 18, 36, 37
– s. Glaube
Wissenschaft, moderne 97
Wunder 69

Zeichen 40
– mathematisches 40
– s. Symbol
Zweideutigkeit 22, 23
Zweifel 23–27, 29, 31, 36, 79, 80, 81, 82, 86, 89
– existentieller 26
– methodischer 25
– skeptischer 25, 26
– unterdrückter 80
– wissenschaftlicher 25, 27
– s. Glaube, Wagnis
Zynismus 26, 81

www.ingramcontent.com/pod-product-compliance
Lightning Source LLC
Chambersburg PA
CBHW031401230426
43670CB00006B/611